유능한 경영자와 함정

임성룡 지음

教友社

■ 유능한 경영자와 함정

2009년 2월 25일 초판 인쇄
2009년 3월 2일 초판 발행

저 자 / 임성룡
발행자 / 오판근
발행처 / 교우사

주 소 / 서울 동대문구 제기2동 148-19
전 화 / 925-2861(代), 편집부 / 925-2825
팩 스 / 925-2860
E-mail / kyowoo@kyowoo.co.kr
http://www.kyowoo.co.kr
등록 / 1994. 3. 24 제6-0256호

ISBN 978-89-8172-790-1 (03320)
값 14,000원

C·O·N·T·E·N·T·S

Lesson 01

누가 유능한 경영자들인가?

유능한 경영자의 조건은 연습과 준비, 확인 또 확인, 원가의식, 가치에 헌신, 실패의 함정, 자기반성, 학습의 열정 등 7가지이다.

01장

누가 유능한 경영자들인가?

유럽의 경제지'이코노미스트'는 유럽과 일본 기업은 평균 13년을 살지 못한다는 통계를 인용하고 있다. 많은 기업들은 13년은커녕 제대로 수익을 내보지도 못하고 사라지는 일이 많이 있다는 사실이다. 미국의 금융위기로 인해 촉발된 세계적인 경제불황은 많은 기업들의 생존을 위협하고 있다. 문제는 이 경제불황이 언제 끝날 것인지 아무도 모른다는 점이다. 혹자는 금융위기의 원인이 된 모기지 사태 말고도 미국 소비자들의 신용카드 대란이 큰 위험이라는 점을 지적하고 있다. 하여튼 1997년 말 경에 발생하였던 한국의 외환위기와는 다른 차원의 위기인 듯하다.

무의욕, 무기력한 기업

일본의 오이타현에서 1963년 주식회사 다나베공업을 설립하였고, 크게 성공한 경영자로 인정받은 다나베 가즈노리는 "경기흐름에만 몸을 맡겨두기만 하는 기업은 무의욕, 무기력한 기업이다. 나는 임직원들이 안정된 기분이 들기 시작하면 이동시키거나 자극적인 조치를 취한다. 자기혁신 의욕이 반드시 있어야 하는 것이다. 이를 위하여는 자극이 필요하다."라고 말했다. 다나베는 "한탄의 현실을 타파하는 것이 바로 사람 만들기이다. 이는 스스로의 힘으로 그것을 키워 가는 것이다."라고 강조한다. 다나베는 많은 악조건을 이겨내면서 자신의 기업을 성공적으로 경영하였으며, 여러 기업들을 창업하여 성공시킨 사례로 명성을 떨쳤다. 그가 말한 대로, 지금은 한탄할 때가 아니라 현실을 타파할 능력이 있는 경영자가 정말 필요한 때이다.

유능한 경영자의 조건

경영학자들 중에는 유능한 경영자의 자격에 관해 언급하고 있다. 오랜 동안 리더십연구에 시간을 바쳐왔던 워렌 베니스는 "지도자는 다음과 같은 공통점을 가지고 있는 것 같다. 첫째, 길잡이 비전이다. 둘째, 열정이다. 셋째, 인격이다. 성실성은 신뢰의 기초이다. 리더십의 요소로 두 가지를 더 들자면 하나는 호기심, 다른 하나는 대담성이다. 배움은 지식을 소유하기 위해서보다 그것으로 새로운 사람이 되기 위해서이다. 리더십의 기본적 요소의 하나는 삶에 대한 열정이다."라고 말하고 있다.

'위대한 리더십'이라는 저서를 집필한 존 클레먼스는 저명한 미국의 관리학 교수로 하트빅 대학의 교수인데, "리더들은 번개 같은 속도로 방향을 바꾸는 능력이 있고, 믿음성이 있으며, 근로자들은 설득시키기에 충분한 능력을 갖추고, 권한을 위임하는 능력이 있다는 공통점이 있다."라고 그의 저서에서 주장하고 있다.

'보스턴컨설팅그룹의 리더십 테크닉'의 저자인 칸노 히로시는 우수한 경영자의 조건으로서"1. 강렬한 의지 2. 용기 3. 인사이트 4. 끈기 5. 부드러운 통솔력"이라는 다섯 가지의 조건을 주장하고 있다.

컨설팅 회사 '벤턴 매니지먼트 리소스'를 창립했으며 'CEO정상의 법칙'의 저자인 벤턴은 유능한 경영자의 조건으로 "자신감, 통제력, 집념, 정직, 자기개발, 시간관리"를 주장하였다.

이 밖에도 많은 경영학자들이 유능한 경영자의 조건으로 제시하고 있는 것은 다양하다. 필자는 금융계에서 약 29년을 재직하면서 수많은 경영자들을 대하여 왔다. 1999년에 명퇴한 후에는 'SR경쟁력프로그램'을 많은 기업에 보급하면서 약 10년간 많은 경영자들을 접촉하여 왔다. 거의 40년 동안 기업의 경영자들을 관찰해 온 셈이다. 많은 경영학자들이 '유능한 경영자'의 조건에 대해 말하고 있는 것이 일부 수긍할 수 있지만, 필자가 관찰해오고 경험해 온 것과는 거리가 있다. 유능한 경영자에 대한 경영학자들의 견해는, 상당히 막연하거나 이론적인 것으로서 현실에 적용하기 곤란하다는 사실이다.

유능한 경영자는 드물다

필자는 실무에 오랜 동안 종사해 왔고, 실제적으로 성공적인 경영자들과 실패하는 경영자들을 관찰해 온 결과, 나름의 확고한 견해를 갖게 되었다. 유능한 경영자가 있으면 기업이 생존할 가능성이 훨씬 더 높아진다는 사실이다. 무능한 경영자가 경영하는 기업의 생존 가망성은 우연에 기대하는 것밖에 도리가 없다. 그런 기업은 요즘처럼 중대한 어려움에 봉착하게 되면 대부분 퇴출되게 된다. 기업 경영은 모험이 아니다. 상황이 어렵든 순탄하든 생존할 수 있는 기업이 되어야 한다. 유능한 경영자가 경영하는 기업은 다른 기업이 다 망할 때까지 버틸 수 있으며, 결국 생존하게 될 확률이 높다는 것이다. 필자가 말하는 '경영자'란 최고경영자만이 아니라 기업에서 일정 영역의 책임을 가진 사람들 즉 임원들, 부서장들도 포함하는 것이다.

'10년 연속 10% 성장기업의 10가지 원칙'의 저자 제이슨 제닝스는 "연구에 따르면, 신생 기업 5개 중 4개가 첫 5년 내에 문을 닫으며 소규모 기업들 중 98%가 11년 내에 문을 닫는다."고 말한다. 지금의 상황은 더욱 어렵다는 사실이다. 미국의 연방준비제도이사회 의장을 역임한 앨런 그린스펀이 말한 대로, "작금의 경제 상황은 1백년에 한 번 정도 있을 정도의 심각한 위기 상황"이다. 이러한 위기에서 기업을 생존시키는 경영자의 능력은 매우 중요하다. 이 책에서 필자는 기업의 생존에 절대적으로 필요한 경영자의 능력 즉 유능한 경영자의 조건에 대하여 말하고자 한다.

이미 고인이 된 경영학자 피터 드러커는 "나는 거의 50년간을 경영자들과 더불어 일을 해왔는데, 그들 대부분 충분한 성과를 올리는 사람은 매우 드물었다. 성과는 지식근로자로 하여금 매력을 느낄 수 있도록 해주고 동기를 부여함으로써 머무르고 싶은 마음이 들도록 경영하는 조직들에 달려 있다. 부하가 아닌 동료 경영자로, 동업자로 인정해 줌으로써 달성되어야만 한다." 라고 말한 바 있다. 그만큼 유능한 경영자는 드문 것 같다.

무지는 명망 학자도 어쩔 수 없다

1929년8월, 예일 대학의 세계적인 경제학자 어빙 피셔는 "이제 주식가격은 안정적인 고지에 도달했다."라고 말했는데, 이듬해 대공황이 닥쳐 주가는 폭락하고 말았다. 세계적인 경제학자로 이름 높았던 피셔가 그처럼 자신 있게 말하였지만 너무나 어처구니없는 상황이 전개됨에 따라 피셔는 아무런 말도 할 수 없었다. 인간의 무지는 세계적인 명망을 얻고 있는 학자도 어쩔 수 없는 장벽이 되고 말았다.

핵물리학자 러더포드는 "원자를 파괴해서 나오는 에너지는 극히 보잘 것이 없다. 이러한 원자의 변형으로부터 에너지의 원천을 기대하는 사람은 허황된 꿈속을 헤매고 있는 것이다."라고 말했다. 그런데 불과 몇 년 뒤, 사용가능한 에너지가 원자로부터 발생되었다. 과학계에서 저명했던 러더포드가 이처럼 착각과 실언을 했던 것은 인간의 능력이 매우 미약함을 드러내는 증거일 것이다.

1986년10월 경제지 포춘은 켈 올슨을 특집으로 다루면서 "올슨이야말로 가장 놀라운 성공을 거둔 기업가라 평가할 수 있다."고 기술했다. 1992년 올슨은 자신이 창업한 회사에서 쫓겨났다. 1998년에는 그가 창업한 회사 DEC는 존재하지 않았다. 우리는 큰 소리로 미래에 대하여 예언할 수 있는 사람은 아무도 없다는 사실을 겸허하게 받아들여야 할 것 같다. 특히 경제의 장래에 대해 예측한다는 것은 누구도 장담할 수 없는 것이다. 그럼에도 기업의 생존을 유망하게 하는 유능한 경영자의 조건에 대하여 말하는 것은 그것이 의미 있는 것이며 이미 실증된 증거들이 있기 때문이다.

사실, 필자가 관찰한 바에 의하면 유능한 경영자는 드물다. 유능한 경영자의 한 사람이었던 로스 페로는 "나라와 기업을 망하게 하는 것은 자만과 자기만족이다."라고 말했다. 아주 적절한 표현이다.

생존시킬 수 있는 사람

최고의 부자로 알려졌던 사업가 폴 게티는 자기의 성공의 비결을 "첫째, 일찍 일어나는 것. 둘째, 열심히 일하는 것. 셋째, 유전을 발견하는 것."이라고 말했다. 아주 단순한 것에 전념했던 폴 게티의 성공 요인이다. 폴 게티가 활동했던 사업분야에서는 게티가 밝힌 비결만으로도 유능한 경영자의 역할을 했던 것 같다.

유능한 경영자는 다음의 3가지 측면에서 지속적인 경쟁우위를 확보할 수 있다. 첫째, 경영 능력에서 차별화할 수 있는 요인을 갖는 것. 둘째, 기업에 이윤을 제공할 수 있는 요인을 갖는 것. 셋째, 쉽게 모방할 수 없는 요인을 갖는 것이다. 요컨대, 유능한 경영자란 업종이 어떠하든, 업황이 어떠하든 기업을 생존시킬 수 있는 사람을 말하는 것이다.

1972-1992년 사이에 가장 많은 주식배당금을 지불한 사우스웨스트항공사는 가장 적은 비용과 자본을 들였고, 가장 부채부담이 적은 항공사이다. 사우스웨스트사는 훌륭한 고객서비스를 제공함으로써 이 기간 동안 9번이나 항공사의 삼관왕(정시운항, 최저 수하물 분실, 최소 승객 불평)이 되었다. 이 회사는 2001년 9.11 사태 이후에도 미국에서 유일하게 이익을 내고 있는 항공사이다. 이 회사가 잘 되고 있는 것은 유능한 경영자가 있기 때문이다.

백화점 체인인 노드스트롬사의 경영자는 월마트와 같은 강력한 할인점들 때문에 백화점들이 도산하는 상황에서 성장했다. 노드스트롬사는 직원의 역할을 인정하고 직원들을 성공의 원천으로 활용하였다는 사실에서 그 성공의 원인을 설명할 수 있다. 노드스트롬사의 경영자가 유능했기에 그것이 가능했던 것이다. 요컨대 유능한 경영자는 업종이 나쁘든 업황이 나쁘든, 기업을 성공시킨다는 사실이다. 업종이 나쁘다고 하는 경영자, 불황이라고 변명하는 경영자는 유능한 경영자가 아니다.

82%는 10주년 기념을 못한다

오하이오 주립대학의 폴 너트 교수는 19년간 기업들의 간부들이 내린 의사결정의 성공률을 조사했다. 그는 다음과 같은 결과를 발견했다. 모든 결정의 50% 이상이 실패로 끝났다. 중역들의 경우 2/3가 일단 결정을 내리면 다른 대안들에 대해서는 고려하지 않았다. 선택의 여지가 있었음에도 그들의 시선은 고정되어 있었다. 결국 이러한 결정들의 60%는 채택되지 않았다. 비즈니스맨의 90%는 자신들의 의사결정 능력을 확신하지만 의사결정의 성공률은 낮다는 사실이다. 1917년 포브스가 선정한 100대 기업들 중 1987년까지 생존해 있는 기업은 오직 39개뿐이었다. 한 연구는 신생기업들의 약60%가 처음 6년 안에 문을 닫고 만다는 사실을 보여준다. '던 앤 브레드스트리트'는 전세계적으로 약 82%는 기업들이 창사 10주년 기념일을 갖지 못한다고 한다. 전문가들은 약95%의 신제품이 실패로 끝나고 있다고 추정한다. 이러한 사실들은 유능한 경영자가 된다는 것이 매우 어렵다는 것을 암시하고 있다.

우리 활동의 99%는 자동적이고 습관적인 것이다. 습관을 바꾸는 것은 어렵고 불편하며 기능적 고정화가 이루어져 있다. 그러므로, 유능한 경영자가 되기 위해서는 지금까지의 습관적 행태에서 벗어나려는 의식적인 노력이 필요하다. 자신의 인간적

약점을 인식하면서 이에 대응하여 스스로를 변화시켜야 한다는 것이다. 유능하고 성공적인 경영자들은 '먼저 할 일은 먼저, 나중에 할 일은 나중에' 하는 것이 특징이다.

게리 하멜과 프라할라드 교수는 그들의 연구결과에서 "최고경영자들이 미래에 대해 생각하는 시간은 전체의 3%에 불과하며, 나머지 시간을 사고하는 것 대신에 활동하는 것으로 보내는데 그러한 시간배분은 전략적으로 중대한 실책"이라고 지적한다. 최고경영자는 유능하게 되기 위해서 끊임없이 생각하는 습관을 가져야 한다는 것이다.

불행한 우유부단한 인간

괴테는 "이 세계에서 가장 불행한 자는 우유부단한 인간이다."라고 말했다. 인간의 우유부단함은 변화에 두려움을 갖게 하고 저항하게 만들 수 있을 것이다. 변화가 완성되려면 시간이 필요하다. 유능한 경영자가 되는 것은 쉬운 일이 아니다. 우유부단한 사람은 결코 유능한 경영자가 될 수 없다. 그러나 작금의 상황은 유능한 경영자가 더욱 필요하다는 점이다.

폴라로이드사의 설립자인 에드윈 랜드 박사는 폴라로이드 즉석카메라를 발명하고 폴라로이드사를 설립했다. 그의 회사는 1960-1970년대 즉석카메라 시장을 점령했다. 랜드는 무엇보다 뛰어난 기술자였다. 랜드는 에디슨 다음으로 많은 발명특허를 얻었던 뛰어난 기술자였으나, 자신의 위대한 업적을 후계 경영자들에게 성공적으로 인계하지 못하였으며 폴라로이드사는 결국 도산하였다. 랜드는 유능한 경영자라고 할 수 있는가? 후계자가 제대로 경영할 수 있도록 인계하는 경영자가 유능한 경영자이며 기업에는 그러한 경영자가 필요하다.

P&G의 전 회장이었던 애드 아쯔는 부하직원에게 강압적 성향을 보였던 것으로 유명하다. 그는 수익성 없는 상품을 과감하게 제거함으로써 P&G는 다시 활력을 찾았다. 그러나 그가 다른 회사를 경영했다면 어떠했을까? 그가 반드시 회사를 살리는 유능한 경영자가 될 것인지는 의문이 있다. 잭 웰치는 "부드럽게 된다는 것은 어려운 일이다."라고 말했다. 유능한 경영자가 된다는 쉬운 것이 아니다.

로마 황제 네로는 어려서부터 수사학을 배웠다. 그는 결국 어머니를 살해한 사람이었으며, 잔인하게 기독교인을 순교시킨 인물이 되었다. 조셉 스탈린은 뛰어난 웅변으로 유명하고, 서민적인 매력이 있었고 참을성이 있는 청취자였다고 한다. 그러나 그는 많은 사람을 투옥하고 학살한 책임자였다. 어떤 리더는 하나 또는 몇 가지의 리더십 유형에서는 뛰어났다. 하지만, 필자가 유능한 경영자의 조건에 걸맞는 경영자가 되는 것과는 거리가 있었다. 필자가 제시하는 유능한 경영자의 조건은 "연습과 준비, 확인 또 확인, 원가의식, 가치에 헌신, 실패의 함정, 자기반성, 학습의 열정" 등 7가지이다. 이 일곱 가지의 유능한 경영자의 조건은 기업을 필연적으로 생존시키는 데 결정적인 것임을 증거로 제시할 것이다.

Lesson 02

연습과 준비

성공한 사람들은 단순하고 검증된 전략을 따라서, 완벽해질 때까지 반복해서 그것을 연습한다는 사실이다.

02장

연습과 준비

'연습과 준비'란 성공적인 경영자가 되기 위해서는 하루아침에 이루어지지 않는다는 뜻이다. 유능한 경영자는 많은 연습과 준비를 필수적인 것으로 인정하고 이를 실천하는 사람이다.

반복, 자신감, 열정은 성공적인 3요소

성공한 사람들은 단순하고 검증된 전략을 따라서, 완벽해질 때까지 반복해서 그것을 연습한다는 사실이다. 전설적인 미식축구 감독인 빈스 롬바르디는 그린베이 팩커스 팀을 전미 챔피언으로 만들었다. 그는 "너희들이 확신시킬 대상은 바로 자신의 정신이다."라고 말했다. 그의 철학은 기본을 중시하는 것이며, 선수들이 올바로 해낼 때까지 그 내용을 반복해서 선수들에게 훈련시키는 것이다. 롬바르디 감독은 반복이 자신감을 형성하고, 자신감은 곧 열정을 만들어낸다는 사실을 입증했다. 반복, 자신감, 열정은 성공적인 롬바르디식 축구의 3요소였다. 그는 단순함에서 완벽함이 나온다는 철학을 가지고 있었다. 롬바르디는 105승 35패 6무라는 최고의 승률을 기록하였다.

모험에 성공하기 위해 '소심한 사람'과 같이 만전을 다한 준비가 필요하다. 어떻게 하면 실패할 가능성이 있는지를 생각하고 반대로 하면 성공가능성이 높아진다는 사실이다. 소니의 창업자인 이부카 마사루는 "개발에 성공하기까지 든 에너지를 1이라고 하면, 상품 샘플을 만드는 데 10, 상품화하는 데 100, 최종적으로 이익이 나오기까지 1000의 에너지가 필요하다"고 말했다. 아이디어만으로는 안 된다. 아이디어로 개발에 성공하는 것도 매우 어려운 과제이다. 이것에 필요한 에너지가 1이고, 이를 상품 샘플로 만드는 데 그보다 10배의 에너지가 필요하다는 것이다. 최종적으로 이익이 나오려면 개발에 필요한 에너지보다 100배의 에너지가 필요하다. 그러하니 그 과정이 얼마나 험한 것인지 예상해 볼 수 있다. 그러므로 사업에서 성공하기 위해 충분한 연습과 준비가 있어야만, 이익이 나오는 지점까지 갈 수 있는 것이다.

일본에서 주식회사 다나베공업을 설립하여 크게 성공한 경영자 다나베 가즈노리가 있다. 그는 고교졸업후 건설회사에 입사하였고, 30세에 맨주먹으로 건설토목 사업을 시작했다. 그는 1987년부터 3출 운동을 전개했다. 3출이란 1. 뛰어나가라(비출) 2. 비어져 나오라(돌출) 3. 끌어내어라(인출)이다. 앞으로 뛰어나서는 것, 새로운 분야에 적극적으로 도전해 가는 것, 잠재능력을 스스로 쓸어내는 것을 말하는 것이다. 이는 자기혁신 의식을 조성한다. 다나베는 창업 초기에 자신의 의욕만을 믿고 나아갔으나 사업이 진행되면서 임직원들의 정신력과 실력을 구축하는 것이 얼마나 중요한 것인가를 실감하게 되었다. 그는 자신을 포함한 전 임직원의 교육에 수년간을 투자하면서 많은 시행착오를 거쳐 결국 튼튼한 기업을 만들었고, 여러 회사를 설립하여 모두 성공적인 기업으로 육성하는 능력을 보여주었다.

다나베는 좋은 기업이 결코 단시간에 이루어질 수 없음을 깨달았다. 임직원의 정신력과 실력을 갖추게 하는 것은 단시간에 달성할 수 없는 것임을 알게 된 것이다. 다나베공업에서는 특히 간부들의 교육을 지속적으로 실시한다. 다나베의 견해에 의하면 "간부의 결격 사유는 1. 자기반성, 자기개혁이 없는 사람. 2. 자존심만 강해 남한테서 배우려는 자세가 없는 사람. 3. 투쟁심이 없는 인간."의 3가지이다. 정신 자세가 간부의 첫째 조건이라는 것이다.

다나베는 창업 직후의 공사에서 측벽공사부분에 치수가 5밀리 틀린 것을 발견했다. 그는 측벽공사를 처음부터 다시 하도록 명했다. 비용이 수백만 엔 더 들어가는 손해가 있었으나 신용을 중요시하는 것이 중요함을 체험했다. 다나베공업의 현장작업원은 반드시 흰 와이셔츠에 넥타이를 착용하고 있다. 흰 와이셔츠와 넥타이를 작업복으로 입고 작업하면 오히려 긴장감이 높아져 사고가 덜 난다는 생각이었던 것이다. 모발과 손톱 등 용모도 단정해야 한다. "공사판에 무슨 모발과 손톱의 용모가 필요한가?"라고 많은 사람들은 생각하였지만, 그러한 작은 정신자세가 갖추어져야만 큰 사고를 방지할 수 있다고 다나베는 생각했다. 많은 사람들은 다나베를 "미친 사람"이라고 생각했을 것이다. 고교를 졸업하고 건설회사에 입사한 다나베가 건설회사를 설립하고 사업초기에 건설용어를 몰라 우왕좌왕했는데, 그는 사람들에게서 배우고 배워서 겨우 일을 하게 되었다. 그는 독립하여 일을 시작한 후에도 계속 배웠는데, 결국 잘 배울 수 있는 사람이 위에 설 수 있다는 사실을 깨달았다. 사업에서 충분한 준비와 연습이 이루어져야만 제대로 경영이 된다는 것을 다나베는 자신의 저서를 통해 강조하였다. 많은 경영자들이 의욕만 가지고 사업을 시작하는 일이 있다. 이는 매우 잘못된 것임을 다나베의 사례는 입증하였다. 다행히 다나베가 매우 건전한 경영자 정신을 가지고 있었고, 무엇보다 학습하는 습관이 있었기에 자신의 부족함을 차근차근 보완해 나갈 수 있었던 것이다.

철저히 준비하고 연습한 모험

알렉산더 대왕은 헬레니즘 문명을 탄생시킨 주역이다. 인도에서 이집트까지, 북으로 코카서스와 아프가니스탄에 이른다. 알렉산더는 기원전 356년 필리포스2세의 아들로 태어나 아리스토텔레스를 스승으로 삼았다. 국왕 필리포스는 완벽한 수완을 발휘한 끝에 그리스 동맹의 맹주가 되었는데, 기원전 336년 암살되고 말았다. 아들 알렉산더가 왕위에 올랐을 때 가장 큰 문제는 재정적인 문제는 경제였고 군대의 급료였다. 알렉산더가 물려받은 빚은 1천3백 탤런트에 달했으며, 월간 수입이 2백 탤런트에 지급해야 할 급료는 3백 탤런트였다. 페르시아를 점령하기만 하면 엄청난 부를 얻을 수 있었으므로 알렉산더의 모험 정신을 부추겼다.

기원전 336년에, 알렉산더 대왕은 왕위에 오른 지 얼마 안 되어, 그리스 중부에 있는 델포이의 신탁소를 방문하였다. 그의 야심에 찬 장래 계획은 그 당시 세계의 대부분을 정복하는 엄청난 것이었다. 하지만 그는 그 어마어마한 대업을 이룰 수 있다는 신의 보증을 얻고 싶었다. 전설에 따르면, 그가 델포이를 방문한 날은 신탁을 구할 수 없는 날이었다고 한다. 그러나 알렉산더는 대답을 얻지 못한 채 떠나고 싶지 않았으므로, 고집을 부리며 여사제에게 예언을 내놓을 것을 강요하였다. 여사제는 기가 꺾여 "아, 젊은이, 누구도 그대를 당해 낼 수 없소!" 하고 외쳤다. 이 젊은 왕은 이 말을 좋은 징조로—출정에서 승리할 것임을 약속해 주는 것으로 여겼다. 알렉산더는 그가 페르시아를 정복하기 위한 물질적 준비를 했고, 자신의 승리를 확신하기 위해 철저하게 마음을 준비를 갖추려고 했던 것이다.

페르시아로 진격하기 위한 준비에서 알렉산더는 많은 군사훈련을 하였고, 대국 페르시아를 정복하기 위하여 많은 정보를 취득하였다. 기원전 334년 알렉산더는 3만5천명의 군대를 이끌고 페르시아로 진격하였다. 페르시아와의 전쟁에서 알렉산더가 패하면 더 이상 회생할 수 없는 절대절명의 전쟁이 될 것이었다. 알렉산더는 항상 철저한 준비를 강조하였고 병참을 중요시하였다. 그는 종군 수행원의 수를 엄격하게 제한했다. 그의 군대는 훈련과 규율 수준이 높은 군대였으며, 어떤 페르시아 군대보다도 빨리 이동하고 적은 식량을 소모했다. 알렉산더는 정보 및 외교지원팀을 가동하여 지역에서 쉽게 식량을 살 수 있게 하였고, 적절한 군량의 보급로를 찾아내었다.

나중에, 알렉산더 대왕은 정복을 해 나가는 과정에서, 자신의 트라이림 함대를 동쪽으로 진군시켰다. 그 함대는 대해의 기나긴 항해를 위해서가 아니라 전투용으로 설계되어 있었으므로, 보급품을 실을 공간이 제한되어 있었다. 따라서 그 함대는 보급품을 보충하고 수리와 정비를 하기 위해, 때때로 에게 해의 섬들에 정박할 필요가 있었다. 알렉산더의 목표는 페르시아 함대를 무찌르는 것이었다. 하지만 그 목표를 달성하려면, 먼저 강력한 요새인 티레 섬을 함락시켜야 하였다. 키프로스는 그곳으로 가는 중간 기착지였다.

기원전 332년에 알렉산더 대왕이 티레를 포위 공격하는 동안, 키프로스 사람들은 그를 지원하였고 120척의 전함을 제공하였다. 키프로스의 세 왕은 함대를 이끌고 알렉산더에게 합류하였다. 그들은 7개월간 계속된 티레의 포위 공격에 참여하였다. 결국 알렉산더의 용의주도하게 준비된 공격에 티레는 함락되었다. 알렉산더는 그 키프로스의 왕들에게 특별한 권한을 부여하여 감사를 표하였다.

용의주도한 준비를 하여 출병한 알렉산더는 페르시아 선박이 물품을 보급받는 지중해 해안의 항구를 하나씩 점령하여 버렸고, 1년에 걸쳐서 항구도시들을 차례로 점령했다. 완벽한 준비와 치열한 훈련을 거치고 많은 사전 연습을 마친 알렉산더의 군대 앞에 페르시아는 적수가 되지 못했다. 결국 페르시아 해군은 백기를 들었다. 알렉산더는 중동 지방의 페르시아 영토를 계속 정복해 나갔고, 마침내 이집트를 점령하고 알렉산드리아 시를 세웠다. 기원전 331년, 알렉산더는 바빌론(이라크)으로 이동하여 페르시아를 완전히 무릎을 꿇게 하였다.

알렉산더는 인재를 발굴하고 잘한 자와 못한 자를 가려, 정확히 상벌을 내리려고 노력했다. 그는 정복한 민족의 문화를 탐구하여 이해했고, 유능한 외국인들을 요직에 등용했다. 그는 급박하게 변하는 상황을 빨리 인식했고 지체 없이 대응하였다. 기원전 323년에 말라리아 열병에 걸린 알렉산더는 사망하였다. 알렉산더의 승리는 우연에 의한 것이 아니었다. 그는 부친의 왕위를 이어받아 이를 지키느라 여러 가지 어려움을 겪었으며, 왕권의 행사가 쉬운 것이 아님을 인식했다. 알렉산더의 정복은 단순히 혈기에만 의존한 것이 아니었다. 철저히 준비하고 또 연습하는 과정을 되풀이한 끝에 감행한 필사의 모험이었다.

확신 전까지 판매하지 않는다

P&G사는 1837년에 창립된 회사이다. 기업의 수명이 길어야 30년이라고 하는데, 이 회사는 통념에 의하면 이미 6번 이상 망했어야 한다. 그럼에도 172년이 된 이 회사는 지금도 매우 싱싱하며 튼튼한 경쟁력을 가지고 있다는 사실이다. 찰스 데커는 P&G에서 오랜 동안 일한 사람이다. 그는 P&G가 많은 준비를

하고, 시장에 적응하기 위하여 충분한 시험과 연습을 한다는 것을 설명하고 있다. P&G는 300개 이상의 브랜드를 판매한다. 미국 가정의 98%가 P&G제품을 사용하고 있다.

한국에도 이 회사는 지사를 설립하여 활동하고 있다. P&G는 소비자조사를 통하여 그들의 의견을 경청한다. 조사 방법이 꼼꼼하고 정확하다. 소비자의 속마음을 알게 해주는 질문을 하는 것이다. P&G에서는 마케팅 업무에 종사하려면 1년 이상 훈련을 받고 나서야 비로소 직무를 맡기기도 한다. 대충대충 연수를 받게 하여 업무를 맡기지 않고, 충분히 연습하고 준비시킨 다음에 직무를 맡긴다는 것이다. P&G는 특허권을 2500개 이상 보유하고 있다. 팸퍼스의 경우 1954년에 기술을 개발하여, 제품을 개발하고 판매를 하기까지 무려 10년 이상이 걸렸다. 소비자에게 충분히 제품의 우수성이 인정될 수 있다는 확신이 될 때까지 연습하고 준비하는 것이다. 이 회사는 기술에 초점을 맞추고 있다. 모든 P&G제품은 끊임없이 개선되는데, 유명한 타이드 세제는 구성성분과 포장을 70번 이상이나 개선했다.

P&G는 임직원들이 학습하기 위해 혹독한 개인 훈련이 필요함을 강조한다. 이 회사에서 직원들은 끊임없이 학습하고 자신을 향상시키지 않으면 회사를 그만두어야 할 정도로 규율이 강하다는 것이다. 이는 끊임없이 최고의 기술을 습득하기 위해 노력해야 한다는 것이며, 시장에서 이기기 위해 연습하고 준비하는 것을 의미한다. P&G는 지속적으로 헌신을 요구하는데 이는 성실성과 관련된다. 작은 일에도 주의를 기울여야 한다는 것이

다. 회사는 1페이지 메모를 통하여 정보를 정확하고 간결하게 보고하는 것을 요구한다. 이는 커뮤니케이션에 중요하다.

P&G의 핵심 선언문에는 “P&G라는 기업은 곧 사람이며 신봉하는 핵심가치다.”라고 되어 있다. 1947년 사장 리처드 듀프리는 “돈, 건물, 브랜드 등 모든 것이 없어져도, 모든 직원을 그대로 남겨둔다면 10년 이내에 모든 것을 재건할 수 있다.”라고 말했다. P&G는 직원들의 자기 계발을 촉진한다. 보상에 있어서 합당한 자격과 능력을 갖추었을 때 보상한다. 관리자들은 사업을 성장시키는 것과 직원들을 성장시키는 것으로 실적을 평가받는다. 이 회사의 임직원들은 엄격한 훈련과 자기계발을 하여 시장에서 매우 경쟁력 있는 인재로 인정받는다. 그래서 이 회사의 임직원들은 많은 회사들의 스카웃 대상이 된다고 한다.

P&G는 시험 시장에 브랜드를 출시시킨 후, 그 브랜드가 성공할 것이라는 확신이 들기 전까지는 전국적인 판매를 하지 않는다. 찰스 데커가 증언하였듯이 P&G의 저력은 하루아침에 생겨난 것이 아니다. 수없이 많은 연습과 시장에 대한 준비를 통하여 강력한 경쟁력을 확보한 후에 시장에 도전하는 것이 P&G의 전통이다. ‘기업 수명이 길어야 30년’이라는 속설에도 불구하고, 1837년에 창립된 P&G가 아직도 건실한 기업으로 존속한다는 사실이다. 이는 이 회사의 경영진이 사업에 임하여 철저한 준비와 연습과정을 결코 소홀히 하지 않기 때문일 것이다.

80%는 연습에서, 20%가 경기에서

마크 트웨인은 "습관은 던져버릴 수 있는 게 아니라 한 번에 조금씩 바꿔야 한다."라고 말했다. 기업에 아무런 변화가 없다면 경영자가 똑같은 구습을 계속 강화하고 있기 때문일 것이다. 임상심리학자로 일한 경력이 있는 다니엘스 박사는 "유창함이란 자동적이고 주저함이 없는 반응을 말한다. 연습이 유창함 교육의 열쇠이다."라고 말한다. 변화를 가져오는 데 연습이 중요하다. 다니엘스 박사에 의하면, 반복은 창의성을 감소시킨다는 일반적 생각과는 달리, 적절한 상황에서 유창성은 오히려 창의성을 증가시킨다. 창의적 순간은 수년간에 걸쳐 기본자세를 연습할 결과라는 것이다. 준비와 연습은 필수적인 과제인 것이다.

대부분의 운동 수업에서 완전히 습득하려면 약 300번의 반복이 필요하다고 한다. 플로리다 주립대학의 앤더스 에릭슨 박사는 전문가가 되기 위해서는 최소한 10년이 걸린다는 것을 발견했다. 에릭슨은 전문가 수준에 도달한 사람은 적어도 1만 시간 동안 집중적으로 훈련을 해왔다고 한다. 에릭슨은 성과 편차의 96%가 용의주도한 훈련에서 나온다고 주장한다. 타고난 재능을 포함해 나머지 요인은 4% 미만이라는 셈이다. 강화된 반복의 횟수가 학습에 매우 중요한 요소라는 사실이다. 더 많이 반복할수록 강화가 늘어나며, 더 빨리 배우고 오래 보유할 수 있다. 기업들은 계속해서 직원들을 교육시켜야 한다. 그래야 직원들이 치열한 현장에서 경쟁할 수 있는 연습과 준비가 되는 것이다.

기업에서 교육훈련은 경영자의 책임이다. 40년간의 농구 코치를 성공적으로 수행한 존 우든은 UCLA의 코치로 재직한 27년 동안 그의 팀은 매 시즌 우승후보였다. 그의 마지막 12년 동안 그의 팀은 10번이나 전국을 제패했다. 그의 승리는 철저한 준비와 연습의 결과였다. 우든은 "내 프로그램은 기본기, 조절, 팀웍을 위주로 한다. 나는 우리 상대팀이 어떤 경기를 할지를 염려하지 않으며, 나는 승리에 대해 결코 말하지 않는다. 나는 지속적인 개선과 안정적인 성과를 강조했다. 나는 준비의 실패는 실패의 준비라고 믿는다. 내게 성공은 남을 앞서는 것이 아니고 최선을 다했다는 것에서 오는 마음의 평화이다. 선수들이 최선을 다한다면 실제로 점수는 결코 문제가 안 된다. 나는 선수들에게 스타의 중요한 요소는 팀의 나머지라고 가르쳤다. 이것이 내가 선수들의 능력만큼 선수들의 인격에 관심을 갖는 이유이다. 근면성과 인격 없이 정상을 지키기는 불가능하다."라고 말했다.

우든과 같이 뛰어난 코치는 경기 결과의 80%는 연습에서 얻어지는 것이고 20% 정도가 경기 중에 결정된다고 믿는다는 사실이다. 경영자의 중요 직무의 하나는 구성원들이 사업이라는 본 게임에 출전하여, 능력을 십분 발휘하도록 준비하고 연습하도록 하는 것이다. 즉 연습에 80%의 힘을 쏟는 정성이 있어야 승산을 기대할 수 있다. 기업경영은 운동경기보다 훨씬 복잡하며 더 어렵다는 사실이다. 경영자가 어떤 사업에 돌입하기 전에 충분한 연습과 준비가 없다면, 승산 가능성이 거의 없다고 보면 된다. 운동 경기는 지면 다음에 이기면 되는 것이지만, 기업경영에서 실패하면 시장에서 낙오자가 될 위험성이 있다. 경영자 본인은 처참한 인생이 될 수도 있다는 사실을 명심해야 한다. 연습과 준비는 결코 낭비가 아니라 승산을 높이는 매우 가치 있는 활동이다.

Lesson 03

확인 또 확인

이병철은 "사업에서 가장 절실한 것이 자기 규율, 자기 절제라는 것이다. 해서는 안 될 일을 정리해서 자기 규제를 실천해야 한다."라고 말했다.

03장

확인 또 확인

'확인 또 확인'이란 일종의 좋은 커뮤니케이션을 말한다. 기업이 창업하여 오랜 동안 생존할 성공률은 매우 낮다는 사실이다. 유능한 경영자는 성공률을 높이기 위하여 모든 과정을 확인하고 또 확인하여 제대로 성공의 길에 머물러 있는지를 확인한다.

가장자리?

오래 전에 미국의 FBI국장 에드가 후버는 자신이 받은 메모의 너절함에 분노했다. 제대로 타이핑이 되어 있지 않았고 글의 가장자리는 줄이 맞춰지지 않았다. 후버는 "가장자리borders(국경을 의미하기도 함)를 보라"는 지시문을 내려 보냈는데, 2주안에 수백 명의 요원들은 멕시코와 캐나다의 국경지역에 진을 쳤다. 후버의 부하들은 가장자리가 '메모의 가장자리'인지 '국경지역'을 의미하는지 확인하지 않았다는 것이다. 묻거나 알아보지 않고 액면 그대로 받아들이는 것은 비싼 대가를 요구할 수 있다. 확인하는 것은 경영자의 필수적인 과제인 것이다.

글로벌 매니지먼트 컨설팅 대표이사로 있는 야스다 겐지는 자신의 저서 "유능한 리더의 일시키는 기술"에서 PDCA 사이클을 확실하게 확인하는 것이 중요함을 강조하고 있다. 그는 "정기적인 검증은 매우 중요한 절차이다. 프로젝트를 할 때 리더가 가장 신경 써야 할 부분이 Check(검증) 부분이다. 검증을 소홀히 하는 리더는 실격이다. PDCA에서 특히 중시해야 하는 것은 Check(검증)과 Action(실행)이다."라고 말한다. 검증 즉 확인은 경영 활동에서 필수적인 과정인 것이다.

현장에서 확인하고 또 확인

세계적인 호텔 체인인 메리어트사의 서비스 수준은 탁월한 것으로 유명하다. 이 회사의 경영자 J.W.메리어트2세는 그의 저서에서 메리어트사의 경영의 비결을 자세하게 알려주고 있다. 총매출액이 120억불이 넘는 기업이 된 메리어트사는 1957년 1월 첫 번째 메리어트 호텔의 개관식이 있었다. 현재 전세계에 2,000개가 넘는 호텔을 운영하고 있다.

경영자 메리어트는 "한 회사는 그 회사가 배출해내는 경영자의 질에 의해 평가된다."고 말하고 있다. 메리어트의 경영자들이 하루 종일 호텔 안팎을 둘러보는 것은 직원과의 친화력에 도움이 되고, 문제점을 파악할 수 있기 때문이다. 훌륭한 현장형 경영자가 되는 법을 배우는 것이 중요하다는 것이다.

그의 부친 J. 윌라드 메리어트1세는 철저한 현장형 경영자였다. 자신의 눈과 귀로 직접 확인하는 것만이 최선이라는 것을 확신하고 있었다. 자신이 하는 사업을 진정으로 이해하기 위해 직접 현장에서 경험해 보는 수밖에 없다는 메리어트2세의 신념은 더욱 확고해졌다. 매년 15만 마일씩 비행하며 메리어트 호텔들을 방문하는 것은 그에게 매우 소중하다. 메리어트2세는 호텔 방바닥에 엎드려서 침대 밑을 살펴보기도 하고 서랍장의 서랍을 열어보기도 하고, 수도꼭지, 샤워기, 램프 등을 켜보기도 하며 다리미와 다리미판, 옷걸이가 충분히 마련되어 있는지 확인하기도 한다. 호텔의 거의 모든 구석구석을 둘러본다. 그는 현장 지향적 경영을 함으로써 고객의 목소리를 직접 들을 수 있었고 잘잘못을 깨달아 고칠 수 있었다. 그리고 새로운 상품이나 사업에 대한 신선한 아이디어도 얻었다.

그의 부친은 완벽주의자였다. 그는 제대로 일을 끝낼 수 있기 위해 끈질기게 붙들고 늘어져야 한다는 것을 실감하였다. 그의 부친은 일에서 매우 엄격했다. 메리어트1세는 일을 하는 데도 일정한 규칙을 정해 일을 했는데, 어떤 직원이 메리어트의 표준 운영절차에 따르지 않으면 엄청나게 야단을 맞았다. 가장 악명 높은 것은 30분 이내에 호텔 객실을 청소하기 위한 66단계의 절차이다.

그의 부친은 사업초기에 일을 제대로 처리해 나가는 방법을 생각해낸 후 기록하기 시작했다. 창문을 닦는 것에서부터 식기를 윤기나게 닦고 식탁을 정리하며 계산서를 처리하는 것 등 모든 것을 시스템화하려고 노력했다. 주방에서 요리를 대량으로 제공하는 조리법을 고안하면 그것을 절차로 만들었다. 현장

지향적으로 해나가면서 고쳐나가는 것이다. 최고경영자의 병적일 만큼의 주의깊은 관찰과 개선은 일관성 있는 서비스 질 향상으로 승화되었다. 높은 고객만족을 이루어내고 수익성 있는 호텔을 운영할 수 있는 기반이 된 것이다.

메리어트사에서는 일관성이 중요하지만, 예외적인 상황에 고객의 편의를 위해 유연하게 대응하는 것도 강조하고 있다. 한 고객이 휴대용 컴퓨터의 건전지와 전기코드를 집에 두고 왔다는 사실, 그녀의 하드 디스크가 망가져 버렸다는 사실, 그녀가 심각한 연설을 해야 한다는 사실에 직원은 컴퓨터와 책상 및 필요한 코드를 마련해주고, 재생작업 절차를 가르쳐주어 무사히 연설을 마칠 수 있도록 해주기도 하였다.

메리어트사의 고객상담원은 한 고객으로부터 카리브에 있는 메리어트 휴양지로 신혼여행을 가고 싶다는 전화를 받았다. 고객상담원은 그 요청이 최고성수기에 호텔을 이용해야 하는 것임을 설명하였는데, 고객은 좀 실망하여 고맙다고 말하면서 전화를 끊었다. 고객상담원은 해결책이 없자, 해당 휴양지의 총지배인에게 전화를 걸어 그 상황을 설명했다. 그러자 총지배인은 예약을 받아주었고 전망 좋은 객실을 배당하였다. 그런데, 항공편이 문제가 되었다. 고객상담원은 항공사에 전화를 걸어 그 상황을 설명하고 부탁하여, 결국 그 신혼부부는 휴양지에 갈 수 있게 되었다. 그 신혼부부의 남편은 불치의 뇌종양을 앓고 있었는데 머지않아 세상을 떠났다. 임종 직전 그 남편은 그의 아내에게 카리브에서 보낸 시간이 얼마나 소중했는지를 말했다고 한다. 이러한 일들은 시스템과 절차에 의한 일관성을 고수하면서도, 메리어트사의 임직원들이 상황에 유연하게 대응하는 자세를 보여주는 것이다.

40여 년 간 사업을 하면서 메리어트2세는 '확인하고 확인한다'는 것의 중요성을 절실하게 느꼈다. 그는 여러 부서와 여러 계층에 직접 전화하는 습관이 있다. 메리어트2세는 "정말로 문제는 노하우가 아니라 우리의 마음가짐이었다. 절대적으로 유지시켜야만 하는 메리어트 질서는 현장 지향 경영이다."라고 말한다. 현장에서 확인하고 또 확인하는 것이 기업의 생존에 절대적인 것임을 그는 알았다. 위대한 호텔 체인이 되기 위해서는 그 과정에서 확인하고 확인하는 것을 결코 생략하지 않았다는 사실이 숨어 있었던 것이다. 수많은 유명 호텔들이 망하고 또 망하고 있는 것이 현실이다. 기업이 생존하기 위해서 확인하고 또 확인하는 것은 싫어도 좋아도 반드시 해야 할 절대적 사항인 것이다. 유능한 경영자는 반드시 해야 할 것은 결코 타협하지 않는다.

다시 들여다보는 습관

고인이 된 삼성그룹의 창업자 호암 이병철의 메모 습관은 유명하다. 그는 경영하면서 예상되는 모든 문제를 나열하고, 하나하나의 항목에 대한 철저한 정보 수집과 그에 따른 대책을 강구하였다. 이것을 다시 관련된 사람에게서 확인하고 또 확인하였다. 그는 꼭 복습을 했다. 퇴근해서 집에 돌아가면 만난 사람들과의 대화 내용, 중요한 사항들을 다시 메모해 두었다. 이병철은 자기반성용으로 메모를 하였고, 자기가 메모한 것을 다시 들여다보는 습관이 있었다. 사업에서 차질이 생기면 왜 그랬는지 검토하고 반성해서, 다시는 그런 일이 되풀이되지 않게 해야 한다는 것이다.

이병철은 사장들에게 "관리를 잘못해서 문제가 생기는 것이야. 관리를 잘하면 부하직원들의 잘못을 막을 수 있어."라고 말했다. 사람이 사업을 성공시키느냐 아니냐를 결정한다는 것이 그의 경영철학이었다. 삼성의 인사관리 비결은 한마디로 '인사관리를 위해 시간과 노력과 돈을 계속해서 투입한다.'이다. 임원들은 엄격한 관리자세를 적용해야 하였다.

호암 이병철은 결국 교육밖에 없다는 결론을 내렸다. 임직원들은 그가 질문하는 것에 대비하여 철저히 공부해 놓아야 하였다. 이병철이 좋아하는 표현 중에 "의심이 나면 그 사람을 쓰지 말고, 일단 쓰면 그 사람에게 맡겨라"는 말이 있다. 그는 사장들에게 질문해서 항상 대비시키고 긴장을 늦추지 않게 하는 것이 그의 교육이었다. 사장과 임원은 직원들에게 똑같이 그러한 방식을 적용하기 때문에, 밑에서도 공부하고 대비하게 되는 것이다. 이병철은 "사업에서 가장 절실한 것이 자기 규율, 자기 절제라는 것이다. 해서는 안 될 일을 정리해서 자기 규제를 실천해야 한다."라고 말했다.

그가 수많은 사업을 벌이면서 많은 차질과 실수도 하였지만,

그처럼 확인하고 또 확인하는 습관이 있었기에 기업의 생존이 가능했던 것이다. 필자가 만나보는 많은 경영자들 중에, 삼성의 창업자에 대해 호감을 표시하는 경영자는 많지 않았다. 호암 이병철의 철저하게 확인하고 또 확인하는 사업 스타일은 그가 남긴 매우 중요한 경영의 요체였다. 이병철이 남들의 호감을 사기 위해 확인하고 또 확인하는 것을 하지 않았다면, 그는 그저 필부로 사라졌을 것이며 뛰어난 경영자로 기억되지 않을 것이다. 경영자는 인기를 위해서 있는 것이 아니라, 기업의 생존을 책임지고 있다는 사실을 명심해야 한다. 한 가정의 가장도 어떤 경우에 냉정한 결단을 해야 한다. 더욱이, 많은 임직원을 책임져야 할 최고경영자는 인기가 아니라 기업 생존을 위해 확인하고 또 확인해야 한다. 유능한 경영자가 되는 것은 쉬운 것이 아니다.

"사람의 마음을 움직여라"의 저자인 제임스 더니건, 다니엘 매스터슨은 "위대한 장군과 성공한 경영자 사이에는 공통점이 많다. 놀라운 무훈을 세운 지휘관들은 유능한 경영자였다. 장군이 실제로 하는 일은 결정을 내리는 일이다. 전쟁에서 힘의 차이란 결국 사전 준비의 차이이다. 승전 요인의 90%는 사전 준비이고 고작 10%만이 돌발적인 위기에 대처하는 능력이다."라고 저서에서 강조하고 있다. 실제적인 전쟁이나 기업간의 전쟁에서 조직, 훈련, 교육은 역사상 어느 시기에나 불변하는 요소이다. 이는 자기역량을 확인하고 또 확인하여 단련하는 것을 의미하는 것이다.

많은 실수의 하나는 훈련에 충분한 투자를 하지 않는다는 것이다. 적절한 훈련을 거치지 않고는 부하들이 역량을 발휘할 수 없다는 사실이다. 규율이란 생사가 걸린 문제이며 비즈니스에서의 규율은 사업의 성패를 좌우한다. 명장들은 모두 훌륭한 교육을 받았으며 지혜로웠다. 한 발 앞서 전문지식을 습득하는 것은 명장들의 공통된 습성이었다. 전쟁터에서 승리하기 위해 사전 준비를 철저히 해야 한다는 점이다.

사령관의 지시는 도달되지 않는다

나폴레옹은 1805년 유럽의 절대 강자였고 그의 뛰어난 전략이 그 원인이었다. 웨스트포인트를 졸업한 허먼 네이피어는 “전략가가 해야 할 일은 전투가 벌어질 지역을 잘 알아야 한다. 또한 병참 기지의 구축과 자원의 조달이 매우 중요하며 병참 기지를 ‘어디’에 ‘어떻게’ 짓느냐도 중요하다.”고 그의 저서에서 말한다.

나폴레옹은 군대를 둘로 나누지 않고 울름에 집중시켜 적의 한쪽 부대를 섬멸하였고, 주요 보급로를 차단하여 결국 승리할 수 있었다. 나폴레옹은 “적이 어느 방향에서 나오든 항상 준비를 하고 있어야 한다.”라고 말했다. 또한 나폴레옹은 “사령관의 지시는 결코 병졸에게 도달되지 않는다.”는 점을 알고 있었다. 그래서 나폴레옹은 때때로 부하 장병들과 시간을 보내면서, 계급이 가장 낮은 병사에게 부대의 임무를 말해보라고 했다. 자신이 내린 지시가 병졸들에게 제대로 전달되었는지를 확인하였던 것이다. 나폴레옹의 확인하고 또 확인하는 습관을 알게 된 중간 지휘관들은, 나폴레옹의 지시가 말단 병졸들에게 확실히 전달되도록 필사적으로 노력했다. 나폴레옹의 군대는 그 결과 커뮤니케이션이 가장 잘 되는 군대가 되었다. 나폴레옹은 자신이 내린 지시가 병졸들에게 신속히 그리고 확실히 전달되게 하였던 것이다. 전쟁터에서 지시가 제 때에 이루어지고 제대로 전달되어 움직이는 군대와, 그렇지 못한 군대는 확연히 차이가 있었다.

나폴레옹이 연전연승을 거두었던 시기에는, 이처럼 커뮤니케이션 즉 의사의 전달이 잘 되고 있었던 것이다. 나폴레옹의 군대와 적군은 바로 이 점에서 현격한 차이를 보였다. 나폴레옹은 일찍이 "군대의 사기와 물질은 3대 1의 관계가 있다"고 말한 바 있다. 지도자는 세부 사항을 꿰뚫고 있어야 성과를 거둘 수 있다. 오직 최고의 규율을 갖춘 군대만이 병사들 스스로 잡일을 해냈다. 최고의 규율은 바로 최고 지도자가 주도적으로 창출하는 것이다. 나폴레옹의 확인하고 또 확인하는 습관은 전쟁의 승리를 보장하는 요체였던 것이다.

그것은 장수의 책임

중국의 전략가 손자는 "싸움에 대해 신중한 계획을 세우는 장수는 이길 것이요, 그렇지 않는 장수는 질 것이다."라고 말했다. 장수는 신중한 계획을 세우는 것도 중요하지만, 이것이 올바로 실행되도록 확인하고 또 확인하는 책임이 있다는 사실이다. 손자는 "장수는 항상 적의 공격에 먼저 대비해야 한다."라고 말했다.

오나라 왕이 전략가인 손자에게 물었다. "그대가 말한 대로 병졸들을 훈련시키고 전투에 임한다면 여자들만으로도 전투에 이길 수 있소?" 손자는 그럴 수 있다고 대답했다. 그러자 왕은 그를 시험하기 위해 궁녀들을 모았다. 손자는 그 궁녀들을 둘로 나누었다. 그리고 왕이 가장 총애하는 궁녀 둘을 각각의 대장으로 삼았다. 궁녀들은 손자의 제식훈련 명령에 웃기만 했다. 손자는 "명령이 제대로 전달되지 않아 수하의 병졸들이 잘 알아듣지 못했다면 그것은 장수의 책임이오."라고 말했다. 다시 제식훈련에 대해 설명해 주었다. 이어서 제식훈련에 대한 명령을 내리자, 궁녀들에게서 더 큰 웃음이 튀어 나왔다.

손자는 다시 경고했다. "명령이 제대로 내려지지 않았다면, 그것은 장수의 책임이오. 그러나 명령이 제대로 내려졌음에도 병졸들이 그를 따르지 않는다면 그것은 그 부대 지휘관의 잘못이오." 이 말과 함께 손자는 왕이 가장 총애하는 두 궁녀의 목을 베도록 했다. 두 궁녀의 목이 떨어져 나가고 나서야 제식훈련은 제대로 이루어졌다. 손자는 전쟁터에서 명령이 제대로 전달되어야 하는 것의 중요성을 강조했다. 손자는 "지휘관은 앞으로 취한 행동에 대한 결심을 가지고 있어야 하며, 그 결심을 자신이 지휘하는 장병들에게 분명히 전달해야 한다."고 말했던 것이다. 확인하는 것은 곧 커뮤니케이션이며 이는 전쟁이나 기업에 모두 중요하다. 제대로 확인하지 않는 조직, 제대로 커뮤니케이션이 이루어지지 않는 조직은 규율이든 효율이든 바랄 수가 없다는 사실이다.

최고경영자들에게 있어서 일의 본질은 '계획'이다. 최고경영자가 할 일은 조직의 문제를 파악하고, 그에 따른 해결책을 마련하여 '계획'을 제시해야 한다. 더 중요한 것은 그 계획이 실행에 옮겨져야 한다는 것이다. 계획을 실행하기 위한 업무 절차와 정책을 표준화하는 것이 좋다. 표준화를 하면 업무의 효율성을 높이고 낭비되는 시간과 노력을 줄일 수 있다. 이러한 과정에 절대적으로 필요한 것은 중요한 요소들을 확인하고 또 확인하여, 제대로 실행될 수 있도록 해야 한다는 점이다.

조직의 계획이나 지시사항 등이 모든 조직 구성원들에게 제대로 전달되었는지 확인할 수 있는 방법 중 하나는 '현장에 직접 가서 보는 것'이다. 나폴레옹은 '첫째, 그의 명령이 잘 시행되고 있는지 확인하였고, 둘째, 현지의 상황에 대한 최신 정보를 수집하였으며, 셋째, 앞으로의 계획을 좀더 확실히 수립하였다'는 점에서 뛰어난 전략가였다.

사령관은 분명한 명령을 내려야 한다. 정보의 전달이 원활하지 못하는 조직은 적에게 승리하기 어렵다. 휴렛패커드는 '현장경영'을 통하여 성장할 수 있었다는 사실이다. 가장 유능한 사람이 결정적인 역할 즉 확인하는 역할을 맡아야 한다.

나사만 빠져도 돌아가지 않는다

체스터 바나드는 '제한 인자'라는 개념을 소개하면서, "아무리 큰 기계라도 단 하나의 나사만 빠져 버린다면 제대로 돌아가지 않는다."고 말했다. 기업에서 경영의 과정에 중요한 요소들 중 한 가지만이라도 부족하게 되면 제 능력을 발휘하지 못하게 된다는 것이다.

매우 중요한 요소는 '시간'이다. 전략을 숙지하고 적용하는 데는 시간이 필요하다. 전쟁 역사가들은 나폴레옹이 워털루 전투에서 패했던 것은 그루시 백작의 지원 부대가 늦게 움직였기 때문이라고 한다. 관리하는 가장 좋은 방법은 '직접 현장으로 가서 보는 것'이다. 이는 확인한다는 것을 의미한다.

경영자는 해야 하는 일이 무엇인지 확실히 알고 있어야 하며, 일의 우선순위를 항상 꼼꼼하게 따져봐야 한다. 지휘관에게 있어 중요한 것은 자신이 얼마나 용감하고 칼을 잘 쓰느냐가 아니다. 그의 부대가 전투에서 승리를 거둘 수 있느냐 하는 것이 중요한 것이다. 어떤 조직이든 자원을 최대한 이용하는 것은 매우 중요한 일이다. 자원을 제대로 이용할 수 있는 능력은, 각각의 자원을 제대로 파악하고 제대로 운영되도록 확인하고 또 확인하는 자세에서 나온다.

러시아를 정복해 버린 몽고는 '보고 시스템'이 절차가 매우 간단하여 정확하고 신속하게 정보를 전달했다는 사실이다. 전략을 수립하고 이를 실행에 옮기는 데 있어 '정확함'이 매우 중요하다. 또 하나의 중요한 요소는 '기동성'이다. 몽고의 빠르고 정확한 정보전달 체계는 전투를 승리로 이끄는 데 있어 큰 공헌을 했다. 그 과정이 제대로 운영되고 있는지 여부를 확인하는 것은 더 중요하다.

충분히 좋다고 확인되었을 때에

줄리빅은 코넬대학을 졸업하고, 1990년에 마이크로소프트에 입사했다. 그는 마이크로소프트가 얼마나 철저하게 확인하고 확인하는 방식으로 업무를 수행하는지, 자신의 체험을 저서를 통해 알려 주고 있다. 마이크로소프트에서는 '개 먹이를 직접 먹어보라'는 말이 있다고 한다. 이는 제품이 출시되기 전에 직원들이 직접 시험용 버전을 사용해 본다는 뜻이다. 직접 고객의 입장에서 제품을 사용해보고, 충분히 좋다고 확인되었을 때에 제품을 출시하라는 것이다.

마이크로소프트에서는 모든 마케팅 담당자는 고객의 목소리를 추측하지 말고, 직접 들어야 한다는 규칙이 있다. 현실과 직접 부딪쳐서 수차례의 수정보완을 통하여 완성도를 높인 후에, 다음 단계로 나아가는 것이다. 이 회사에서는 상사에게 충분한 정보와 정확한 피드백을 제공하고, 상사가 성공하도록 도와주어야 한다. 문제만 가져서는 안 되고, 그 문제에 대한 충분한 검토와 확인을 거쳐 그 해결책도 마련한 후에 상사와 만나야 한다. 작업 진행의 문제를 책임자에게 적절하게 보고해야 한다.

이는 확인하는 과정이 된다.

중간 점검하는 일은 중요

마이크로소프트에서는 상사도 확인하는 과정을 반드시 이행해야 한다는 점이다. 상사는 직원들의 업무 진척도를 확인하고 나서, 일의 순서를 조정하거나 문제를 토론하여 피드백을 제공해야 한다. 이 회사에서 직원들의 실수는 상사가 모든 책임을 져야 하므로 확인하는 과정이 필수적이다. 상사에게 매달 그 진척 상황을 중간 점검하는 일은 중요하다. 팀 전체가 제대로 역할을 할 수 있도록 상사는 책임을 다해야 한다는 것이다.

이 회사에서는 문제의 해결방안까지 생각하여 상사에게 보고해야 한다. 어떤 일의 결정을 내리거나 상부에 결과를 보고할 때, 관계된 사람들이 통보를 받도록 미리 조처를 취하는 것은 문제들을 사전에 예방하는 일이다. 관계된 사람들이 제대로 통보를 받았는지 확인하라는 것이다.

빌 게이츠가 최고의 부자가 될 수 있었던 것은, 열심히 일을 했기 때문만이 아니다. 모든 임직원이 자기의 일에서 철저하게 확인하고, 또 확인하는 것을 모든 업무과정에 도입했기 때문이다. 그것은 실수를 미연에 방지하며, 많은 손실을 줄이는 매우 중요한 노하우인 것이다.

실행 여부를 면밀히 확인

요시다 다다오는 일본의 YKK를 60년 이상 경영했고, 해외 46개국에 62개의 공장을 건설하였던 창업자였다. 그는 경영에서 성공했던 비화를 저서를 통해 알려 주고 있다. 그는 "나는 오만을 경계하고 반성하여 왔다. 자기 자신이 직접 입안하고 실행 여부를 면밀히 확인하고 전진해야만, 성공하게 된다는 것이 나의 신념이다."라고 말하고 있다.

요시다는 사원들에게는 "첫째, 턱으로 사람을 부려서는 안 된다. 즉 거만해서는 안 된다. 둘째, 게으름 피우는 일이 없어야 한다. 셋째, 잘난 체 하며 우쭐대지 말라."라는 점을 강조한다. 그는 자기 일에 책임을 지는 일이 중요함을 강조한다. 그에게 있어 수첩은 비즈니스맨에게는 없어서는 안 될 필수품이다. 요시다는 기술면을 메모하기도 하고 데이터를 메모하며, 해외공장에 관해 기록할 때도 있다. 그는 즉시 기록하는 것을 습관하고 있다. 그가 60여 년간 긴 경영자의 생활을 성공적으로 수행했던 것은, 항상 메모하고 일의 진행을 확인하고 또 확인하는 것이 철저하였기 때문이다. 그처럼 철저하게 확인하여도, 그는 자신의 능력이 항상 부족함을 반성했다고 한다.

그 효과가 확인되면

칼 소웰은 1967년부터 아버지가 경영하는 '소웰 빌리지 캐딜락'사에 입사하여 자동차 판매 및 서비스업에 전념해, 1987년도에 '타임'지로부터 최우수 딜러상을 수상했다. 현재 최고경영자로 재직 중인 소웰은 그의 저서를 통해, 그가 얼마나 철저하게 확인하고 확인하면서 뛰어난 경영실적을 거두었는지를 증언하고 있다. 소웰은 현재 소웰 빌리지 캐딜락사, 소웰 렉서스사, 소웰 캐딜락-시보레사, 소웰 뷰이크-현대사의 회장이다.

소웰의 회사가 처음부터 우수한 경영을 했던 것은 아니다. 소웰의 회사에서 영업시간이 문제였다. 보통 월요일부터 금요일까지 오전 8시부터 오후 5시까지 영업시간이고 토요일을 휴무인데, 고객은 이것이 불편하다는 것이었다. 소웰사의 종업원의 태도가 실례 투성이었다. 점포바닥이 더럽다든가, 집기들이 너무 낡았다든지, 의자가 편하지 않다는 의견도 있었다. 소웰은 우선 고객을 위해서 영업시간을 연장하여, 현재 오전7시30분부터 오후8시까지 영업하고 있고 토요일도 문을 연다. 고객의 의견을 확인하였기에 이런 개선이 있었던 것이다.

소웰 회사에는 규칙이 일체 없다. 그 대신 고객이 원하는 것을 찾아내는 것이다. 그리고 고객이 원하는 것을 확인한 다음, 그에 적극적으로 만족시켜주는 조치를 취하기 시작하였다. 고객은 가게에 들어온 순간 판매원으로부터 '공격'받는 것을 싫어한다는 사실을 확인하고 나서, 소웰은 고객이 5분 동안 전시실을 보고 다닐 시간을 준다. 말을 걸기 전에 점포의 분위기에 익숙하게 하기 위해서이다. 오직 고객이 무엇을 원하고 있는가를 탐색하고 확인하는 것이 첫째 과제인 것이다.

한 고객이 소웰 회사의 대차 프로그램이 완전히 틀렸다고 말했다. 그 이유를 알아보았더니, 한 매니저가 몇 번씩이나 고객을 쫓아 보낸 사실이 밝혀졌다. 대차를 늘리는 대신, 대차가 있을 때 다시 찾아와 달라고 말했던 것이다. 결국, 소웰은 그 매니저에게 배치전환을 명했다. 고객은 진실을 말해준다는 것을 그는 확인했다.

고객이 원하는 것이 생존하는 길임을 확인

소웰은 "고객 서비스는 하루 24시간의 일이다."라고 말한다. 그의 회사에서는 "시간이 지나서"라고 거절해서는 안 된다. 서비스라는 것은 고객이 요구했을 때 해주어야 한다는 것이다. 소웰은 일요일이나 휴일이라도, 고객이 원한다면 리본을 달아서 차를 보내준다. 고객의 스케줄에 맞춰나감으로써, 자동차 판매와 결부시킨다. 고객이 요구하는 것이 최우선 사항인 것이다. 전화연락은 24시간 연중무휴로 가능하도록 하였다. 어떤 시간이라 하더라도 소웰은 그것에 응한다. 그러한 서비스가 바로 고객이 원하는 것이며, 회사가 생존할 수 있는 길임을 확인하였기 때문이다.

소웰은 "훌륭한 일을 하는 것은 첫째, 한 번에 정확하게 일을 완성하는 것. 둘째, 잘 되지 않았을 때 대응할 수 있는 적절한 시스템을 갖는 것이다."라고 말한다. 소웰은 "필요한 것은 훌륭한 서비스를 보증하는 시스템이지 '미소'가 아니다."라고 생각한다. 그의 시스템적인 접근은 고객 서비스의 80%를 차지하고, 스마일이나 인사는 20%이다. 소웰사에 고객이 수리가 잘못된 자동차를 가지고 왔을 때는, 그 일을 담당한 사람이 다시 고치도록 한다. 그 작업을 한 시간에 대해서는 임금을 지급하지 않는다. 소웰은 "문제가 발생하면 원인을 추구하여 개선하는 것이 더욱 중요하다. 시스템을 시정하면 문제는 영구히 일어나지 않는다."라고 말한다. 소웰은 문제가 발생하면 직접 확인한다.

소웰은 "약속을 지키지 않는 회사만큼 고객을 화나게 만드는 것은 없다."는 것을 확인했다. 그에게는 약속한 것을 실행하는 것, 그것도 한 번에 정확하게 일을 완성하는 것이 중요하다. 소웰의 직원들은 '반드시 무엇인가 문제가 일어나는 법이다'라는 것을 인정한다. 그들은 우선 사과한다. 그리고 즉각 문제해결에 착수한다. 소웰은 "고객이 무엇을 원하는가를 알아야 한다."고 말한다. 그는 다른 회사와 협력관계를 맺어서, 재고를 신속히 확보할 수 체제를 만들었다. 소웰은 개선을 위해 일 년에 두 번 '미스테리 쇼퍼'를 사용해서, 그의 회사에서 차를 사달라고 한다. 그리고 자신의 회사 시스템에 대해서도 재검토를 한다.

실행해보고, 결과를 살펴보는 것을 원칙으로

소웰은 "고객에게 10분간만 시간을 주어 어디가 나쁜가를 설명해주도록 부탁하면, 정확한 수리의 가능성은 두 배로 늘어나게 된다."는 것을 알게 되었다. 그에게 있어 고객을 기분 좋게 대해주는 것은 매우 중요하다. 소웰사의 직원들은 어떻게 일이 진행되는가를 설명해줌으로써, 고객이 담당자에게 접촉하기 쉽도록 노력한다. 고객을 되풀이해서 다시 불러들이면, 매상이 늘어나고 시장에서의 점유율이 늘어난다. 또한 가격경쟁에 말려들지 않게 된다. 만족한 고객은 다른 상품도 구매하며 다른 손님을 데려온다. 고객이 거래를 하면 할수록 이익이 되게 해주는 것은 중요하다. 이러한 선순환을 유지하기 위해서는, 경영자는 각 단계에서 만족한 서비스를 제공하고 있는지 여부를 확인해야 하는 것이다. 소웰은 이것을 실행했다는 점에서, 성공의 발판을 올라선 것이다.

소웰은 "우리 회사는 예의를 중시한다. 경영자 자신이 종업원을 예의바르게 대해야 한다."라고 말한다. 그는 화장실의 청결도는 고객에 대한 배려의 척도임을 알고 있다. 그에게 있어 화장실을 깨끗이 청소해 두는 것은 대단히 중요한 일이며, 그것이 제대로 실행되는지를 항상 확인한다.

소웰은 매우 신중한 경영자이다. 그는 무엇을 시도할 때 거창하게 시도하지 않는다. 그는 조금씩 시도해 보면서 한정된 범위 내에서 그 아이디어를 실행해보고, 결과를 살펴보는 것을 원칙으로 한다. 그는 "커다란 규모로 아이디어를 테스트해서는 안 된다."라고 말하는데, 그것은 큰 손실의 원인이 될 수 있기 때문이다. 아이디어를 약간 시험을 해보고 나서 그 효과가 확인되면, 점차 범위와 규모를 늘리는 것이 지혜롭다는 것이 소웰의 생각이다.

소웰은 확성기 방송을 개선하여, 고객에게 자동차를 가져다 주는 시간을 6분에서 2분으로 단축시켰다. 이 아이디어는 어느 고객이 제안한 것이었는데, 이를 조심스럽게 실행해보았더니 효과가 있었다. 그는 이를 전면적으로 실행하여 고객들을 만족시켰다. 그는 항상 타인의 아이디어를 빌린다. 아메리칸 항공사의 마일리지 프로그램을 차용하여, 세일즈 인센티브 프로그램을 만들었다. 그는 그것을 조정하여 자신의 회사에 맞게 적용한다. 소웰은 "우리가 제대로 고객을 서비스하는지 평가받는 것은 필요하고 중요하다."라고 말한다. 그는 고객을 제대로 서비스하는지 항상 확인하고 또 확인하면서, 최고의 회사를 지향하고 있는 것이다.

지시는 5%, 확인은 95%

"노가다 병법"의 저자인 이은구는 전직 미술교사로 스쿨버스 운영과 문구상의 사업을 거쳐, 지금은 조경 시설물 업체인 신이산업의 사장으로 활동하고 있다. 그는 특허, 실용신안, 의장등록 등 20여 품목을 개발하였고 성업 중에 있다. 그의 저서를 통해 그가 수많은 시련을 겪으면서 성공한 사례를 살펴보면, 경영에서 확인하는 과정이 얼마나 중요한지를 다시 실감하게 된다.

이은구 사장이 멋모르고 막노동판에 뛰어들어 불량품 줄이기, 공정개선, 신제품 개발에 몰두한지 여러 해가 지났다. 그는 1년 340일을 출근하며 철저한 시간관리가 습관이 되었고, 이제 회사는 튼튼해졌다.

이은구 사장은 "언제 어디서나 사주의 눈에는 남고 밑지는 것이 확연히 보인다. 이는 입장의 차이다."라고 말한다. 매사에 신중한 태도로 일하는 것부터가 주인의식의 시작이라는 것이다. 이 사장은 "경영자는 그 실천 결과를 항상 확인하라. 확인하는 것은 생산성 향상의 지름길이며 주인의식을 투철하게 만드는 무기인 것이다."라고 말한다.

기능공을 기르려면 우선 사장이 알아야 한다는 것을 이은구 사장은 깨달았다. 그는 "사장의 기능, 아이디어, 연구력 부족이 어려움의 원인이다. 사주의 능력 부족, 노력 부족, 인재 육성의 포기 등에서 중소기업의 도산 원인이 있는 것이다."라고 말한다. 기능인 기르기를 소홀히 하면 튼튼한 회사를 만들 수 없다는 것을, 이 사장이 스스로 확인하였기에 신념이 되었다.

이은구 사장은 "모든 일은 결국 사장이 책임을 져야 한다."고 말한다. 그의 회사에서는 무슨 일이든지 보고하게 하고, 확인과정을 거쳐 사장 스스로 결정한다. 작은 회사의 사장은 더욱 독재형이 되어야 한다는 것이 그의 생각이다. 독재는 능력과 노력이 있고 상황을 확인했을 때에만 가능하다는 것이다.

그에게는 사전에 특별한 대비책이 있다. 특정인에게 같은 일을 계속 시키지 않는 것이다. 이 방법은 생산성이 약간 떨어지는 것을 감수해야 한다. 한 사람에게만 의존하는 것은, 결국 한 가지 기술에만 의존하는 것과 마찬가지이기 때문이다. 이은구 사장에게는 기술 개발이나 기능공의 양성은 기업의 필수조건이다. 이 사장은 "특정인에 치우치면 곤란하다."고 말한다. 복수의 인원을 확보하면 모든 것을 확인하기 쉽다는 사실이다.

기본은 수직, 수평을 확인하는 것부터

이은구 사장의 회사인 신이산업은 조경 시설물 업체로서 등나무그늘집을 제작, 설치한다. 첫 공사에서 수직, 수평을 지적받은 뒤로, 그는 항상 수직, 수평을 염두에 두고 있다. 이 사장은 새로운 기술을 사용하여 인력이나 시간을 두 배로 절약하였다. 공기 단축으로 생산성이 무려 4배나 오른 결과가 되었다. "토목, 건축공사의 기본은 수직, 수평을 확인하는 것부터 시작해야 한다."는 것이 그의 지론이다.

이 사장은 "교육을 시켜야 한다. 교육을 시키면 모두 우수한 기능공이 될 수 있다."고 말한다. 그는 현장에 나가는 기능공들을 반드시 교육시켜 "실패해도 좋다, 자신 있게 해라!"라고 말한다. 이것이 그의 회사의 노하우인 것이다. 그가 특히 강조하는 것이 있다. "지시는 5%, 확인은 95%"가 그가 직원교육에 자주 인용하는 문구이다. 진행되는 모든 상황을 카메라로 잡는 것은, 그가 활용하는 훌륭한 확인 방법이다.

그는 "기술 개발을 하지 않는 회사는 모두 도태될 것이 확실하다."고 말한다. 그의 회사는 인조목 분야에 관한 한, 가장 많은 노하우를 가지고 있다고 한다. 그의 회사인 신이산업 게시판에는 "오늘 다르고 내일 다르다. 매일 달라져야 한다." 등의 구호가 있다. 이은구 사장이 항상 "지시는 5%, 확인은 95%."라는 신조를 고수하는 것은 그것이 기업의 생존에 절대적인 요구조건이기 때문이다.

끈기 있게 실행하는 것

청소용역 사업, 원두커피 사업, 카페 사업, 조명 사업, 환경사업, 음성메일 사업, 인터넷 사업, 통신솔류션 사업 등 8개 사업을 전개하고 있는 일본의 '무사시노'라는 회사가 있다. 이 회사의 대표이사 고야마 노보루의 사례는 경영에서 확인하고 또 확인하는 것이 얼마나 중요한가를 완벽하게 입증하고 있다. 사장인 고야마는 이 회사에 1989년에 대표이사로 취임했고 2000년 '일본경영품질상'을 수상하였다. 그가 저서를 통해 밝힌 경영의 성공 사례는 어려움에 처해 있는 경영자들에게 훌륭한 본보기가 될 것으로 보인다.

고야마가 '무사시노'의 대표이사로 취임한 지 15년이 흘렀는데, 그는 다른 회사를 경영했던 시절까지 포함하면 거의 30년 동안 '사장'이라는 삶을 살고 있다. 그가 30년 동안 회사를 경영하면서 이익이 줄었던 것은 세 번뿐이라고 한다. 그만큼 그의 경영은 '수익을 낼 수 있는 구조'임을 입증하였다는 사실이다. 고야마는 "기업을 흑자로 또는 적자로 만드는 것은 사장의 마음가짐에 달려 있다. 끈기 있게 실행하는 것, 포기하지 않고 계속해나가는 것, 모방하는 것이야말로 중요하다."라고 강조한다.

고야마는 "인재를 키우는 것은 사장의 중요한 임무이다."라고 말한다. 그는 "경영방침을 정하는 것은 사장만이 할 수 있는 일이고, 결과에 대한 책임을 지는 것도 사장뿐이다."라고 강조한다. 이 회사는 직원에게 연간 100-300시간 정도 학습을 시키는데, 참가하는 상황을 평가에 반영하는 구조로 만들었다. 명목상으로는 자율참가이지만, 불참하면 상여금에 차이가 생기기에 사실상 강제이다. 고야마는 "기업이란 자선단체가 아니다. 이익을 추구하는 단체이다. 회사에 좋은 일, 직원에게 좋은 일을 강제하는 데 무엇을 주저해야 하는가?"라고 말한다. 그의 직원들이 높은 급여를 받을 수 있는 것은 오로지 스터디모임에서 강제로 학습한 결과라는 것이다. 직원의 자발성에만 맡겨두고 확인하지 않는 것은 실적이 나쁘다는 것이다.

원인과 결과가 연계되어 확인되는 구조

이 회사에서 어느 부장이 아침 스터디모임에 두 번 연속 빠졌기 때문에 평가가 낮아 상여금이 90만엔 줄어들었다. 고야마는 그에게 엽서를 보냈다. "아무개 부장, 자네는 두 차례만 더 아침 스터디에 참석했더라면 상여금이 90만엔 더 탔을 텐데 안타깝게 생각하네."라고 썼다. 열심히 하면 그만큼 수입도 늘어나는 구조는 무사시노사의 급여체계의 특징이다. 원인과 결과가 연계되어 틀림없이 확인되는 구조로 되어 있다는 사실이다.

고야마는 매일 아침 30분 정도씩 직원 전원에게 사무실 청소를 시킨다. 이는 깨달음을 위한 것이다. 청소하는 면적은 신문지 한 장 정도의 공간인데 억지로 하게 함으로써 상냥한 인간이 된다는 사실이다. 누구나 할 수 있는 간단한 청소를 하는 일이 축적되어 효과가 나타나기 때문이다. 고야마는 그 청소결과를 일정 시점에 확인하여 상여금 평가에 반영시킨다.

고야마는 레크리에이션이 유익하다면 이것도 강제로 시행한다. 무사시노사는 바비큐 회식을 하는데, 이에 참가하면 상여금 포인트를 받고 불참하면 포인트가 없다. 결국은 상여금에 자동적으로 반영시켜 금전으로 결과가 나타난다. 야유회도 참가하면 포인트가 나오는데, '억지로' 참가하는 야유회는 참가자의 만족도가 대단히 높다는 사실이다. 형식상 '강제'는 아니지만 실제로는 모든 것이 확인되어 결과로 나타나게 하는 것이다.

이 회사는 '회의에 지각하면 벌금 얼마, 술자리에 늦으면 벌금 얼마'라는 식으로 남에게 피해를 줄 때마다 벌금을 받는다. 그 벌금이 모이면 가위바위보 게임으로 하여 한 명에서 전액을 몰아준다. 이는 회사 전체에 한 마음이 되게 하면서 재미도 있다고 한다. 이러한 '형식'을 갖추게 하면 결국은 '마음'에 이르게 된다는 것이다. 전원이 실행함으로써 마음도 갖추어지는 것이다.

싫어도 교육시키지 않을 수 없는 구조

무사시노사는 '싫어도 교육시키지 않을 수 없는 구조'를 만들었다. 과장 이상의 직원들은 1년에 한 번 9일 간 유급휴가를 써야 한다. 자기가 없어도 일이 돌아갈 수 있도록 평소에 직원들을 교육시켜 놓지 않으면 안 되도록 하는 것이다. 휴가를 가는 직원은 이를 위하여 업무표준화를 만들어 놓든지, 누구나 이해할 수 있는 쉬운 매뉴얼을 만들어야 한다. 휴가를 갔을 때 업무가 제대로 돌아가지 않으면, 휴가를 간 본인에게 책임을 묻는 것이다. 그러므로, 확인하고 또 확인하여 업무가 순조롭게 진행되도록 조치를 해놓는 것이다. 요컨대 무슨 일이든 누구나 할 수 있게 만드는 것 이것이 핵심이다.

이 회사에서 급여는 1년에 한 번 바뀐다. 각자의 실적을 감안하여 인상과 감봉을 정한다. 평가요소는 '실적평가'와 '프로세스평가'가 있다. 실적평가는 전년동기와 비교한다. 프로세스평가는 태도와 열의를 평가한다. 직책이 낮은 사람은 실적평가와 프로세스평가 비중이 1:9이다. 상급자는 9:1이다. 다른 평가요소에는 '방침공유'가 있다. '방침공유'의 요소에는 각종 스터디모임이나 바비큐 회식, 야유회 등에 출석한 횟수가 포함되어 평가한다. 마지막 평가요소에는 '환경정비'가 있다. 매일 청소하는 것이 이에 포함된다. 실적평가와 프로세스평가가 60%, 방침공유가 30%, 환경정비가 10%이다. 이러한 모든 요소는 확인이라는 과정을 거친다.

고야마는 회사를 원활하게 운영하기 위해서 정보공유체계를 이루는 것이 중요하다고 생각한다. 그는 매년12월에 다음 해 스케줄을 작성하는데, 지켜지는 확률은 98%정도이다. 이 회사는 4주간을 단위로 하며 스케줄을 세운다. 이 회사는 스케줄 공개상황을 직원평가에 반영시킨다. 상사가 자신의 스케줄을 공개하면, 부하직원이 상사의 스케줄을 확인하고 이에 대응하여 업무를 할 수 있기 때문이다. 이메일, 음성메일, 그룹웨어 등을 메시지를 전달하는 수단으로 활용한다. 고야마는 정보공유를 실현하기 위해서 커뮤니케이션 스킬이 뛰어나야 한다는 것을 확신하고 있다. "커뮤니케이션 능력과 영업 실적은 정비례한다." 라는 것을 그는 확신하고 있는 것이다.

고야마는 벤치마킹이 개선을 위해 매우 중요한 것임을 확신하고 있다. 그래서 벤치마킹 활동을 항상 독려한다. 이 회사에서는 벤치마킹을 하고 나면 20개 항목씩 써서 이메일로 상사, 담당자, 사장에게 보고해야 한다. 보고가 하루 늦어지면 연체금이 부과된다. 늦어지는지 여부가 반드시 확인되기 때문에 전원이 그날 안에 보내온다.

고야마는 회사의 업무수행 과정에서 문제가 발생했을 때, '발생한 것'과 '발생시킨 사람'을 나누어 생각한다. 그는 '발생한 것'을 개선하는 것이 중요하다고 강조한다. 다시 말하면 문제의 원인을 추궁하고 개선시키는 것이다. 이 과정에서 사고에 대한 보고나 연락을 게을리 한 직원은 상여금을 반으로 줄인다. 문제가 확인되지 않고 방치되는 것은 치명적 위험이 될 수 있기 때문이다. 이 회사에서 문제의 80%는 발생하고 30분 이내에, 1차 대응이 완료되고 확인되고 있다는 사실이다. 실례로, 이 회사는 2003년 거실의 왁스 공사를 실시한 작업을 하던 중에, 텔레비전 받침을 옮길 때 바닥에 커다란 흠집이 생기는 클레임이 발생했다. 고객에게 위자료도 지급되지 않았고 차일피일 미루다가 엄중한 클레임이 들어왔다. 고야마는 아무개 임원을 고객에게 사죄하러 보냈고 고객의 요구를 100% 받아들이라고 전했다. 그 결과, 발생한 지 1년 반이 지난 사건이 결국 그의 귀에 들어오고 나서 2일 만에 해결되었다. 그 이후로 이 회사는 "사고발생보고를 게을리 하면 상여금을 절반으로 깎는다. 사고를 전 직원에 알려 전사적으로 해결에 임한다."는 방침을 세웠다.

고야마는 일을 관리할 때, 시작하는 시간과 끝내는 시간을 정하는 것이 중요하다고 생각한다. 고야마가 직원들에게 업무상 지시를 할 때에는, 반드시 시작하는 시간과 끝내는 시간을 명시하여 지시한다. 그리고 그것이 어떻게 진행되는지 여부를 반드시 확인한다. 그는 중소기업의 사장으로 가장 중요한 것은 규모를 키우는 것이 아니라 '스피드'에 있다고 생각한다. 사장이 관심을 가져야 사업은 성공 가능성이 높다는 것을 그는 경험하였다. 무사시노사 직원은 모두 "사장이 한다면 반드시 한다. 그럼 빨리 시작해 버리자."라고 생각한다. 이것이 이 회사의 문화이다.

이 회사의 총무는 한 명이다. 임직원이 360명인 이 회사에서, 총무 직원이 이전에는 4명이었다. 이 회사는 업무를 개선하고 개선하여 혼자서도 업무를 완수할 수 있게 만들었다. 한 명이지만 직책은 총무과장이다. 총무과장은 1년 교대의 공모제로 선발된다. 총무과장으로 유력한 사람은 시말서를 많이 쓴 사람을 우선으로 한다. 이는 시말서 수는 행동력의 증거라고 생각하기 때문이다. 고야마는 "스스로 행동하지 않는 사람은 쓸모가 없다."는 신념을 갖고 있다.

양이 쌓이면 질적인 변화가

이 회사에는 '생큐카드'가 있다. 이는 부하나 동료, 상사나 비즈니스 파트너에게 감사의 말을 명함 크기의 종이에 적어서 전하는 것이다. 이것은 상하간, 횡적 커뮤니케이션에 비약적인 발전을 가져 왔다. 고야마는 '관리직은 매월 최저 20매'를 쓰도록 했다. '20매 이하인 관리직은 확인하여, 그룹웨어에 실명을 공개하고 벌금5천엔을 징수한다.'라고 지시했다. 생큐카드가 늘어나자 사내에 이변이 일어났다.

"양이 쌓이면 확실히 질적인 변화가 일어난다."는 것이 고야마의 생각이다. '생큐카드'로 상하 간의 커뮤니케이션이 비약적으로 발전한 것도 카드 작성횟수가 늘어나도록 유도한 데서부터이다. 커뮤니케이션이 원활해진 것은 물론, 직원의 모티베이션도 크게 향상되었다. 만일 생큐카드가 질을 추구했다면 이러한 발전은 없었을 것이라는 것이 고야마의 생각이다. 생큐카드를 썼는지 확인하는 것을 철저히 하였기에 제대로 시행된 것이다.

이 회사는 성과가 자신의 급여, 상여금에 반영되는 체계가 세워져 있다. 그러므로 직원들은 무슨 일이든 고객의 요구에 응하게 되었다. 그것이 자신의 실적으로 연결될 수 있기 때문이다. 다시 말하면 직원들이 고객을 대하는 태도나 노력은 반드시 확인되어 급여와 상여금에 반영된다는 사실이다.

고야마는 "좋은 구조란 어느 직원이 일을 해도 같은 결과가 나올 수 있는 시스템을 뜻한다."라고 말한다. 구조에 맞게 직원을 훈련시키면 누구나 같은 성과를 낼 수 있기 때문이다. 그에게 구조란 '업무를 철저히 하기 위한 매뉴얼'인 것이다. 고야마는 "반드시 구조에 의한 경영을 지향해야 한다."고 확신하고 있다. 영업력이 강해지는 구조를 만들고, 거기에 직원을 맞추게 하는 것이다. 인재육성에 공을 들여야 하고, 우수한 직원을 키워야 한다고 그는 생각한다. 구조란 철저한 업무의 표준화, 매뉴얼화의 추진에 도움이 된다는 것이다. 요컨대 구조란 모든 것이 제대로 될 수 있도록 만드는 것이며, 이는 그 과정을 확인할 수 있다는 것을 전제로 한다.

결과를 분명하게 보고하는 구조

이 회사는 1997년부터 매년 고객 앙케이트를 실시하는데 여기에 엄격한 규칙이 있다. '개선을 게을리 한 사업부는 다음 앙케이트를 할 수가 없다'는 것이다. 앙케이트를 부탁하고 "지적하신 점은 이렇게 개선하겠습니다."라고 고객에게 결과를 분명하게 보고하는 구조가 짜여 있기 때문이다. 그 결과가 확인되는 구조인 것이다. 앙케이트는 자사의 개선이 진정한 역할을 하는 툴이 된다. 고야마는 앙케이트를 실시하면서 영업 담당자의 이름을 기억하고 있는 고객은 만족도가 높다는 사실을 발견했다. 그래서 다음 앙케이트 항목에 질문 항목을 추가했다. "우리회사 담당자의 이름을 알고 계십니까?"였다. 그 결과, 직원들은 모두 이름표를 달게 되었다. 충성도가 높은 고객의 만족도를 향상시키는 것은 옳은 일이라는 것을 고야마는 알고 있다. 그러나 떠돌이 고객에게는 만족도보다는 불만족 요인을 없애는 것이 중요하다고 생각한다.

문제를 계량화하여 원인과 결과의 인과관계를 알아보는 것은 경영에 매우 중요한 일이다. 이 과정에 '확인하고 또 확인한다.'는 원칙이 적용된다. 고야마는 회사에 디지털화를 도입할 때 "디지털화를 성공시키는 요인은 질보다 양, 단순하게 대응하는 것이다."라는 것을 유념했다. 디지털화를 할 때 직원들의 저항을 극복해야 하는 문제가 있다. 가장 먼저, 쉽게 가르쳐야 한다는 것이다. 이 회사는 단순하게 디지털 사용법을 가르친다. 간단한 것을 철저하게 가르쳐 익숙하게 해야 한다. 대부분의 회사에서 디지털화가 정착되지 않는 것은 가르치는 방법이 틀렸기 때문이라는 것이다.

이 회사는 직원들에게 영향이 큰 사안에 디지털화를 우선하여 시행했다. 돈에 관한 품의를 네트워크상에서 결재하기로 하였다. 그 결과 돈의 결재가 빨라졌고 디지털화가 순항했다. 할 수 있는 일, 할 수 있는 사람부터 먼저 하는 것이 좋다는 사실이다. 이 회사에서 외상 처리를 디지털화했는데, 경리 담당자는 여전히 입금전표, 출금전표, 송금전표를 발행했다. 고야마는 "편한 대로 해라. 그 대신 전표 한 장을 발행할 때마다 10엔씩 담당자가 지불하라."고 지시했다. 그 다음부터 아무도 전표를 발행하지 않았다고 한다.

확인이 철저하게 부정도 발붙이기 어렵게

무사시노사는 경리 담당자를 2년마다 주기적으로 교체시켜 부정행위가 일어나지 않는 구조를 만들었다. 고야마는 "사람이 하는 일에는 늘 실수가 생기는 법이며 선량한 사람이라도 견물생심이다."고 말한다. 그러기 때문에 부정을 조기에 발견하는 구조를 마련해야 한다는 것이다. 이 회사는 부정을 발견하기 위한 구조를 정비하였기에 설령 착복이 있다 해도 20만 엔 미만에서 발견할 수 있게 되었다. 모든 것이 확인이 철저하게 이루어지면 부정도 발붙이기 어렵게 되는 것이다.

몇 년 전에, 필자가 교육하던 기업에서 재고 부족이 발견되었고, 직원의 농간으로 상당 금액이 손해를 보게 되었다. 경영자는 이 문제에 대해 필자에게 상담을 의뢰했다. 필자는 이 문제의 원인을 조사해본 결과, 이 회사에서 재고 조사가 철저하지 못했다는 사실을 발견했다. 경영자에게 재고 검사를 좀더 철저하게 이루어져야 하고, 재고 부족이 금새 발견되는 구조로 만들어야 한다고 강조하였다. 이 회사는 조치를 취하였고, 차후에 그런 일이 발생할 수 없도록 하였다고 한다. 문제가 발생할 수 있는 허술한 틈새를 방치한 경영자에게 책임이 있다는 사실을 명심해야 한다. 모든 문제는 확인 또 확인이 제대로 이루어지지 않을 때 발생한다는 것이다. 이는 재고 문제뿐만 아니라, 현금 시재의 관리, 매출채권의 관리 등에서도 발생할 수 있는 문제이다.

고야마는 "일은 사람이 만들어 간다. 사람을 줄이면 고객 만족도가 떨어진다."고 말한다. 연락하고 행동하고 고객에게 얼굴을 내미는 습관은 직원 즉 사람만이 할 수 있는 것이기 때문이다. 고야마 사장은 직원에게 이렇게 말한다. "우리 회사의 최고 상품은 바로 직원이다." 그가 조직의 모든 구조, 업무과정, 인사평가 등 경영의 모든 요소에 확인하고 또 확인하는 원칙을 실행하고 있기에 무사시노사는 지금도 이익을 내고 있다는 사실이다.

Lesson 04

원가의식

영국인 기업가인 제임스 골드스미스는 "나는 억만장자이면서 낡은 집에 살고, 중고 세비를 타고 출퇴근 하는 걸 자랑스럽게 생각하는 버펫 같은 사람을 이해할 수 없다."고 말했다.

04장

원가의식

원가의식이란 치열한 원가절감을 하려는 정신 태도를 말한다. 이는 검소한 경영방식을 최대한 유지하는 노력이다. 영국인 기업가인 제임스 골드스미스는 "나는 억만장자이면서 낡은 집에 살고, 중고 셰비를 타고 출퇴근 하는 걸 자랑스럽게 생각하는 버펫 같은 사람을 이해할 수 없다."고 말했다. 버펫이 엄청난 부자가 된 데에는 이처럼 검소하게 살며 원가의식이 철저하였기 때문이라는 것을 유념해야 한다.

복식부기를 가르쳐 달라

앤드류 카네기(1835-1919년)는 '여기 자신보다 더 우수한 사람을 어떻게 다루어야 하는지를 아는 사람이 누워 있다'라는 묘비명을 택했다. 카네기는 1835년에 스코틀랜드에서 출생하였고, 1848년 미국으로 이주하였다. 카네기와 그의 아버지는 솜공장에서 일했는데, 카네기는 사무실 직원으로 채용되었다. 카네기는 12시간 일과가 끝나면 피츠버그 시내로 들어가, 회계사에게 복식부기를 가르쳐 달라고 설득했다. 1853년 카네기는 토마스 스캇의 부하이자 전신책임자로서 펜실베니아 철도회사에 취직했다.

1859년 카네기는 노선책임자로서 승진되었다. 카네기는 1872-1873년에 사업 분야를 물색하였는데, 철강 분야로 확정했다. 카네기는 “나는 항상 제조업 쪽을 선호했다. 뭔가 손으로 만질 수 있는 것을 원했던 것이다.”라고 말했다. 그가 의지한 것은 자신의 판단력, 사업가적 수완, 사람을 다루는 능력이었다. 그의 특출한 재능은 “사업확장의 적기를 아무도 확장하지 않을 때”라는 것을 인식하였다는 점이다. 당시 레일 제조에 쓰이던 선철(銑鐵)은 잘 부서지고 유연성도 부족하였고, 고온에서 쉽게 손상되는 단점이 있었다. 당연히 완전 강철제 레일만이 해답이었다. 1856년 헨리 베세머 경은 선철에서 불순물을 제거하는 방법을 발견하였다. 사업가로서 카네기를 규정짓는 가장 큰 특징은, 그가 변화를 예견하고 인정하며 적극적으로 받아들이는 능력을 모두 갖추었다는 점이다. 카네기는 다른 누구보다 빠르고 신속하게 이해했다는 점이 장점이었다. 카네기는 “나는 발명가나 화학자, 혹은 연구자나 기술자가 되고 싶은 생각을 해본 적도 없었다.”라고 말했다. 카네기는 “공장을 최대한 가동하라. 반드시 수익성을 따지되, 현금이나 신용이 좋은 구매자에게 어떤 가격으로라도 거래하라. 공장설계에는 가장 유능한 기술자를 고용하라. 꼭 필요한 곳에 지출함으로써 운영비용을 낮게 유지하라. 마진은 가능한 한 적게 하라.”라고 말했다.

카네기는 철강업에 진출하기 위해 많은 공부를 하였는데, 결국 위험을 최소화할 수 있는 방법을 찾았다. 그는 그동안 철도 및 다른 사업을 통해 번 돈을 모조리 제강업에 쏟아 부었다. 카네기는, "분별력이 있는 사람이라면 내가 얼마나 작은 위험만을 감수했는지를 알고 놀랄 것이다. 그것은 내가 스코틀랜드인 특유의 신중함을 지녔기 때문이다."라고 말했다. 카네기는 생존을 위한 필수조건으로서 과학자들을 고용하여 화학 연구를 하였다.

카네기의 성공은 그가 경쟁자들보다 체계적인 방식으로, 사업에 필요한 세부 사항들과 물류 시스템을 장악했기 때문에 가능했다. 카네기는 비용을 관리하는 측면에서 경쟁자들을 압도하였다. "철강 생산업에 입문한 뒤, 나는 그 많은 개별 과정의 비용을 아무도 모른다는 사실에 크게 놀랐다."라고 카네기는 말했다. 카네기의 이 말은 매우 의미심장하다. 많은 '전문가'들이 철강업계에 있었다고 사람들이 생각했음에도 불구하고, "그 많은 개별 과정의 비용을 아무도 모른다는 사실에 크게 놀랐다."고 카네기가 말할 정도로 실제로 전문가는 없었다는 사실이다.

생산의 원가절감과 낭비 요소의 제거는, 위대한 기업가들이 경제 활동에 공헌한 것 중 하나이다. 카네기가 건설한 시스템은 매우 단순하였다는 사실이다. 카네기는 철광 원석, 석탄 광산, 코크스 가마 등 필요한 자원들을 장악하여 수직적 통합을 이루었고, 자급자족하는 기업을 만들었다. 이런 일에는 비전뿐만 아니라 결단력과 수완과 인내도 필요하였고, 무엇보다도 세일즈

맨의 본능이 필요했다.

지독한 현실주의자

카네기는 경영에 대한 맥칼럼(철도회사의 총책임자)의 아이디어를 배웠고, 스콧에게서 투자 요령도 배웠다. 그는 철 생산의 가치를 알게 되었다. 카네기의 목표는 끊임없는 향상이었다. 그는 운영비를 산출하는 정보시스템의 중요성을 알고 있었다. 카네기는 원재료를 산출하고 임금과 재료에 관련된 비용을 결정하고, 산출량을 기록하는 시스템을 회사에 마련하였다. 그는 비용에 대한 정보를 고집했다. 이는 그가 계약에서 좀더 현명한 입찰을 제시하고 절감을 해주는 것으로 성공한 이유 중 하나였다. 그는 1873년부터 1878년 불황기에도 경쟁사들보다 낮은 비용으로 강철레일을 만들었고, 그들보다 싸게 입찰하면서 이익을 남겼다. 카네기가 처음 사업을 시작했을 때 철 레일은 톤당 100불이었으나, 그가 은퇴할 때에는 훨씬 좋아진 품질의 철 레일 1톤에 12불에 지나지 않았다.

카네기는 지독한 현실주의자이면서 몽상가였다. 지독한 현실주의자로서 카네기는 철저한 원가의식을 고집하였다. 그가 원가의식에 대하여 철두철미하지 못하였다면, 결코 철강업계에서 그처럼 엄청난 성공을 거두지 못했을 것이다. 1883년까지 카네기가 이룩한 사업적 성공에도 불구하고, 카네기의 사업에 동참한 사람은 단 한 명뿐이었다는 사실이다. 한 때 카네기는 "내가 얼마나 안전주의를 고수하며 사업해 왔는지를 안다면 누구나 놀랄 것이다."라고 말한 적이 있다. 1901년 카네기 스틸은 금융업자 피어폰트 모건이 결성한 조합에 4억8천만 불에 매각되었다. 그는 1919년 8월11일에 죽을 때까지 가족에게 남긴 연금과 선물을 빼고는, 자신의 모든 부를 사회에 환원했다. 그는 "부자로 죽는 사람은 치욕스럽게 죽는 것이다."라고 자신의 에세이에서 말했다. 몽상가로서 카네기는 위대한 자선사업가로서 많은 사람들의 기억에 살아 있지만, 기업 경영자들에게는 철두철미한 원가의식을 가진 경영자로서 기억되어야 한다.

가장 현명한 투자가

1912년에 태어난 존 템플턴은 가장 현명한 투자가 중의 한 명이다. 그가 세운 투자회사는 현재 50만 명 이상의 투자자와 60억 불 이상의 운용자산을 보유하고 있다. 그는 1만 불을 빌려 처음으로 주식투자를 시작했고, 효율적 시장가설을 정면으로 뒤집는 증거를 보여주었다. 템플턴은 '성공적인 투자란 삶과 세상에 대한 그 사람의 전체적인 관계의 산물'이라고 믿었다.

그는 가장 현명한 투자자로 정평을 얻었는데, 그가 엄청난 부를 축적한 후에 템플턴상을 제정하여 그의 재산을 사회에 환원하기 시작하였다. 템플턴상은 매년 30만 불의 상금을 수여한다. 테레사 수녀가 첫 번째 수상자였다. 템플턴의 성공에는 단순히 투자에 현명했기 때문만이 아니었다. 그가 투자할 수 있을 정도의 자금을 축적하는 과정에는, 원가의식에 투철한 절약정신이 있었기에 그것이 가능했던 것이다. 템플턴은 대학을 졸업한 후에 직장인으로 출발하였는데, 월급장이인 그는 투자자로서 독립하기 위해서는 자금이 필요하였고 이를 마련하느라고 투철한 절약정신에 의거하여 생활하였다.

절반은 반드시 저축

존 템플턴과 그의 부인 두들리는 결혼하면서 한 가지 결심을 했다. 그들이 번 수입의 절반은 반드시 저축하기로 한 것이다. 검소하게 생활하는 방법을 배우는 것이 매우 중요하다는 사실을 그는 깨달았다. 템플턴은 특히 월세가 100불이 넘는 집에서는 살지 않았다. 가구도 중고물건을 샀다. 어려운 시절임에도 이들 부부의 삶은 따뜻하고 안락했다. 중요한 사실은 당시에도 존 템플턴은 전혀 가난하지 않았다는 것이다.

템플턴은 "성공이란 저축하는 데서 나온다."고 믿었고, 평생에 이런 믿음을 실천해왔다. 또한 남의 돈을 빌리는 것이 얼마나 무서운 것인가를 확실히 배웠다. 자동차도 중고차를 구입했다. 그가 새로 구입한 자동차는 모두 중고차였고, 대당 200불 이상을 지불하지 않았다. 이보다 비싼 자동차를 구입한 것은 그의 재산이 25만불을 넘어선 뒤였다.

그가 독립해 투자자문 회사를 설립했을 때 집기 비품도 중고를 구입했다. 그가 절약에 대해 하는 얘기는, 네덜란드 상인에게서 24불짜리 구슬 따위를 받고 맨해튼 섬을 팔았던 인디언들에 대한 것이었다. 24불로 판 맨해튼이 너무 쌌다고 생각하는 사람들에게 템플턴은 이렇게 설명했다. "만약 8%의 복리 이자율로 돈을 계속 투자했다면, 그 돈은 지금 11조 불이 되었을 것"이라고 그는 말했다. 이는 그 당시 미국땅 전부를 사고도 남는 엄청난 금액이었다.

템플턴은 신용카드도 쓰지 않았고, 비행기를 탈 때면 항상 이코노미 좌석만 이용하였다. 그는 자신이 번 많은 돈을 자선단체에 기부하였다. 이처럼 철저히 낭비를 배제한 검약정신이 있었기에, 회사를 설립한 지 2년째 되는 해부터 순이익을 기록할 수 있었다. 템플턴에 의하면, 빚이 없고 신용도 쓰지 않은 투자가는 주가가 큰 폭으로 떨어져도 치명타를 입지는 않는다. 검약은 성공으로 가는 길을 밝혀준다는 것이다. 원가의식은 결국 '절약정신'의 다른 말과 같다. 경영자는 항상 원가의식을 의식하며 살아야 기업이 생존할 수 있다는 사실이다. 템플턴이 위대했던 것은 그가 많은 돈을 벌었기 때문이 아니다. 그의 절약정신, 철저한 원가의식이 오늘날의 경영자들에게 뚜렷한 모범이 되기 때문이다.

매출은 최대한으로, 경비는 최소한으로

이나모리 가즈오는 1932년생으로 1955년 가고시마 대학 공학부를 졸업하고 몇 년간의 월급장이를 거쳐, 1959년 지인의 출자를 얻어 교토세라믹주식회사 즉 오늘날의 교세라를 설립하였다. 이나모리는 1984년 통신회사 DDI를 설립하였는데, 그의 통신회사는 일본에서 괄목할 만한 성공을 거두었다. 그는 많은 회사를 설립하였는데 거의 다 성공하였다고 한다. 그는 많은 재산을 축적하였고, 1984년 사재로 이나모리 재단을 설립하였다. 그의 개인재산을 사회에 환원하기 시작하였던 것이다. 이나모리의 탁월한 경영능력은 일본에서뿐 아니라 세계적으로도 인정받았다. 그의 뛰어난 경영력의 바탕에는 '원가의식'이라는 하나의 원칙이 일관되게 적용되어 왔다는 사실이다.

교세라는 일본에서 벤처기업의 선구자이다. 이나모리의 교세라는 "매출은 최대한으로, 경비는 최소한으로"라는 원칙을 추구하여 고수익 체질을 구축하였다. 이나모리는 "목숨을 건다는 각오"로 매사에 임하면서 철저함을 추구하였다. 교세라는 첫 해를 마감할 무렵부터 이윤을 내기 시작하여, 그 후 현재까지 매년 흑자를 기록하고 있다. 그는 수입의 극대화와 비용의 최소화에는 엄청난 정신력과 창의력이 필요하다는 것을 알았다.

그의 교세라 그룹에는 '아메바 경영'이라고 불리는 확고한 경영 시스템이 있다. 아메바 경영은 리더를 뽑아 경영을 맡김으로써 경영자 의식을 가진 리더들을 육성하는 것이고, 전원이 참가하는 경영을 실현하는 것이다. 또한 경영실태를 파악할 수 있는 관리회계제도가 형성되었다. 각 아메바마다 경영내용을 정확하게 파악하고, 부문별 채산관리구조를 구축하는 것이다.

경영자라는 의식

창업 당시 이나모리는 개발, 제조, 영업, 관리 등 모든 부문을 직접 지휘하였는데 정신이 없을 정도였다. 그는 모든 책임감을 혼자 감당하는 것에 대한 불안감이 있었는데, 공동경영자로서 책임감을 느껴 줄 동료가 절실하게 필요했다. 아메바 리더는 '나도 경영자 중 한 사람이다'하는 의식을 갖게 된다는 것이다. 이것이 아메바 경영의 목적이었다. 각 아메바는 철저하게 원가 절감을 하겠다는 각오가 필요하다.

이나모리는 '회사 전체를 작은 단위조직으로 나누어 그것들이 사내에서 서로 매매하는 구조로 만들면 좋겠다'는 생각이 떠올랐다. 제조공정이 원료, 성형, 소성, 가공 등의 공정으로 나뉘므로, 각 단계가 진행될 때 서로 매매하는 것으로 하면 될 것이었다. 소집단에 의한 부문별 채산제도가 시작되었다. 각 아메바를 최소 조직단위로 하여 책임을 질 리더를 두고 경영을 맡겼다. 최소한의 회계지식이 필요한데, 이것이 '시간당 채산표'이다. 이는 수입과 경비 그리고 그 차액인 부가가치를 계산하고. 그 부가가치를 총노동시간으로 나누어 1시간당 부가가치를 계산하는 것이다.

이 제도에서는 아메바간의 매매가격을 책정해야 한다. 가격 책정은 누구나 수긍할 수 있도록 공정해야 하며, 이견이 있게 되면 상위의 관리자가 조정한다. 각 공정에서 규정된 품질을 충족시키지 못하는 가공품은 후 공정으로 흘러갈 수 없다. 교세라에서 이익의 원천은 제조부문에 있다는 의식을 철저히 하고 있다. 그러기 위하여 원가절감, 생산성 향상에 노력한다.

중요한 것은 아메바간의 가격책정이다. 사내 아메바가 원가나 품질이 좋지 않으면 사외에 의뢰할 수도 있다. 이는 아메바간의 경쟁의식이 양성되고, 결과적으로 회사 전체의 경쟁력이 높아지게 된다.

회사의 공통경비에 대해서는 그 전부를 직접부문이 대체계정을 한다. 일정 기준에 따라 경비를 공평하게 안분하는 것이다. 경비 대체계정을 함으로써 경비에 대한 의식을 환기시킬 수 있고, 간접부문의 비대화를 체크할 수도 있다. 아메바는 간접부문에 왜 경비가 증가했는지 그 이유를 물을 수 있다. 비대화되기 쉬운 간접부문이 항상 직접부문의 체크를 받고, 낭비를 발생시키지 않는 근육질 경영을 실천하는 것이다.

모든 정보가 모든 사원들에게 공개된다. 아메바 경영은 '전원참가경영'을 실현하는데 이것이 목적이다. 스스로 창의적인 연구를 해 원가를 낮추어, 자신들의 이익을 조금이라도 많이 창출하는 것이 제조부문 아메바의 사명인 것이다.

영업부문의 경우, 수주부문, 납기관리부문, 대금회수부문 등이 독립채산이 가능한 부문으로 세분화할 수 있다. 각 부문마다 매출의 일정 부문을 수수료로 수입을 할당한다. 아메바 조직 만들기는 아메바 경영의 요체다.

각 아메바 조직에 리더는 사장처럼 사명감과 책임감을 가지고, 채산관리를 철저하게 행한다. 장기적으로 실적을 올린 사람에게는 승급과 상여금 등의 처우에 반영한다.

모든 업무에서 '더블 체크'를

각 아메바에서 발생한 매출, 생산, 경비, 시간 등의 실적 숫자를 정확하게 파악하는 것이 중요하다. 물건이나 돈의 움직임을 1대1 대응으로 파악하고 투명하게 관리하는 것이다. 교세라 그룹에서 모든 업무에서 '더블 체크'를 한다는 것은 업무 자체의 신뢰성을 높이고, 조직의 건전성을 유지하는 데 매우 중요한 원칙이다. 항상 복수의 사람들이 숫자를 더블 체크해서, 부정이나 실수를 방지하는 관리시스템인 것이다. 이는 원가절감에도 크게 기여했다. 이는 완벽주의가 실현되는 방법이다.

이나모리가 "매출은 최대한으로, 경비는 최소한으로"라는 원칙을 추구하여 왔다는 것은 원가의식에 투철하였다는 의미이다. 교세라 한 회사에만 3천 개 이상의 아메바라는 단위조직이, 치열한 원가절감을 위하여 오늘도 지혜를 짜내고 또 짜낸다. 그러한 과정이 지속됨에 따라 원가경쟁력만이 아니라, 생산성 향상, 품질개선, 제품의 개발 등이 이루어지고 있다. 이나모리의 경영원칙은 간단하다. 그것은 "매출은 최대한으로, 경비는 최소한으로"라는 원칙이며 이는 끊임없는 원가의식에 근거하고 있다는 사실이다.

질을 향상시키면서 원가절감

위대한 통계적 품질관리의 창시자 윌리엄 에드워즈 데밍은 “산업계가 쇠퇴하고 있는 원인은 경영관리층에 있다. 경영자가 본래의 직무를 망각하고 단기적인 이익, 단기적인 실적향상에만 노력을 기울이고 있기 때문이다.”라고 말했다. 데밍은 제품과 서비스의 질을 끊임없이 향상시키면서 원가절감, 시장확보, 고용증대, 이익배당의 증대를 종합적으로 실현하는 것만이 최선이라고 생각했다. 경영시스템을 안정되게 하고 그것을 향상시키는 것은 경영관리층의 책임이라는 것이다.

1900년에 태어난 에드워즈 데밍은 와이오밍 대학을 졸업하였는데, 콜로라도 대학에서 수학과 물리학의 석사과정을 이수하였고, 예일 대학에서 물리학 연구를 계속하여 물리학박사 학위를 취득하였다. 데밍은 엘튼 메이요 교수가 연구대상으로 하였던 시카고의 웨스턴 일렉트릭사의 호오손 공장에서, 송신기 연구에 종사하게 되었다. 호오손 공장의 임금은 생산능률비례급에 의하여 일당으로 지급되었으며, 불량품이 나오게 되면 임금에서 공제하는 급여제도였다. 데밍은 근로자들을 비인간적으로 취급하는 호오손 공장에서의 체험에 근거를 두고, 경영에 대한 확고한 신념을 갖게 된 것이다. 데밍은 “생산능률비례급 제도의 노동조건이야말로 인간성을 말살하는 최대의 타락이다.”고 강조하였다.

데밍 박사의 통계적 품질관리법은 복잡하고 시간이 걸리고 불필요한 방식으로 간주되어, 미국에서 지속되지 못하고 자취가 사라져버리고 말았다. 데밍은 "1949년경에는 결국 형체도 그림자도 찾아볼 수 없는 지경이 되어버렸다."고 개탄하였다. 경영진이 품질에 대해 무관심하면 모든 것이 수포로 돌아갈 수밖에 없다는 것을 확인한 것이다.

1950년에 일본과학기술연맹은 데밍에게 품질관리수법에 관한 강의를 해달라는 요청서를 발송하였다. 데밍은 도쿄에 도착하였다. 1950년 6월에 열린 1회째의 강의는 성공적이었으며, 열화와 같은 성원과 함께 전국으로 강의가 확산되었다. 데밍은 "저품질의 원료로는 결코 고품질의 제품을 만들어낼 수가 없는 것이다. 공정관리, 소비자동향조사, 제품의 재설계 등을 거쳐야만 좋은 품질을 기대할 수 있다. 생산라인 중에서 소비자야말로 가장 중요한 부분을 차지한다."라고 말했다.

5년 내에 세계시장을 제패할 것

데밍은 일본의 경영자들이 그의 강의와 훈련과정을 충실히 수행하는 것을 보고 감명을 받았다. 그래서 데밍은 "앞으로 5년 이내에 일본제품이 세계시장을 제패할 것이다."라고 예언하였는데, 그보다 1년 단축된 4년 만에 이룩하였다. 데밍 박사는 경영자들을 대상으로 강습회를 가졌다. 데밍은 "10년 동안에 2만여명의 기술자에게 기초적인 통계수법을 가르쳤다"고 말했다. 일본은 1951년에 데밍상을 창설하였는데, 데밍의 일본어판 저서의 인세와 기부금 등을 기금으로 창설된 것이다. 1960년 데밍 박사는 일본에서 최초의 미국인 수훈자가 되었고 훈장을 수여받았다. 당시 일본총리였던 기시 총리가 수여한 훈장은 일본제 라디오, 트랜지스터, 카메라, 쌍안경, 재봉틀 등 일본 제품이 세계 시장에서 성공적으로 팔릴 수 있게 된 것이, 데밍 박사의 노력과 열의가 크게 기여한 때문이라는 것이었다.

1980년에 NBC방송국에서 방송프로 '그 자랑스러운 미국인의 독창성은 도대체 어떻게 되었는가?'라는 다큐멘터리를 제작하고 있었다. NBC방송국의 제작진은 일본의 발전과정을 추적하던 중에, 그 과정에 데밍 박사가 결정적인 역할을 담당하였다는 것을 알게 되었다. 방송국 제작진은 데밍 박사와 접촉하였으며, 그 결과 이 방송프로그램의 방영을 통하여 나이 80세에 데밍은 미국에서 유명 인사가 되었다. 미국의 내슈어사 사장은 데밍 박사와 연락을 취해 데밍 박사와 계약을 체결하였고, 결과적으로 수백만불의 경비절감과 대폭적인 생산성 향상을 기할 수 있었다. 데밍은 "근로자의 노동량을 늘리지 않고서도, 두뇌를 활용하여 효율적으로 생산성을 올릴 수가 있다."라고 시청자에게 역설하였다. 데밍은 일본이 통계적 품질관리를 통하여 상품을 세계시장에 팔고 있는 사실을 강조하였다. 그는 "미국경영자들은 하고자 하는 결단력이 없었고, 무엇을 하면 좋을지 아이디어와 목표도 없다는 것이 문제이다."라고 말했다. 데밍 박사는 포오드사, 제너럴모터사, 다우케미컬, 유즈 에어크래프트 등과 컨설팅 계약을 체결하고 지도하게 되었다.

실업은 경영상에 원인

데밍은 “실업은 불가항력이 아니다. 기업 경영상에 원인이 있는 것이다. 대부분의 실업은 경영이 잘못되어 야기된 것이며, 무엇보다 중요한 것은 코스트를 절감시키는 일이다.”라고 말했다. 품질향상을 위한 첫째 요건은 재료에 대한 부단한 품질향상이 필수적이며, 납품업자와의 협력이 필요하다는 것이다. 1950년 당시에 일본 상품은 저질품이었지만, 4년도 채 못 되어 데밍의 통계적 품질관리 기법이 전국적으로 확대되어 좋은 상품이 생산되었다는 사실이다. 더욱이 지속적인 원가절감이 이루어졌던 것이다.

데밍 박사는 자기가 주창한 통계적 방법만으로는 불충분하다는 사실을 깨달았다. 데밍은 “통계적 방법만으로 품질향상을 이룩하겠다는 기업은 결코 3년을 지탱하지 못할 것이다.”라고 말했다. 그는 통계적 방법과 연계될 수 있는 기업 경영자의 근본적인 경영이념이 반드시 있어야 한다는 사실을 깨닫게 되었던 것이다. 데밍은 그 경영원칙을 더욱더 개선하여 “14개의 포인트”라고 불렀다. 그 이후 데밍은 “7개의 치명적 증상”을 추가로 발표하게 되었다.

advice

데밍의 경영혁신을 위한 포인트는 다음과 같았다.

- 제품과 서비스의 품질개선에 대한 일관된 목적의식을 가져라.
- 품질개선은 검사가 아니라 공정을 개선함으로써 이루어진다.
- 질이 좋은 재료를 적정가격으로 구입하는 것이 중요하다.
- 교육훈련은 철저하고도 지속적으로 반복되어야 한다.
- 리더는 부하를 관찰하고 잘 할 수 있도록 도와주며 지도해야 한다.
- 확고한 자신감의 확립이 무엇보다 중요한 과제이다.
- 생산량을 강제적으로 할당하지 마라. 양적인 것보다 품질을 중시하라.
- 최고경영층도 종업원과 함께 교육을 받아야 할 필요가 있다.
- 최고경영층과 임직원 모두는 사고나 행동의 혁신이 있어야 한다.

데밍에 의하면, 문제발생에 대한 작업자의 책임은 실제 15% 정도이며, 나머지 85%는 시스템의 책임이라는 것이다. 그 시스템에 문제가 있다는 것은 곧 경영관리층의 책임인 것이다.

데밍상은 1951년 창설되었는데, 데밍상 심사대상이 될 수 있을 정도의 품질관리 수준이 되려면 대체적으로 3-4년은 걸릴 것이라고 한다. 데밍에 의하면, 사고혁명이 없으면 진정한 품질관리를 성공시킬 수 없다. 결국 품질관리를 지속적으로 성공시키려면 '전사원이 스스로 생각하고 스스로 공부해야 한다는 것'이다.

1979년에 16억불의 적자를 기록한 포드자동차는 데밍에게 연락을 취하였으나, 데밍은 최고경영자의 참여가 보장되어야 디트로이트에 가겠다고 제안을 거절하였다. 결국, 피터슨 사장이 데밍 박사에게 연락을 취하여 서로 의견을 교환하였다. 포드사에 혁신적 경영이념을 도입하는 데 3년이라는 세월이 걸렸다. 1984년에 포드자동차는 43억불의 흑자를 기록하였다. 신형차의 설계단계에서 모든 부문을 통합하여 각 단계를 동시에 조정하였고, 제조담당자는 각 부분과 공동작업을 행하였다. 또한 고객의 니즈를 생각하면서 제조에 착수하였고, 충돌사고 시 고객의 수리비용을 최소화시키기 위한 의견을 수렴하여 설계에 반영시켰다. 최고품질의 재료를 납품하는 업자를 선정하고, 초기단계부터 그 업자의 조언을 구하였다. 데밍에 의하면 현장에서 나타난 문제점의 85%가 관리자의 책임이고, 나머지 15%가 작업자의 책임이라는 것이다. 포드자동차는 통계적 품질관리로 엄청난 원가절감을 이루었고 순이익을 얻게 된 것이다.

변화시키는 것은 경영자 책임

도쿄에 있는 도요타 본사에는 세 사람의 큰 사진이 있는데 하나는 도요타 창설자, 하나는 현 도요타 회장, 하나는 그들보다 훨씬 큰 데밍의 사진이다. 데밍은 도요타를 비롯한 일본 회사에 품질을 가르친 사람이다. 피터 드러커는 '목표관리'라고 부르는 메리트 시스템을 주장하였는데, 데밍은 "이는 미국 경영에서 가장 해로운 것 중 하나"라고 말했다. 은행에서 대출의 질, 위험, 고객충성도 같은 비가시적인 수치를 고려하지 않고 개인의 성과를 판단하는 것은 정신나간 짓이라는 것이다. 데밍에 의하면, 메리트 시스템의 문제는 심각하였다. 경찰관이 체포 건수를 성과측정치로 하자, 잘못된 체포가 줄줄이 발생하였다. 품질경영은 보다 적은 불량률과 낮은 비용으로 제품을 생산하는 것이다. 시스템을 변화시키는 것은 작업자가 아니라 경영자의 책임이라는 것이다.

소련은 못 생산공장에 할당량을 무게로 정해주었는데, 그 결과 늘 작은 못의 부족과 큰 못의 과잉을 경험했다. 목표관리, 메리트 평가, 목표설정에 의한 관리로는 제대로 될 수 없다는 사실이었다. 판매원의 판매 능력은 당해 연도만이 아니라 그 이전 해의 여러 요소들에 의해 영향을 받는다는 사실이다. 품질, 설계, 서비스 등의 요소이다. 데밍은 "열심히 일하는 것보다 영리하게 일해야 한다."라고 말했다. 데밍은 "생산과 서비스 시스템을 지속적으로 개선하라. 공포감을 조성하지 마라. 슬로건, 훈계, 목표를 제거하라. 수치적인 목표를 없애라."고 말했다. HP일본지사는 1982년에 일본 데밍상을 탔는데, 그 이전에는 불량률은 1천개당 4개였던 것이 1백만개당 3개로 감소하였다. 품질개선은 원가절감에 크게 기여하였고 이익과 성장으로 이어졌다.

품질의 중요한 요소는 균일성이다. 중요한 것은 개선은 누적되어, 매년 반복되는 개선은 큰 경쟁력의 원천이 된다. 데밍에 의하면, 품질은 작업에 대한 자부심, 기쁨이다. 이러한 내적 보상은 생산성 향상, 품질개선, 고객만족에 기여한다는 것이다. 데밍은 변동을 최소화하고 변동의 원인을 이해해야 할 필요성을 강조했다. 데밍은 "심오한 지식이 가장 필요한 사람들은 관리자들, 경영자들이다."라고 말했다. 요컨대, 원가의식은 통계적 품질관리의 바탕이었다.

경영자들이 잘못을 저지를 수 있다

잭 스택은 미국 회사인 SRC의 최고경영자이다. 그는 하비스터사에서 말단에서 공장장까지 승진했다. 하비스터사가 도산하였을 때 잭 스택과 그의 동료들은 하비스터사의 일부 사업부문을 인수하여 창업하였는데, 그 회사가 SRC였다. 하비스터사의 실패는 경영자들이 잘못을 저지를 수 있다는 교훈을 확실히 심어주었다. 스택은 자신이 창업한 SRC의 성공 사례를 저서를 통하여 소중한 교훈을 제시하고 있다.

1983년에 창업한 SRC는 10센트에 불과한 주식가치가 2001년 1월 현재 81불60센트가 되었다. 매출은 1,600만불에서 1억 600만불로 성장했고, 직원은 119명에서 900명 이상이 되었으며 22개 자회사를 거느린 그룹이다. 첫해 6만불 손실을 기록한 후 17년간 연속 이익을 창출해왔다. 1983년 13명의 주주였으나 2001년에는 727명이며 모두 현직 직원이고 5명만이 창업주주이다.

잭 스택은 살아남기 위해 예산감축을 해야 했고, 각 부서의 직원을 줄여야 한다는 최대의 위기에 처하기도 하였다. SRC의 최고경영자인 잭 스택은 항상 회사의 현실을 공개하였고 대규모 정리해고를 하지 않았다. 창업된 후 영업직원도 변변히 없었던 이 회사는, 수십억 불 규모의 거대기업과 전쟁을 시작하고 있었다. 잭 스택은 "가장 먼저 배워야 하는 것은, 약속된 현금과 입금된 현금과의 차이점을 이해하는 것이다."라고 말한다. 초창기 자금난에 시달리면서 잭 스택은 주주회의를 매일 열었다. 일주일에 한 번씩 현장의 감독직원까지 포함해서 간부직원회의를 가졌다. 직원들 모두가 위기의식을 느끼고 현금 확보에 매달리자, 기존 습관과 태도가 사라지기 시작했다. 큰 주문을 채워야 할 때는 모든 직원이 달려들었고, 현장 간부들은 자주 밤늦게 그리고 주말에도 현장에 나와 일을 했다. 이 회사는 8개의 사업을 별도로 운영하고 있다. 1983년 10만불로 샀던 한 회사는 이제 약2500만불의 가치를 지니고 있다.

진짜 사업은 교육이다

최고경영자 잭 스택은 "대부분의 실패는 사람과 관계되어 있다. 회사가 정작 실패하는 경우는 사람들이 공동의 목표를 보지 못할 때이다."라고 말한다. 그는 "우리의 진짜 사업은 교육이다."라고 말한다. 이 회사의 성공은 학습이 지속적으로 이루어지도록 하는 것이었다. 이 회사 경영시스템의 핵심은 비공식적인 교육훈련 프로그램을 활용하며, 지속적인 학습이 이루어지도록 하는 데 있다. 그것은 이익을 내고 현금을 창출하는 기본법칙을 배우는 것이다.

스택은 '사업에서 가장 중요한 요소로서 하나는 수익이고 다른 하나는 자금의 생성'이라고 생각한다. 그는 "업무의 70%는 분석이고 30%는 교육이다."라고 말한다. 그가 얻은 교훈의 하나는 무지로는 직장의 안정을 이룰 수 없다는 사실이었다. 그는 "사원들이 회사의 주인처럼 생각하고 행동하도록 이끌어야 한다. 스스로 책임을 지고 항상 배우는 환경을 조성해야 한다."고 강조한다.

이 회사가 모든 재무정보를 공개하는 것은 임직원들의 마음을 여는 역할을 한다. 사업 첫 해 이 회사는 부채가 890만불에 자본금은 고작 10만불밖에 없었고, 현금은 근근이 회사를 운영할 정도였다. 결국 이 회사는 빚을 모두 갚았고 회사의 가치는 급증했다. 꾸준히 현금을 창출하는 패턴으로 사업을 해나가기까지 10년 이상이 걸렸다. 스택을 비롯한 임직원들은 신념으로 직원주주제와 열린 경영을 20년간 실천해왔다.

스택은 문제의 해결책을 찾기 위해 사원들과 머리를 맞대는 것이 현명하다는 것을 인식하고 있었다. 그가 한때 트럭운전자들이 동맹파업으로 고속도로 수송이 막혀 업무가 중단되었을 때, 직원들에게 그 고충을 설명하였더니 그들의 아이디어로 스쿨버스를 빌려 수녀복으로 변장한 직원들이 운전을 하여 원자재를 조달했던 사례가 있었다. 그는 "관리자는 겸손한 마음으로 경영해야 하고 만약의 사태를 대비해야 한다."는 것을 배웠다.

수치를 가르치는 것이 열린 경영

이 회사에서 수치를 가르치는 것은 열린 경영의 핵심이다. 열린 경영은 수치를 통해 사원들이 자기 역할의 의미와 책임을 갖게 하는 것이다. "비즈니스로 돈을 버는 중요한 한 가지는, 최소의 비용을 들이는 것이다."라고 잭 스택은 강조한다. 즉, 원가의식을 가져야 한다는 것이다.

이 회사의 수요일 회의는 '작전 회의'라고 부른다. 그 회의의 가장 중요한 기능은, 비즈니스에 대해 교육을 시키고 커뮤니케이션을 하는 것이다. 작전회의에 참석한 자들은 자기 부서로 돌아가, 각 팀의 다른 멤버들과 수치를 검토하며, 그들은 자신의 득점표에 그 수치를 기입한다. 이러한 교육은 반복을 통해 이루어지고 있는데, 이는 직원들의 원가의식을 끊임없이 일깨우는 것이다.

이 회사의 경영 프로세스는 단순하다. 1. 회사의 최대 약점을 해결하는 성과목표를 달성하는 게임을 실시한다. 2. 모든 것을 동원해 사람들에게 성과 목표를 교육시킨다. 3. 회사는 사람들이 게임을 스스로 진행해 나가도록 유도하고 스코어보드, 스코어카드, 허들 등과 같은 추가적인 메커니즘을 개발한다. 4. 사람들이 게임에 이긴 경우, 모든 사람들과 축하한다. 게임을 반복해서 다시 시작하여, 지속적으로 프로세스를 개선하고 경영시스템을 개선한다.

이 회사는 이익목표와 부채를 줄이는 목표를 설정했고, 그 게임을 달성했을 때 보상을 결정하였다.

한 고객에만 의존하는 것은 위험

스택은 경험을 통해 한 고객에만 의존하는 것이 얼마나 위험한 것인지를 알고 있었다. 이들의 가장 큰 고객은 GM으로 매출의 50%를 차지했다. 확실한 것은 이 회사 제품이 언젠가는 더 이상 사용되지 않는 부품이 된다는 점이었다. 따라서 이들은 새로운 제품을 계속 개발해야 했다. 어느 날, GM은 이 회사에게 즉각 엔진 납품을 중단할 것을 요청했다. 하룻밤 사이에 이 회사는 그해 매출의 17%를 잃어버린 것이다. 잭 스택은 고민 끝에 정리해고를 하지 않기로 하고, 기존 라인을 전환해서 가솔린 자동차 엔진을 재생하기로 했다.

이 회사의 경영진은 성공적인 하나의 공식을 발견했다. 스택은 "냉각기를 공장에서 따로 떼어내, 독립회사를 만들어 오일 냉각기 사업을 하도록 합시다."라고 제안했다. 그래서, 몇 사람이 모여 SRC를 위해 오일 냉각기를 재생하는 '엔진플러스'라는 회사를 출범시켰다. 결국, 엔진플러스의 주가는 3년내에 10센트에서 13불 이상으로 무려 13,000%나 올랐다.

1987년 엔진플러스의 경영자가 된 폴센은 재생된 냉각기를 건조하기 위해 공업용 오븐을 싼값에 마련했다. 회사가 출범한지 3개월이 지난 1988년 2월, 엔진플러스는 약400개의 재생 오일냉각기를 SRC에 납품했다. 잭 스택은 SRC 직원들을 통해 오일냉각기 재생프로세스를 개발하려고 2년 동안 노력했지만 별 소득이 없었다. 하지만, 폴센과 그의 직원들은 불과 몇 주 만에 그것을 해낸 것이었다. 엔진플러스는 냉각기 재생프로세스 개발을 완료한 후, 오일 냉각기를 SRC가 지불했던 금액보다 훨씬 낮은 가격에 공급하기 시작했다.

비상계획을 준비하는 것이 중요

잭 스택은 항상 비상계획을 준비하는 것이 중요하다는 것을 배웠다. 그는 극도로 제한된 자원으로 회사를 운영할 때, 사람들은 능력과 수완을 발휘한다는 것을 알게 되었다. 스택은 최고경영자로서 주간 경영성과 달성표를 받는다. 편차가 5%를 넘어가면 그 이유를 묻고 타당한 답변을 듣는다. SRC는 미국 전역에 있는 9천 개의 다른 엔진재생업체들과 경쟁하고 있다. 이 회사의 모든 임직원은 항상 원가절감을 위하여 최선을 다한다. 다른 회사와 다른 점은 모든 임직원들이 자신의 행동이 회사의 수익에 직접 영향을 준다는 사실을 실감하고 있다는 것이다. SRC의 성공적인 사례는 경영자와 직원들이 끊임없이 원가의식을 가지고 이를 철저히 추구해나갈 때, 경쟁력 있는 회사가 될 수 있다는 모범사례를 보여준 것이다.

자각하도록 연수를 두 번, 세 번 거듭

영화관 주인으로 입신한 쓰보우찌는 1953년 구루시마도크의 경영재건을 맡아 재건시켰고, 겨우 30년 사이에 세계제일의 조선왕으로 비약했다. 사세보중공업 등 14개 조선소 외에 은행, 호텔, 해운, 페리, 지반개량, 보일러, 크레인 제조, 플랜트 수송, 엔진개발, 제지, 신문 등 100여 개의 도산기업을 예외 없이 재건하는 데 성공했다. 나이또 구니오는 1937년생으로 매일신문사 기자였는데 쓰보우찌을 취재하고 나서 크게 감명받았고 그의 저서를 통하여 뛰어난 원가의식을 가진 특별한 경영자 쓰보우찌를 세상에 알려 주었다.

쓰보우찌는 원가의식을 바탕으로 경영에 임하였다. 그는 "항상 불황도래에 대비하여 경쟁력을 높인다. 다른 회사의 두세 배 일하며, 간접비를 줄이고 생산성을 높여 원가절감에 힘쓴다. 사원의 월급은 다른 회사 수준으로 누르고, 이익의 모두를 내부유보로 남겨 경영체질을 강화한다."라고 말했다. 쓰보우찌의 경영방식은 단순하다. 쓸데없는 비용을 억제한다. 그는 골프장의 개인 소유자이면서도 골프치기를 중지하였다. 돈이 엄청 많으면서도 새집에 살아본 일이 없다. 그는 검소한 생활을 지향한다. 여자관계를 깨끗이 하고, 소신을 꿋꿋이 펴나가면서 변명하지 않는다.

쓰보우찌 그룹은 170여개사로 이루어져 있었다. 쓰보우찌는 평소에 '멍청이 관리자'가 회사를 망친다고 말했다. 쓰보우찌는 우선 간부를 단련시킨다. 간부가 되면 솔선수범을 요구받는 것이다. 쓰보우찌는 임직원들에게 지침을 내리고 자각하도록 하기 위해 연수를 두 번, 세 번 거듭하는 것이다. 쓰보우찌가 경영하게 된 170여개사 모두 재건에 성공하였다. 간부는 소수로 정예화하고 있다.

간부로서 스쿠터를 타는 사람

쓰보우찌는 1971년에 도오호(東邦)상호은행의 회장으로부터 재건을 의뢰받았다. 전국 72개 상호은행 중 71번째의 은행으로, 도산될 가능성이 있었다. 쓰보우찌가 승낙한 후, 쓰보우찌식 인재발굴방법을 시도했다. 그는 "도오호 상호은행은 서민들의 은행이다. 간부로서 누군가 스쿠터를 타는 사람이 있는가"를 조사했다. 은행 간부들이 고급승용차를 타고 다니는 일, 전용차를 타는 일은 쓰보우찌는 용납할 수 없었다. 170여개사 중 한 회사에도 임원전용차를 인정하지 않는다. 쓰보우찌 자신이 택시로 오간다. 예금추진담당부장인 아베 시게하루가 스쿠터를 타고 통근하고 있다고 판명되었다. 쓰보우찌는 아베 부장을 상무이사로 발탁했다. 쓰보우찌는 두 가지를 명령했다. "호화스런 임원전용차는 팔아버려라. 아베 상무는 스쿠터를 타고 단골손님을 방문하라."라고 말했다. "예금자도 소중하지만 돈을 빌려가는 사람도 소중하다. 이들에게 예를 다해야 한다. 대출신청이 있으면 다음 날에는 OK, NO를 결정하여 알려주어야 한다. 그것이 손님에 대한 서비스다."라고 말했다.

쓰보우찌는 우찌꼬지점을 모델로 하여, 10여명의 직원을 5명으로 감축하고 예금총액을 배증시키는 시도를 하였다. 결국, 이것이 성공하였고, 전직원이 긴장하고 일하게 하였다. 지점장 오끼는 성심을 다하여 고객들을 찾아다녔고, 그 결과 상당한 예금을 유치하였다.

쓰보우찌는 무슨 일이든 열심히 하는 것을 좋아하는데, '하려는 마음'만 보이면 '패자부활'의 기회를 준다. 그는 보다 잘 일하도록 재교육하는 것이 중요하다고 생각한다. 쓰보우찌는 "20%의 사원을 10일 만에 치워버릴 수 있으면 기업은 어떠한 불황에도 살아남을 수 있다"는 지론을 갖고 있다. 과장 이상의 간부에게는 혼자서 관련기업 5-6개사의 임원을 무급으로 겸무시키고 있다. 조선불황에도 구루시마도크 그룹은 해마다 30% 이상의 성장을 계속 이루었다. 쓰보우찌의 모든 것은 원가의식에 바탕을 두었다.

사무실에 선풍기가 왜 필요한가?

도오호 상호은행의 노조위원장 '시라이시 데루히데'는 쓰보우찌를 가리켜 "먼저 사리사욕이 없다는 것, 노동의 기쁨을 몸으로 가르치는 것, 지점의 행원수를 줄이는 것, 서로 돕는 분위기를 만들어내는 것, 신상필벌을 철저하게 실행한다는 것"을 큰 장점으로 열거한다. 도오호상호은행은 지점수가 43개로 늘어났으나, 행원수는 503명으로 줄어들었다. 결국 도시은행의 상위 클라스에 자리잡은 것이다. 은행 지점의 지붕이 태풍으로 기울었는데, 쓰보우찌는 받침대를 받쳐서 보완하면 건물을 그대로 쓸 수 있다고 판단하고 신축을 불허하였다. 신축비용을 대출금리를 내리는데 활용하기로 결정하였다. 이전 경영자시대는 지점장 이하 13명의 행원이 있었는데, 지금은 6명이고 실적은 오히려 더 좋아졌다. 쓰보우찌는 “작업장보다 일하기가 수월한 사무실에 선풍기가 왜 필요한가?”라고 말한다. 그래서 그는 여름에도 더위를 참으며 근무한다. 꼭 필요한 곳 외에는 돈을 쓰지 않는다. 그가 얼마나 원가의식을 중요하게 생각하는지 보여준 것이다.

필자는 종종 한국금융연수원의 연수과정에 특강을 하였는데, “지금 한국의 금융기관의 문제는 선진금융기법을 잘 몰라서 발생하고 있는 것이 아니다. 고객을 위한 서비스 정신이 부족하기 때문에 발생하고 있는 것이며, 은행의 자금을 자기 돈처럼 생각하는 자세가 부족하기 때문이다. 즉 정신력의 문제가 주원인이며 실력의 유무는 부차적인 문제이다.”라고 말했다. 작금에 리만브라더스가 도산되는 등 미국의 선진금융기법을 가장 잘 활용하던 금융회사들이 곤경에 처하자, 필자의 주장이 사실로 드러났다. 지금 한국의 금융기관의 위기는 경영진을 비롯한 임직원들의 정신적인 자세에 근본적인 문제가 있다는 사실이다. 쓰보우찌가 도오호상호은행을 불량은행에서 우량은행으로 탈바꿈하는 데는, 간단한 몇 가지 조치로 이루어진 것이다. 그것은 정신적인 자세를 고침으로써 가능하였다는 점이다.

자각과 책임감이 없는 인간은 무의미

쓰보우찌는 "사업이란 흥미만 갖게 한다면 혼자서 몇 가지 일도 겸무시킬 수 있다. 사람이 남으면 썩는다."라고 말한다. 쓰보우찌는 부문별 회의를 1주일에 한 번씩 소집해서 안색이 좋은가, 눈빛이 반짝이는가 하는 것까지 체크한다. 쓰보우찌는 도산기업에서 자주재건의 자각을 추구한다.

쓰보우찌는 "자각과 책임감이 없는 인간은 무의미하다."라고 말한다. 그는 양친의 원조로 영화관을 마쓰야마에 열었다. 그는 "어떻게 하면 손님의 입장이 되어 좋아질까"를 생각하였는데, 제작계열이 다른 영화를 2작품 연속상영, 3작품 연속상영함으로써 손님끌기를 하는 계책에 생각이 미쳤다. 그 때문에 연일 초만원을 이루었다. 다른 영화관 주인들은 잇따라 도산하고, 쓰보우찌가 이를 인수하여 몇 년 만에 시고꾸에서 30개관의 쓰보우찌 영화체인점을 이루었다. 1952년 쓰보우찌는 구루시마도크의 부흥을 부탁받았는데, 두 개의 영화관을 팔아서 5천만엔을 준비하여 구루시마도크의 세금체납이나 주식구입조로 지불했다. 이 회사를 53년부터 재건하기 시작했다. 처음 4,5년간은 고난의 길이 계속되었다. 쓰보우찌는 다른 회사가 하지 않는 일에 주의를 기울였다. 대형선 면허가 필요 없는 500톤 미만의 표준 철강선을 양산하여 월부판매할 것을 생각했다. 그는 은행을 찾아가 월부판매를 위한 융자협력을 설득했다. 59년에, 전사원들에게 "한 사람이 한 척씩만 주문을 맡아오라"는 명령을 내렸다. 쓰보우찌는 "앞을 내다보고 남이 손대지 않는 일에 달려든다."는 도전정신을 중시한다.

돈벌이보다 사람을 부리는 명인

그는 유조선이 조만간 과잉상태가 될 것이라 생각하고, 자동차운반 전용선 건조로 전환했다. 쓰보우찌는 불황에 대비하는 것을 중시한다. 쓰보우찌는 틈만 있으면 공장을 돌아본다. 공정의 낭비를 풋내기의 눈으로 판단하여 개선을 명령하는 것이다. 그에게는 원가의식이 기본이었다. 유능한 사람은 기능공이라도 이사 기술부장에 발탁하기도 하였다. 그러한 과정을 거쳐 세계 제일의 파이프가공 공장으로 향상시켰다. 쓰보우찌는 "기업이라는 것은 알맹이로 승부해서 먼저 이익을 올리고, 손님의 신뢰를 얻어야 한다."라고 말한다. 쓰보우찌는 돈벌이의 명인이라기보다 사람을 부리는 명인이었다. 교도소의 초범들을 교육하여, 참된 사람으로 일어서게 하는 일에 그는 앞장서고 있다. 22년간 1,700여명의 수인이 취로하여 기사 자격을 따도록 하였다. 22년간 12명이 도주하였다. 작업 중에 사고가 발생하면, 사고 위로금과 가족에 대한 위로에 최대한의 성의를 쓰보우찌는 표시한다.

쓰보우찌는 "회사는 종업원이나 그 가족과 한몸이 되어 서로

운명공동체가 되어야 한다."고 말한다. 그에게는 아침 5시에는 기상하여 생각을 하는 습관이 있다. 배우는 것을 중요하게 생각하는 쓰보우찌는 항상 실패를 교훈으로 삼는다. 사세보중공업의 사택이 시내에서 1등지에 있는 것을 보자, "제일 좋은 장소를 회사간부가 쓰다니 무슨 일인가? 좋은 장소는 소중한 단골의 접대용으로 써야 한다."라고 말했다. 소장 사택은 지금 손님을 위한 접대시설로 탈바꿈되었다. "제일 좋은 장소를 소중한 단골의 접대용으로 써야 한다."는 쓰보우찌의 정신자세가 중요하였다. 그가 원가의식을 추구한 것은 이를 통해 고객에게 더 많은 이익을 주어, 결과적으로 회사가 잘 되게 하기 위함이었다.

쓰보우찌는 "합리화, 기계화한다는 것은 사람이 즐겁게 일할 수 있게끔 하는 거야. 일은 소수정예로 해야 책임을 자각하고 능력을 발휘한다."고 말한다. 쓰보우찌는 "이익을 내지는 못해도 적자를 내지 않아야 한다."고 임직원들에게 주문한다. 최소한의 원가의식을 강조하는 것이다.

이익을 못내도 적자를 내지 않아야

그는 영화관 4개의 영사장치를 한 군데에 모아서 컴퓨터를 도입하여 완전자동 집중제어시스템을 채용했다. 4개의 영화관에 영사기사는 한 사람밖에 없다. 필름영사의 전자동화를 착상하게 된 것은 영사기사의 인건비가 지나치게 많이 나가기 때문이다. 쓰보우찌는 영화관의 화장실을 호화롭게 꾸며 청결한 이미지를 창조하였다. 영화관에 특별지정석을 70개 만들어, 커피 서비스를 곁들여 요금을 별도로 가산했다. 영화관 입장권 매장은 4개 영화관에 본래 8명이 필요한 것을, 공동 창구로 하여 2명이 꾸려 나간다. 쓰보우찌는 에히메현의 신문사를 인수하였는데, '일간니이에히메'이다. 경쟁사인 '에히메신문'은 467명의 직원이 있는데, '일간니이에히메'는 95명밖에 없다. 이 인원 중에 32명이 취재기자인데 그 중 16명이 여기자이다. 83년6월에 이 신문사가 1위의 지위를 차지하였다. 적자를 안 보고 경영하는 것이 쓰보우찌의 원칙이며, 원가의식은 그의 경영의 바탕이다.

사세보중공업의 시업시간은 오전8시이다. 이 회사에서는 높은 사람일수록 빨리 회사에 모습을 나타낸다. 부과장 회의가 매일 7시에 연다. 구시대에는 부과장이 460명이었으나 지금은 37명뿐이다. 소수가 되어 의사소통이 잘 된다. 원가절감에 진력하였고, 제안제도로 많은 아이디어가 나왔다. "비서도, 총무과도, 자가용조차 불필요하다"는 명령을 쓰보우찌는 내렸다. 인원을 줄이면 생산성이 향상되어 흑자가 된다는 것이다. "하겠다는 정신"을 그는 강조한다. 의식변혁과 긴장감이 필요하다는 것이다. 사세보중공업 재건을 인수할 때, 쓰보우찌는 "1. 임금의 15% 인하 2. 보너스와 정기승급의 3년간 정지 3. 주간휴일 2일제의 폐지"를 조건으로 내세웠고 합의하였다. 불황이 도래하면 10일 이내에 20%의 인원을 관련회사에 내보내 인건비를 줄인다. 사세보중공업은 200억엔이 넘는 큰 적자를 2년 동안에 해소하였다.

쓰보우찌는 "노동하는 기쁨의 자각을 촉진하고 원가절감의 중요성을 인식시키는 것을 중요시한다."는 것이다. 쓰보우찌 관련기업 중 핵심 17개사가 1년에 내는 세금은 국세 지방세를 합하여 158억엔에 이른다. 구루시마도크의 내부유보금은 180억엔에 이른다. 이 회사의 82년9월 결산에서 당기순이익이 121억엔이었다. 철저한 원가의식을 가진 경영자 쓰보우찌는 남들이 엄두도 내지 못했던 흑자 경영의 귀재로 인정받게 되었다. 경영자 쓰보우찌의 사례는 시대를 초월하여 우리에게 원가의식의 중요성을 깨우치기에 충분한 가치가 있다는 사실이다.

개성출신 사업가의 원가의식

삼정펄프의 전재준 회장은 1923년 개성에서 태어났다. 그는 명륜동에서 섬유와 면사 장사를 시작하였고, 종이 도매상으로 직종을 바꾸었다. 사업이 번창하면서 그는 삼정펄프를 세우게 되었다. 현재 삼정펄프는 그의 아들이 경영하고 있다. 전재준은 회장실 소파를 40년이나 사용하고, 우산도 30년을 사용할 정도로 철저한 절약정신을 보여주었다. 3만 평의 공장 부지에 사무실은 고작 80평, 그의 회장실은 칸막이 하나가 쳐있을 뿐이다.

세무서에서 조사하러 왔다가 은행 빚이 한 푼도 없고, 판공비와 판촉비, 접대비가 한 푼도 사용한 적이 없다는 것을 알고 놀랐다고 한다. 전 회장은 정도경영으로 시장점유율을 15% 차지하고 있으며 생산량은 업계2위이다. 다른 업체들이 원가를 절감하기 위해 화장지를 50미터 길이로 슬그머니 줄였지만, 삼정펄프만은 여전히 70미터를 고수하고 있었다고 한다.

개성출신 사업가들은 '절약정신 경영'으로 유명하다. 즉 절약을 기본으로 하고 현금을 확보한다. 아무리 돈이 많아도 씀씀이를 절제한다는 것이다. 이들은 가난한 이웃들에 대한 기부, 교육사업에 대한 투자에는 큰돈을 투자한다고 한다. 원가의식이 투철한 사업가는 어려운 상황에서 도산할 가능성이 극히 희박하다는 사실이다. 요즘과 같이 어려운 시기에도 끄떡없이 생존할 수 있는 경영자는 공통점이 있다. 그것은 철저한 원가의식 즉 절약과 검소한 생활을 하는 사람이라는 것이다.

임원은 흑자를 내야할 책임이

문학무는 1921년생으로 삼원정공주식회사 대표이사이다. 을지로에서 스프링 선제상을 하던 그는, 스프링 생산공장의 꿈을 갖고 기계2대를 구입하여 생산하도록 하였다. 이것이 발전하여 1974년 지금의 삼원정공이 된 것이다.

이 회사는 '사력 0.01운동' 즉 1%라도 낭비를 줄이는 운동을 추진하고 있다. 초관리 운동은 이 회사의 양용식 이사가 주관하여 성공적으로 수행하였다. 과거 10년간의 5S운동(정리, 정돈, 청소, 청결, 마음가짐)을 바탕으로 초관리운동이 자리를 잡았다. 경영의 기본은 이익창출이다. 이 회사는 1980년 이후 10여

년 동안에 제품가격을 30% 정도나 낮추는데 성공하면서도, 직원들의 급여는 매년 평균 10-20%씩 인상되었다. 삼원정공의 제조원가에서 재료비가 80%이상을 차지하고 있어, 납품단가의 인하는 매우 어렵다는 사실이다. 문 사장은 "임원은 흑자를 내야할 책임이 있다."라고 말한다.

그는 임직원이 변화하기 위해서는 "첫째, 일을 통해서 성장해야 한다. 둘째, 사람을 통해서 성장해야 한다. 까다로운 사람을 많이 만나야 성장할 수 있다. 셋째, 책을 보는 것이다."라는 생각을 갖고 있다. 그에게 있어, '임직원은 뚜렷한 목표가 있어야 하고, 사장의 분신이 되어야 하며, 부하를 지도하는 능력을 가져야 한다.'는 것이다.

문학무 사장은 기업 경영의 경험을 통해 기업의 노화를 방지하려면, "첫째, 부가가치 창조형 경영을 확립하고, 둘째, 선택과 집중으로 전략적 투자를 하며, 셋째, 기존의 관습과 관행을 뛰어넘어야 하고, 넷째, 사회에 기여하려는 자세가 필요하다."는 사실을 명심하고 있다.

중요한 것은 솔선수범

문 사장은 의식개혁을 통해서 임직원들에게 시간관리의 중요성을 이해시켰다. 가장 중요한 것은 위에서부터의 솔선수범이라는 것이다. 경영혁신이 성공하려면 리더가 사명감을 갖고 앞장서야 한다고 그는 생각한다. 그는 "가장 중요한 것은 실천일

뿐이다."라고 말한다. 짜임새 있게 시간을 활용해야 효율적으로 일하고, 창의적 사고의 시간을 가지게 된다는 것을 그는 알게 되었다. 이 회사는 시간을 빈틈없이 쓰는 의식개혁을 통해 원가절감과 생산성 향상을 이룬 것이다. 이 회사에서 우선 필요한 것은 긍정적인 자세, 성의, 간절함이었다. 남는 시간에 자기계발에 쏟아야 함을 문 사장은 깨달았다. 초관리 운동을 성공시켜 온 이 회사는 5S운동을 10년간 해왔고, 초관리운동도 3년간이나 지속되었다.

이 회사는 경쟁력이 향상되었다. 그 결과 초극세 용수철을 완전히 국산으로 대체시켰고, 일본과 동격의 생산시설을 갖추었다. 이 회사는 실천을 한 것이고, 다른 회사는 실천을 하지 않았다는 사실이다. 낭비의 원인과 상태를 분석하여 철저하게 교육시켜 체질화시켰던 것이다. 4개월 교육기간 동안 아침 6시30분에 부서장 회의. 7시부터 과장 회의, 7시25분부터 주임, 반장 회의를 개최하여 논의하였다. 의식개혁과 혁신의 의지가 절대적으로 필요하며, 사소한 개선이라도 실천해야 한다는 것이다. 이 모든 것은 원가의식을 기본으로 하는 것이다.

문 사장은 신용을 매우 중시한다. 그는 신의주 출신인데, 월남하여 사업을 일으킨 그였기에 사람들로부터 신용을 얻는 것은 무엇보다 중요하였다. 그는 "중소기업은 최소의 인원으로 운영해야 한다."는 점을 알고 있었다. 문 사장은 매년 10억원씩 시설에 투자하면서 사원들의 정예화를 주장하였다. 그는 사장부터 근검절약을 실천해야 한다는 것을 알고 있었다. 연간 매출이 100억, 자산이 100억인데 잉여금이 40여억원이다. 그는 그동안 투자를 해오면서 배당을 받지 않았다. 이 회사는 철저한 장기근속자 우대제도를 실시한다. 상여금은 근속연수 5년 이상이 660%, 10년 이상이 720%, 15년 이상이 840%, 20년 이상은 900%를 월정급여의 총액으로 지급한다. 근속연수 3년 이상은 고등학교, 10년 이상은 대학까지의 등록금을 전액 보조한다. 주택자금도 3년 이상은 2천만원을 무이자로 5년 동안 융자한다. 이 회사는 금융기관의 부채가 거의 없다. 이러한 것은 원가의식을 통해 얻은 이익이 있기 때문이다.

문 사장은 5S운동의 정착이 가져다준 자신감으로 초관리운동을 시작하였다. 기계의 자동화에서 무인화로까지 되었기 때문에, 4년 전에 100원하던 부품 단가가 지금은 70원에도 공급이 가능하다고 한다. 공구를 제자리에 놓기 운동을 하고, 이름표를 붙여 누구든지 쉽게 찾을 수 있게 되었다. 이 회사는 제도적으로 기계를 청소와 주유를 하게 되어 있다.

문 사장은 "운동의 시작에 앞서 교육을 6개월간 실시한 것이 잘한 것 같다."고 말한다. 그는 '가장 중요한 것은 마음가짐'이라는 것을 알았다. 차츰 잔업에 줄어들고 연장 근무도 없어져, 토요일 격주 휴무제를 실시하게 되었다. 이 회사는 -불량으로 인한 낭비, -재고의 낭비, -동작의 낭비, -대기의 낭비, -운반의 낭비, 가공의 낭비, -산재의 낭비, -사무행정의 낭비 등을 방지하기 위해 힘쓴다. 낭비의 원인과 상태를 분석하여, 철저하게 교육시켜 체질화시키는 것이다.

문 사장은 "교육은 일시적이 아니고 평생 교육이 되어야 한다."라고 말한다. 대부분의 회사에서 제안제도가 잘 실행되지 못하는 것은, 사전교육을 실시하지 않았거나 불충분했기 때문이라는 것이다. 그는 "경영자가 모범을 보이면 직원들은 따라오게 마련이다."라고 말한다. 삼원정공주식회사가 성공한 것은, 문학무 사장의 끊임없는 원가의식 추구에 그 원인이 있었던 것이다.

초등학교 2학년 때 낙제

폴 오팔라는 1970년 킨코스를 창업했고, 2000년에 은퇴했다. 그가 '난독증'이라는 매우 불리한 점을 가졌음에도 사업가로서 대성할 수 있었던 것에는, 원가에 대한 집착과 이를 위한 결단력 있는 실천에 있었다는 사실이다.

오팔라는 난독증으로 인해 초등학교 2학년 때 낙제를 하였고, 정상적인 교육이 불가능한 학생으로 판정받아 4군데 학교에서 퇴학당했던 경험이 있다. 다행히 그는 IQ테스트에서 130점이 나와 다시 공립학교로 돌아왔고, 그는 전체 1,200명 중 꼴찌에서 8번째로 고등학교를 졸업했다. 우여곡절을 겪으며 그는 결국 대학을 다닐 수 있었다.

오팔라는 1970년에 캘리포니아 산타바바라에서 복사 가게를 시작했다. 가게 이름은 '킨코스'라고 불렀는데 그의 킹키(곱슬곱슬한) 머리카락 때문에 붙여 준 별명에서 따온 것이었다. 오늘날 전세계적으로 1200개 이상의 킨코스 매장이 영업하고 있고 연간 매출은 20억불이 넘는다. 포춘지가 미국에서 가장 일하기 좋은 직장 중 하나로 킨코스를 세 번 연속 꼽았다는 사실이다. 그와 함께 일했던 파트너와 직원들 중 100명 이상이 지금은 백만장자가 되었다.

그는 난독증과 ADHD(주의력 결핍 및 과잉행동 장애)로 어려움을 겪어 왔다. 그의 어머니는 오팔라에게 "공부하는 머리와 세상 살아가는 머리는 따로따로란다."라고 말해주었다. 어린 시절 그는 문제아였지만 부모는 이해해 주었고, 그것이 결정적 차이를 만들어냈다.

확인하는 체크 시스템을 가동

오팔라는 자신의 약점을 잘 알고 있었기 때문에, 적절한 보수를 주면서 많은 일들을 남에게 위임해야겠다고 생각했다. 그는 벤저민 프랭클린이 말한 것 즉, "당신의 사업을 당신 주관 아래 운영하라. 사업이 당신을 운영하는 일이 없도록 하라"는 충고를 명심했다. 그는 일상 업무의 세부 사항들을 부하 직원들에게 위임하고, 회사가 수익을 내는 방향으로 가고 있는지 확인하는 체크 시스템을 가동하기로 하였다.

오팔라는 글을 잘 읽지 못하기 때문에 비상한 기억력을 가지고 있었다. 그는 직원들의 이름, 재무제표상의 수치, 생년월일 등은 잘 기억한다. 가게에 문방구와 소형 인쇄기도 들여놓았다.

인쇄기를 대신 운영해 줄 사람을 구하여 그에게 일을 맡겼다. 그는 밖으로 나가 사람들을 만나는 것을 좋아했고 전단지를 나눠주는 일을 하였는데, 이 간단한 일이 사업확장에 큰 효과를 가져왔다. 그는 업무를 언제나 유능한 사람들에게 위임하였다. 그는 자신을 대신하여 직원들의 기강을 잡고 관리하는 업무를 '도티 올트'라는 여성에게 위임하였다. 오팔라는 원가의식이 매우 강했으며, 모든 것을 이에 근거하여 확인하였다.

오팔라는 사업을 진행하면서 절약하였고 대부분의 은행 빚을 갚았다. 그의 사업은 월 임대료 1백불, 제록스 복사기 월 임대료 1천불, 기타 경상비도 거뜬히 낼 정도가 되었다. 그는 두 번째 가게를 월 임대료80불로 계약하고 열었는데, 가게는 여직원을 채용하여 운영하였다. 그는 정당한 인센티브와 적절한 동기가 주어지면 직원들은 스스로를 관리한다는 것을 발견하였다.

저축을 하지 않는 사람과는 사업을 하지 않아

오팔라는 파트너를 고를 때 적용하는 몇 가지 경험 법칙을 갖게 되었다. 무엇보다 그는 돈을 저축할 수 있는 능력을 가져야 한다는 것이다. 오팔라는 저축을 하지 않는 사람과는 사업을 하지 않았다. 저축을 하지 않는 사람에게는 원가의식이 희박하다는 공통점이 있다는 것을 알았기 때문이다. 그는 또한 시간을 잘 지키는 사람만을 파트너로 선택했다. 시간을 잘 지킨다는 것도 원가의식과 관련이 있었다. 시간을 철저히 지키는 사람은 물질적 자산도 아끼고 낭비하지 않는다는 것을 그는 알았다.

오팔라는 서비스를 강조하였고 현장의 직원들을 중시하였다. 80년대 중반 킨코스는 매장에서 80대20 정책을 실시했다. 매니저들이 근무시간의 80%는 매장에서, 나머지 20%는 사무실에서 보내도록 한 것이다. 킨코스는 현장에서 새로운 아이디어가 나오면 즉시 실험해보도록 권장하였다. 킨코스는 해마다 '우리는 아이디어를 믿는다.'라는 아이디어 대회를 열었다. 이 모든 것을 원가를 절감하고 수익을 늘리기 위함이었다.

오팔라는 1984년부터 3년 동안 24시간 영업 문제를 고민하였는데, 몇몇 매장에서 시험삼아 24시간 영업을 해보았다. 시카고의 파트너가 24시간 영업으로 큰 성공을 거두었다. 직원들은 낮에 밀린 일을 밤에 충분히 처리할 수 있었고, 매출이 50%까지 늘었다. 현장에 대폭 권한을 위임한 것이 직원과 고객들은 행복하게 만든 비결이었다. 1983년 킨코스는 120개가 넘는 매장에서 연간 7천만불의 매출을 올리고 있었다. 오팔라는 열심히 일하는 것보다 열심히 생각하는 것을 항상 더 높게 평가했다. 생각을 더 많이 하는 사람이 원가의식을 추구하는 데에 더 유능하기 때문이었다.

믿어 주되 확인을 잊지 말아야

오팔라는 "정직을 강조하는 것도 중요하지만, 잘 단속하는 것도 그에 못지않게 중요하다. 믿어주지만 그래도 확인해야 한다."라고 말한다. 그는 '암행어사의 파견'이라는 제도를 도입했다. 암행어사는 고객인 척하면서 전국의 지점에 들어가 실상을 파악하는 것이다. 그는 직접 전국의 매장을 방문하기도 한다. 직원을 믿어 주되 확인을 잊지 말아야 한다고 오팔라는 생각했다.

오팔라가 볼 때 시간을 지키는 것은 윤리와 정직의 문제였다. 그는 "성공하고자 한다면 절대로 지각을 해서는 안 된다."라고 말한다. 그에게 시간 엄수는 존경의 표시이다. 그의 간단한 사업의 법칙은, "거래하려는 상대방이 분명하게 말하지 못한다면 그와 거래하지 마라!"이다. 손익계산이 불분명한 사람은 원가의식이 부족한 사람이며, 이는 사업가로서 부적당한 사람이라는 것이다.

오팔라는 기업인에게 물어야 할 가장 중요한 질문은 "당신의 변동비는 얼마인가? 한계 원가는 얼마인가?"라고 생각한다. 킨코스의 경우 다른 요소들을 감안한 한계 원가는 약 17센트였다. 매출 1불당 기본비용 17센트를 제외한 금액이 이익에 기여하는 것이다. 현금 흐름(캐시 플로)은 기업의 재정적 건강 상태를 보여주는 핵심 지표라고 그는 생각한다. '기업의 엔진은 현금'이라는 그의 확고한 신념 덕분에 킨코스는 계속 성장할 수 있었다. 오팔라는 지나치게 사업을 확장하지 않기 위하여 연간 30% 이상 성장하는 것을 조절했다. 오팔라는 자신의 사업에서 "변동비는 얼마인가? 한계 원가는 얼마인가?"를 최고의 지침으로 삼았다. 이는 그가 원가의식에 매우 강했다는 의미이다. 난독증으로 어려움을 겪었던 그가 오직 최고의 지침인 "변동비는 얼마인가? 한계 원가는 얼마인가?"라는 원가의식을 항상 의식하면서 실천하였기에, 그는 성공적인 경영자로 기억되고 있는 것이다.

관리 방법이 제대로 되어야

왕영경은 화교 3대 거상의 한 사람이자 '경영의 신'이라 불리는 인물이 되었다. 그는 15세에 쌀집 점원으로 취직한 뒤, 끊임없이 노력하면서 사업가로 대성하였다. 그는 끊임없는 노력이야말로 가장 근본적인 원칙이며, 무엇인가를 쉽게 얻으려고 해서는 안 된다는 것이 그의 지론이다. 1917년에 태어난 왕영경은 어려운 환경 때문에, 초등학교를 졸업하자 쌀집에 점원으로 취직한 것이 1931년 나이 15세였다. 그는 쌀을 들이는 법, 쌀값 계산법, 좋은 쌀 고르는 법 등을 1년 동안 착실히 터득해, 이듬해 작은 쌀가게를 열었다. 그는 고객을 기다리는 수동적 방식이 아니라 적극적인 서비스 방법을 생각했다. 그의 사업상의 모든 생각은 원가의식에 근거를 둔 것이었다.

그의 나이 26살이었을 때 왕영경은 거위를 키우기 시작했다. 사람들이 배추를 수확한 뒤 겉잎사귀와 뿌리를 밭에 버리는 것을 주워, 정미소에서 버리는 볏짚과 쌀겨를 사들였다. 그것들을 혼합하여 거위에게 주자, 거위는 통통해졌고 다른 거위들보다 두 배의 가격에 팔 수 있었다. 이러한 경험을 통해 영경은 고통을 참아낼 수 있는 정신력이 있어야 함을 깨달았다. 둘째는 거위를 기르는 사람의 방법 즉 관리 방법이 제대로 되어야 함을 알았다.

1954년3월 왕영경은 미국 원조자금 67만불 등 총자본금 117만불로 포모사 플라스틱주식회사를 창업했다. 왕영경은 플라스틱의 성분과 제조 과정, 생산라인, 가공, 각 부문별 용도 등 수많은 자료를 읽고 스크랩하는 사이에 대만 최고의 플라스틱 전문가가 되어가고 있었다.

그는 기업은 반드시 합리적인 관리계획을 수립해야 한다는 것을 깨달았다. 왕영경에게 관리는 하나의 기술이었다. 왕영경은 "관리자는 시간을 낼 줄 알아야 하는데, 그 비결은 권한을 부하들에게 넘기고 관찰자의 위치에 있는 것이다. 관리자는 더 중요한 문제에 생각할 시간이 있어야 한다."라고 말한다. 그에게 더 중요한 문제란 실무적 업무가 아니라, 기업의 생존을 좌우하는 이익의 창출 즉 원가의식의 문제였다.

왕영경은 "기본조건을 갖춘다는 것은 매우 중요하다."고 말한다. 기업이 가져야 하는 기본자세는 '품질'을 생명과 같이 여겨야 한다는 것이다. 값싸고 질 좋은 물건을 생산하려면 모든 직원의 철저한 책임의식이 필요하였다. 부하직원들을 훈련시키는 책임자의 자질은 더욱 중요하다고 그는 생각한다. 사람의 품질도 계발식 교육을 통해 배양될 수 있다는 것이다. 그것이 이익을 창출하는 원천이 되기 때문이다.

그는 "기업의 이윤창출은 모두 사람과 관련된다. 항상 경계심을 늦춰서는 안 된다."라고 말한다. 또한 "엄격한 훈련으로 자신을 이겨내고 훌륭한 인재가 되어야 한다."고 강조한다. 왕영경은 관리방법을 개선해 생산효율을 높이고 품질을 개선하지 않는다면, 생존 조건은 훨씬 약해질 것이라고 생각했다. 그는 사업에서 다음을 기본으로 생각한다. 첫째, 가격이 공정해야 한다. 둘째, 품질이 기준에 도달해야 한다. 셋째, 납기일을 준수해야 한다. 넷째, 서비스가 철저해야 한다.

긴장감이 없으면 안 된다

왕영경은 "기업 경영에서 합리화는 원인이며 이윤은 결과이다."라고 말한다. 이는 관리 합리화를 소홀히 하면 문제가 발생하고 혼란의 근원이 된다는 것이다. 그는 솔선수범하였고, 임직원들에게 강한 위기의식을 촉발시켰다.

왕영경은 엄격히 효율을 추구하였는데, 그 근본에는 투철한 원가의식이 있었다. 원가의식이 없으면 이익이 발생하지 않으며, 그렇게 되면 목표를 달성할 자원이 없기 때문이었다. 그의 생존을 추구하는 본능이 원가의식을 자극하였고, 고객에 대한 서비스를 강화하게 만들었다.

왕영경은 "기업은 일을 잘 아는 사람이 경영해야 하고 과학적인 관리제도가 있어야 한다. 분석할 줄 아는 관리가 관리이다."라고 말한다. 그에게 관리란 결국 투철한 원가의식에 근거하여 이익을 발생시키기 위한 경영기법인 것이다. 그는 "기업은 인재를 만들고 인재는 기업의 이윤을 창출하는 것이다."라고 강조하였다. 왕영경은 한 기업이 믿을 것은 오직 기업 자신의 건전성뿐임을 강조하였다.

출국할 때마다 이코노미 클래스를

왕영경이 얼마나 원가의식에 깨어 있는지를 보여주는 사례들이 많이 있다. 그는 모든 일의 대소를 가리지 않고 세세한 부분까지 추궁하여 처리하였다. 그는 "책임자가 자잘한 사무까지 챙기지 않으면 그 회사는 합리화와 제도화를 추진할 수 없다."고 말한다. 그는 시간을 낭비하는 습관부터 버려야 한다고 강조하였다. 포모사 그룹에서 처장급은 물론 이사급에게도 차가 지급되지 않는다. 왕영경은 "나는 출국할 때마다 이코노미 클래스를 이용한다."라고 말하고 있다. 엄청난 부자인 그가 왜 이코노미 클래스를 이용하고 있는 것인가? 그의 원가의식은 생활 구석구석마다 스며들어 있었다. 경영에서도 그는 철저하게 원가의식에 근거하여 판단하였다. 이러한 원가의식이 그가 경영자로서 성공할 수 있게 해주었다는 사실이다.

단호한 결의와 수익에 대한 절대적 헌신

밥 피퍼는 경영컨설팅회사인 카이저 어소시에이츠의 최고경영자이며 지난 20년간 자신의 회사를 성공적으로 경영해 왔다. 그는 카이저 어소시에이츠를 수익성이 가장 뛰어난 회사로 만들었다. 좋은 회사를 만들기 위해 단호한 결의와 수익에 대한 절대적 헌신이 필요하다는 것을 보여주었다.

밥 피퍼는 "전략적 비용과 비전략적 비용이 있다."라고 말하고 있다. 전략적 비용이란 연구개발 비용 등 사업 이익을 발생시키고 증가시키는 비용이다. 비전략적 비용이란 이익을 발생시키지 않는 비용이다. 밥 피퍼는 전략적 비용을 경쟁자보다 많이 지출하고, 비전략적 비용을 최대한 삭감해야 한다고 주장한다. 그는 "훌륭한 경영은 80%가 수완이고 20%가 과학이다."라고 말한다.

피퍼는 "정말로 중요한 의사결정은 반드시 경영자가 직접 내려야만 한다."고 말한다. 그에게 통제할 수 없는 권한위임은 경영자의 책임을 회피하는 것이다. 그에 의하면, 탁월한 경영자는 전체적인 시각에서 분석하지만 핵심적 부분의 경우 매우 면밀하게 관리한다. 무능한 경영자는 사업을 세세히 연구하지만 관리는 적당히 한다.

그는 "내가 할 일 중에서 '수익을 창출하는 일'을 가장 우선순위에 두어야 한다."고 강조한다. 이는 원가의식에 의거하여 수익을 창출하라는 것이다.

알아서 잘하리라 맡기는 것은 현명하지 못하다

피퍼는 R&D는 중요하다고 생각한다. 그는 연구원들이 알아서 잘하리라 맡기는 것은 현명하지 못하다고 한다. 왜냐하면,

연구원들은 경영관리와 수익을 창출하는 방법을 모른다는 것이다. 수익을 창출하는 연구개발이 이루어지도록 하는 것이 경영자의 책임이라는 것이다. 그는 "수익창출에 도움이 되는지를 꼼꼼히 검토하여 지출여부를 결정해야 한다."고 강조한다. 이는 원가의식을 기반으로 하지 않는다면 기업에 도움이 되지 않기 때문이다.

피퍼는 "모든 직원들이 능력을 더 발휘할 수 있도록 자극해야 한다."고 말한다. 그것이 수익창출의 원천이라는 것이다. 피퍼는 인력은 부족한 상태로 운영하는 것이 좋다고 한다. 업무가 바쁜 직원은 일에 우선순위를 정해야 한다는 것이다.

피퍼는 "모든 관리자는 직접 보고서를 작성해야 한다."고 말한다. 가능하면 관리자를 없애고 실무자가 관리자 역할을 겸하도록 하라는 것이다. 그는 보고서의 내용은 직설적이고 간결해야 한다고 강조한다. 불필요한 문서작업을 없애고 수익성을 강화하는 데 시간을 쓰게 하라는 것이다. 또한 본론으로 빨리 들어가 의사결정에 필요한 회의만 해야 한다고 한다. 이는 그가 얼마나 원가의식에 철저하였는지를 보여주는 단면이었다. 그에게 원가란 단지 자금이나 물질만이 아니었다. 특히 시간은 중요한 원가였다.

단호하게, 고집세게 원가의식을 관철해야

그가 경영하는 카이저 어소시에이츠가 수익성이 뛰어난 이유가 여기에 있는 것이다. 밥 피퍼는 모든 임직원이 철저하게 원가의식을 가지고 일해야 한다는 것을 강조하고 또 강조하고 있다. 그의 회사에서는 영업사원들에게 판매가 아니라 이익에 기초해 보상하고, 이익창출 중심의 영업교육을 하고 있다.

피퍼는 "성공한 경영자들의 특성이 있다. 첫째, 고집이 있어야 한다. 둘째, 단호함이 있어야 한다. 고집이 센 것, 단호함은 두 가지 공통된 특징이다."라고 말하고 있다. 이는 단호하게, 고집세게 원가의식을 관철해야 함을 주장하는 것이다. 기업이 생존하기 위해서는 이익의 발생은 절대적인 과제라는 것이다.

그는 자신의 역량을 최고로 발휘하였으며, 비즈니스를 게임으로 생각하여 왔다. 그는 "수익을 배가시키는 것은 결의의 문제이다."라고 말하고 있다. 밥 피퍼가 20년간 성공적으로 경영해 왔고, 수익성이 뛰어난 회사로 만들었던 요인은 투철한 원가의식에 바탕을 두고 고집스럽게 실천해 왔기 때문이다.

Lesson 05

가치에 헌신

니체는 "살아갈 이유를 알고 있는 사람은 어떠한 상황에도 참고 견디어 갈 수 있다"고 말했다.

05장

가치에 헌신

가치에 헌신하는 것은 사업의 목적을 매출이나 이익보다 더 높은 가치에 집중하는 것을 의미한다. 가치에 헌신하면 그 결과 매출과 이익이 발생한다는 사고방식이다.

좌절과 같은 지옥을 직접 경험

빅토르 프랭클은 빈 의과대학 신경정신과 교수였으며 로고테라피를 가르쳤다. 1905년생으로 빈 대학에서 의학박사와 철학박사 학위를 받았던 프랭클은 의미를 찾는 인간의 본성에 대하여 깊이 있는 연구를 보여주었다. 유태인인 프랭클은 제2차세계대전 중인 1941년 게슈타포 본부로부터 호출을 받았다. 그는 유태인으로 체포되어 포로수용소로 이송되었다. 그는 젊은이로서 삶의 무의미함에 대한 좌절과 같은 지옥을 직접 경험했으며, 총체적이고 궁극적인 허무주의를 경험했다.

프랭클은 "가장 중요한 요구, 의미를 향한 요구는 정말로 중요한 것이다."라고 말한다. 그는 "인간은 이상과 가치로 세상을 살아간다."라고 말한다. 프랭클은 "가치에는 순위가 있을 수 있다."라고 말한다. 그는 "성공과 행복은 그것에 연연해하지 않을수록 그것이 찾아올 가능성이 크다."라고 말한다. 프랭클은 "성공을 목표로 하지 마라. 성공에 집착하면 할수록 점점 더 그것을 잃게 된다."고 말한다. 그는 "가치에 헌신하는 사람이 성공 가능성이 높다."라고 주장했던 것이다.

가치에 헌신하는 사람이 가능성이 높다

프랭클은 "행복의 추구 그 자체가 그것을 좌절시키는 것이다. 쾌락은 인간이 추구하고자 하는 것의 목표가 아니라 하나의 결과로서 얻어지는 것이다. 쾌락은 인간의 목표라기보다는 실제로는 의미를 충족시킴으로써 얻어지는 결과이다. 행복과 쾌락은 모두 성취의 대체물일 뿐이다."라고 말한다. 이는 경영자가 매출이나 이익을 목표로 하는 것보다 '가치'를 우선적으로 추구할 때, 결과적으로 매출과 이익을 달성할 수 있다는 것을 암시한다.

야구선수 이승엽이 홈런 한 개만 더 치면 왕정치가 세웠던 아시아 신기록을 넘어설 수 있었던 때가 있었다. 이승엽이 홈런을 쳐서 '신기록을 세우려는 목표'에 집착할수록, 그는 계속 헛스윙만 해댔다. 그러한 헛스윙이 여러 게임에 걸쳐 이어지자, 이승엽은 어느 날 "저는 이제 마음을 비웠습니다. 그저 편하게 게임을 하기로 작정했고 신기록에 연연하지 않기로 했습니다."라고 말했다. 그가 이렇게 말하고 게임에 들어서자, 그는 싱겁게 홈런을 쳐댔다. 마음을 비운 결과 홈런은 '저절로' 나오듯 봇물을 터뜨렸던 것이다.

프랭클은 "자아실현은 인간의 궁극적인 목표가 아니다. 자아실현도 하나의 결과, 즉 의미를 성취한 결과로서 나타나는 것이다. 자아실현을 '삶의 의도성에 의해 얻어지는 의도하지 않은 결과'라고 나는 말하고 싶다."라고 말했는데, 이는 매우 의미 있는 말이었다. 그는 "인간이 자아실현에 연연해하면 그 기반을 잃게 된다는 나의 주장은 매슬로우의 시각과 정확하게 일치한다. 매슬로우는 자아실현이라는 과업은 '중요한 일에 헌신함으로써' 가장 잘 실행될 수 있다는 점을 인정했기 때문이다."라고 말했다. 필자가 왜 경영자가 매출이나 이익과 같은 결과에만 집착하는 것이 위험한 것인지를 강조하는 이유가 여기에 있다. 매출이나 이익은 결과에 불과한 것이다. 경영자는 매출과 이익의 원인이 되는 것에 즉 "가치가 있는 것"에 헌신할 때에 더욱 성공적 경영자가 될 수 있기 때문이다.

정신 긴장감은 우리를 제어한다

프랭클은 "인간에게 무엇보다 필요한 긴장은 어떤 목표를 지향하는 과정에서 만들어지는 긴장이다."라고 말한다. 정신 긴장감은 우리를 겸허하게 만들며, 중용의 도를 벗어나지 않게 제어한다. 프랭클은 "내가 틀릴 가능성을 인정하는 것은 겸양과 중용을 가져온다."고 말했던 것이다. 빅토르 프랭클은 가치를 매우 중요하게 생각했다. 그는 "가치에는 창조적 가치, 경험적 가치, 태도적 가치가 있다."라고 말한다. 그는 "인간 존재는 어떤 태도를 취하느냐에 따라 의미를 발견하고 성취할 수 있다. 태도적 가치가 가장 높은 가치이다."라고 말한다.

프랭클은 "인간이 의미를 추구한다는 것은 삶에 있어 근본적인 힘이 된다."라고 말한다. 그는 인간의 의미와 가치에 대한 추구는 내면적인 균형보다 내면적인 긴장을 불러일으킬 수 있다고 말했는데, 이러한 긴장은 정신건강에 필수불가결한 것이라는 것이다. 니체는 "살아갈 이유를 알고 있는 사람은 어떠한 상황에도 참고 견디어 갈 수 있다"고 말했다. 실천해야 할 과업이 기다리고 있다는 사실을 알고 있던 사람들이 강제수용소에서 살아남을 수 있었다는 사실을 프랭클은 경험하였다. 어떤 원고를 다시 써야겠다는 깊은 관심이 포로수용소의 혹독한 환경에서 살아남을 수 있게 도와주었던 것이다.

프랭클은 "정신건강이 어느 정도의 긴장에 근거하고 있다는 사실이다. 이러한 긴장은 인간이 타고난 것이며 정신적 안정에 필요불가결한 요소이다."라고 말한다. 그는 "인간에게 실제로 필요한 것은 무긴장의 상태가 아니라 어떤 가치 있는 목표를 위한 노력과 투쟁이다."라고 말한다. 필자는 경영자가 '가치에 헌신'하면 결과적으로 매출과 이익이 산출된다는 사례들을 제시하고자 한다.

단순성, 신속성, 자신감은 정신적 가치의 표상

잭 웰치는 GE의 회장에서 물러났지만 그가 남긴 경영의 업적은 아직도 많은 사람들의 뇌리에 살아 있다. 그의 경영에 대한 접근은 오늘날과 같이 극도의 어려움에 처한 경영자들이 참고할 만한 가치가 있다는 사실이다. 1981년 4월 웰치는 GE의 최연소 회장에 취임했다. 1935년에 태어난 그는 매사추세츠 대학에서 화학공학 학사학위를 받았고 일리노이 대학에서 화학공학 석사, 박사학위를 받았다.

잭 웰치는 "사람들은 자신감을 가져야 한다. 명확하고 현실적인 사람들이 가장 단순하다."고 말했다. 잭 웰치가 취한 접근방식을 보자. 그의 경영비결은 매우 단순하다. 우선, 어느 한 분야에서 첫째나 둘째가 되는 것이다. 다음은 경계 없는 아이디어 공유이다. 포브스에 따르면 "잭 웰치의 성공비결은 일련의 반짝이는 통찰력이나 과감한 승부근성이 아니라, 세부적인 것에 대한 굉장한 집중이다."고 말한다.

웰치에 의하면 "매일매일을 매년 정월 초하루 아침같이 긴장하며 새로운 각오를 다져야 한다."는 것이다. 웰치는 "자율과 통제를 균형 있게 구사해야 한다. 기업가 정신으로 된 기업다운 기업이 되어야 한다."라고 말했다. 웰치가 추구했던 것은 사실 정신적인 가치였다. 그는 임직원들의 정신적 긴장감, 열정, 최고를 지향하는 자세를 추구했던 것이다. 그러한 가치를 발생시키기 위하여 그는 뉴욕의 크로톤빌에 있는 GE경영개발원을 활용하였다. 다른 경비는 절약했지만 크로톤빌의 운영비는 아끼지 않았다. 웰치는 강의하고 질문에 답변하기 위해 적어도 한 달에 한 번은 크로톤빌을 방문했다. 그는 거기에서 열띤 토론의 분위기를 사랑했다.

웰치의 강한 무기는 솔직함이었다. 웰치는 "우리가 하고자 하는 첫 번째 일은 높은 성과를 거두는 팀워크를 배양시키자는 것이다. 중요한 것은 비전을 갖는 것이요, 그 비전을 다른 사람들과 공유할 수 있도록 전달하는 능력이다."라고 말했다. 이러한 그의 주장은, 그가 정신적인 가치를 추구했다는 것을 명백하게 보여주었다.

경영에서 신속성이라는 개념에 웰치는 매료당했다. 신속성은 작은 회사를 경영하는 단순한 원리이다. 빠른 시장정보를 기반으로 신속성과 고객만족을 추구하는 것이 GE의 핵심 경영법으로 자리 잡아갔다. 원칙을 지켜 품질을 유지하면서 좀더 빠르게 진행하는 것이다. 웰치는 "직함이나 신분을 이유로 어떤 특권도 갖지 않아야 한다. 장벽을 없애 모든 사람을 처음부터 끝까지 포함시켜 일을 처리해야 한다. 크로톤빌 경영개발원은 모든 사업을 성장시키는 데 필요한 것을 공급하기 위한 곳이다."라고 말했다.

웰치는 GE 조직 내에 신속성, 단순성, 자신감이 기본적인 가치로 뿌리내리기를 원했다. 웰치는 "유일한 해결책은 보다 많은 아이디어, 모든 사람의 머리에서 아이디어를 이끌어내는 것이다. 핵심적인 요인은 바로 사람이다. GE의 승패를 좌우하는 것은 인적 자원이다."라고 말했다. 웰치는 그러한 정신적 가치를 뿌리내리도록 하기 위해 학습환경을 조성하기 위한 노력을 했다. 정신적 가치를 소유한 리더십의 역량이 경쟁우위 비결이라는 것을 웰치는 강조했던 것이다. 그것은 지적 자본을 포함하는 아이디어와 혁신을 창출하는 능력이다.

웰치는 커뮤니케이션을 중시했고 학습을 중요시하였다. "탁월성과 경쟁력은 정직성 그리고 도덕성과 조화를 이룬다."라고 웰치는 말했다. 그는 민첩하게 움직이고 군살을 빼며 고객에 밀착하는 데 열정을 쏟아야 함을 알았다. 고객에 대한 거만한 자세를 버리고 고객지향적으로 되어야 한다고 생각한 것이다. 웰치는 GE의 모든 사람이 사업에 전적으로 몰두하는 사람이 되기를 반복적으로 강조하였다. 그는 "당신은 상세한 정보를 준비해야 한다. 자신이 믿는 바를 주장하라. 하지만 자신이 모르는 것에 대해서는 그것을 인정하라."고 말했다.

웰치는 "샘 월튼은 진정한 영웅이다. 월튼은 성숙단계에 들어선 산업에 진출하여, 매달 매년 성장에 성장을 거듭하는 방법을 찾아낸 것이다. 그는 혁신과 고객제일주의, 경영의 신속성을 통해 이 일을 해냈다."고 말했다. 교육은 웰치에게 있어 가장 중요하였다. 그는 "경쟁우위는 조직이 학습할 수 있는 능력과 학습한 것을 행동으로 신속하게 실천하는 능력에 달려 있다."고 말했다. 웰치가 정신적인 가치를 추구하는 데 헌신했기에 그는 경영자로서 뛰어난 자취를 남길 수 있었다. 그가 말하였던 단순성, 신속성, 자신감은 그의 정신적 가치의 표상이었다.

서비스를 파는거야!

필자가 자주 방문했던 일본의 교토시에는 유명한 재일교포의 회사가 있다. 그 회사는 MK택시회사이며 회장 유봉식은 1928년생이다. 그는 1943년에 일본 교토에 도착하여 이방인으로서 일본에서의 생활을 시작하였다. 그는 1949년 대학 법학부에 합격하였고, 여러 과정을 거쳐 도산한 '니가이 석유'를 인수하였다. 그가 장사꾼으로 얻은 교훈은 '장사꾼의 목숨은 돈이 아니라 신용'이라는 것이었다. 그가 '니가이 석유'를 경영하면서 자정이 넘어도 주문에 즉시 응하였고, '니가이 석유는 24시간 배달하고 연중무휴영업을 한다.'는 광고문을 내걸었다. 그는 종업원들에게도 니가이 석유배달에는 '잠시후에' 또는 '내일'이라는 말은 없다고 교육시켰다. 그가 깨달은 것은 "그래, 서비스를 파는거야!"라는 것이었다. 유봉식 사장이 파는 것은 휘발유가 아니라 서비스라는 것이었다. 그 결과 니가이 석유를 이용하겠다는 손님이 늘어나기 시작하였다.

유봉식 회장은 교육이 얼마나 중요한 것인가를 실감하였고, 그의 사업 초기부터 교육에 대한 열정은 대단하였다. 그의 회사에 신입직원이 입사하면 정식직원이 되기 전까지 철저한 '밀봉교육'을 받게 되었다는 사실이다. 아침6시에 기상하고, 화장실 청소를 하고, 1시간의 공부를 한 후 아침식사, 이어서 8시반부터 오후 5시반까지 정상근무가 일과였다. 그것으로 끝나지 않고 퇴근해서 식사하고 공부를 하게 하였고, 매일의 일보를 제출하도록 하였으며 목욕과 취침으로 이어지는 일과를 되풀이 하는 교육과정이 있었다. 이러한 교육과정에 적응하지 못하는 사람은 해고되었다고 한다.

돈을 주는 데도 공부가 필요하다는 것

'니가이 석유'를 경영하면서 경영의 맛을 들인 유봉식은 택시회사를 차렸는데, 그것이 바로 MK택시회사였다. 유봉식의 '교육 중시'는 변하지 않았다. 그는 운전사들에게 매일 정신교육을 시켰다. 운전사들이 결근이 잦고 지각이 잦았으나, 결국 1인 연평균 결근이 21일에서 3일로 줄었다. 유봉식은 "나는 사원들에게 돈만 많이 벌게 해주면 된다고 생각했는데, 돈을 주는 데도 공부가 필요하다는 것을 처음으로 깨달았다. 교육이 필요했던 것이다. 경영자가 공부를 하지 않고 사원들에게도 공부를 시키지 않기 때문에, 사회적으로 무시를 당하는 것이다."라고 술회하고 있다. 유봉식은 기계나 설비에의 투자보다, 인간에 대한 투자를 먼저 하는 것이 결국 회사를 가장 잘 경영하는 것임을 깨달았다. 그는 MK택시회사를 경영하면서 모든 경비를 최대한 절약하였으며, 적자운영을 면할 수 있었다.

MK택시회사의 운전사는 네 가지 인사를 하지 않으면 요금을 받지 않는 방침을 세웠다. "1. 감사합니다 2. 엠케이의 ...입니다. 어디까지 가십니까? 3. ...까지 엠케이의 ...이 모시겠습니다 4. 감사합니다. 잊으신 물건은 없으십니까?"가 그 인사였다.

유봉식 회장은 이 네 가지 인사를 고객에게 제대로 하게 하기까지 10년이 걸렸다고 한다. 그만큼 사람을 변화시키는 것이 어렵다는 사실이었다. MK택시회사는 첫째도 둘째도 셋째도 서비스를 최고로 여긴다. 이 회사는 절대 승차거부가 없다. 비 오는 날이면 미리 준비한 우산을 받쳐 들고, 손님이 들어가는 건물까지 씌워준다. 관광객에게는 숙박체크인도 도와준다. 술 취한 호스테스는 집 현관에 들어설 때까지 봉사한다. 무수한 훈련과 교육을 통해서만이 가능한 실천서비스였다.

MK택시회사는 신체장애자를 우선하여 승차시키는 방침이 있다. 또한 유봉식 회장은 전직원이 적십자 구급원 자격을 따도록 했는데 1년 만에 성취했다. 응급처치를 받을 수 있는 택시는 MK택시회사의 택시뿐이라는 이미지를 심었다. MK택시회사의 경영방침은 철저한 고객 서비스와 직원교육에 있었다. 유봉식은 "진정한 오너는 작고 하찮은 일부터 배우고 실천하려는 모범을 보여야 한다."고 말한다.

유봉식은 경영자는 늘 현장에 있어야만 문제가 무엇인지 안다는 것을 절감하였다. 그는 "내가 자가용을 사지 않고 택시를 타는 이유가 거기에 있다."라고 말한다. MK택시회사는 회장을 비롯해 모든 관리직원이 운전사가 결원시에 직접 택시를 몰고 손님을 모신다. 유봉식 회장은 "진전한 전문가란 교육을 통한 지식의 습득과 인격도야에 의해 이루어진다."고 말한다. 이 회사에 입사하면 퇴사할 때까지 철저한 교육에 반드시 참가해야 한다.

MK택시회사에는 MK10계명을 반드시 지켜야 한다. 그 10계명은 1. 네 가지 인사 2. 코스의 확인 3. 제복과 제모의 착용 4. 세차와 미화 5. 수령금액 확인 6. 교대시간엄수 7. 거스름 준비 8. 연료보충 9. 철저한 도어서비스 10. 전원업무회의 참석 월2회 등이다.

MK택시회사에는 범하면 안 되는 별도의 10계명이 있다. 그 10계명은 1. 승차거부 2. 영업구역 위반 3. 트러블 발생 4. 교통사고 발생 5. 개인주의 행동 6. 승무중 흡연 7. 말조심 8. 출고후의 휴식 9. 폭력행위 10. 운임의 과잉징수와 할인 등이다.

틈새시장을 개척할 능력이 생겨

MK택시회사의 직원들이 제대로 정신력을 갖추고 고객 만족을 위한 서비스가 제대로 이루어지자, 유봉식 회장은 새로운 수익원을 발굴하기 시작하였다. MK택시회사는 택시 내에 상품 카탈록을 준비하여, 손님의 주문을 받고 판매하는 방식 즉 통신판매방식을 도입하였다. 운전사가 손님으로부터 주문전표를 받으면 그것을 처리하여, 제휴회사로부터 수수료를 받는다. 그 수수료 중 60%는 운전사가 갖고, 40%는 회사가 갖는다. 이는 무점포, 무재고, 무비용판매이며 운전사에게는 과외의 수입이 되었다. 시민들에게 신뢰를 받는 MK택시회사였기에 이러한 과외영업이 가능하였던 것이다. MK택시회사의 봉급은 상당히 높다고 한다. 여기에 상품 카탈록을 활용한 과외 영업으로 운전사에게 지불되는 금액은, 종종 월급보다 많은 경우가 있다고 한다. 이는 MK택시회사 운전사들에게 큰 소득원이 되었으며, 운전사들은 큰 자부심을 갖게 되었다는 것이다. 임직원들의 정신력이 제대로 갖추어지면 틈새시장을 개척할 능력이 생기게 된다는 사실을, MK택시회사는 입증하였던 것이다.

MK택시회사는 교육에서 시작하여 교육으로 끝나는 회사이다. 그러한 교육을 통하여 지속적으로 임직원들의 정신력과 실력을 향상시키게 되니까, 다른 회사에서는 엄두도 못내는 고객서비스가 탄생하게 되었다. MK택시회사에는 '심야 서비스'가 있다. 이 서비스는 출산이나 심야 근무자들을 위한 서비스이다. 또한 '응급 서비스'가 있다. MK택시회사의 모든 기사가 교육을 통하여 적십자 구호원 자격을 취득하였고, 모든 손님에게 응급상황이 발생하면 응급조치를 할 수 있게 되었다.

MK택시회사에는 '관광가이드 서비스'가 있다. 영어회화 교육을 지속적으로 실시하였는데, 영어로 관광안내가 가능한 운전기사가 상당수 있게 되었고, 일본어 관광가이드 자격증이 있는 기사는 500명 이상이 되었다. 또한 이 회사에는 '특수학교 스쿨버스' 제도를 운영하고 있다. 그밖에 유봉식 회장을 비롯한 임직원은 고객을 만족시키기 위한 서비스를 지속적으로 도입하여 승차율을 높이고 있다. MK택시회사는 택시의 승차율이 80% 정도에 이르고 있는데, 이는 순이익을 충분히 내고도 남는 승차율이다.

40여 년간 하루도 빠뜨리지 않고

이 회사가 매년 순이익을 내고 있으며 일본 내에서 가장 우수하고 영업실적이 좋은 택시회사가 된 비결은, 유봉식 회장의 말에서 알 수 있다. 유봉식 회장은 "나는 항상 마이크로 운전기사들을 교육한다. 아침, 점심, 저녁마다 40여 년간 거의 하루도 빠뜨리지 않고, 기사들에게 마이크로 교육하며 호소해 왔다. 경영자는 공부를 해야 한다는 것을 알게 되었다."라고 말한다. MK택시는 '교육이 전부'라고 생각한다. 한 달에 한 번은 5시부터 8시까지 운전을 쉬고 3시간씩 공부를 한다. 이 교육에 참가해야만 핸들을 쥘 수 있다. 일 년에 한 번은 반나절 교육을, 한 번은 하루 종일 교육을, 한 번은 하룻밤을 지새우며 교육을 한다. 그것을 40여 년간 반복해 왔다. 유봉식 회장은 "개혁은 운동과 마찬가지로 계속해서 해야만 성공하는 것이다."라고 말하고 있다. 끊임없이 "고객을 위한다."라는 가치에 헌신하고 있는 MK택시회사는 지금도 성공하는 기업으로 경영되고 있는 것이다.

경영을 잘하면 필연적으로 이익이

일본에서 유일하게 '경영의 신'으로 불렸던 경영자는 마쓰시타 고노스케였다. 마쓰시타는 1894년 출생하여 1989년 94세를 일기로 사망했다. 그는 초등학교 4학년을 중퇴하고, 화로 가게와 자전거 가게에서 점원으로 일한 후 '오사카 전등회사'의 공사 담당자가 된다. 22세에 독립하여 '마쓰시타 전기제작소'를 설립하였고 1935년에 '마쓰시타 전기산업주식회사'로 이름을 바꾸고 사장에 올랐다. 1961년에 회장이 되었고 1973년에 은퇴하였는데 저서로는 '신국토 창성론'외 다수가 있다.

마쓰시타 회사의 발전의 원동력은 제품이나 기술이 아니라 뛰어난 경영이었다. 마쓰시타 1933년 사업부제를 시행하였다. 이는 사업부에 자유재량을 주는 분권관리조직을 확립했던 것이다. 마쓰시타는 일본에서 대기업 최초로 주5일 근무제를 실시했다. 마쓰시타는 경영을 잘하면 필연적으로 이익이 생기며 실적이 나쁜 이유를 환경 탓으로 돌리는 경영자의 자세를 비난했다. 그는 이익이란 사회적 사명을 얼마나 잘 실천했는지를 재는 척도라고 말했다. 그는 배우려는 겸허함과 자신의 일에 대한 자부심을 갖고 있었다.

"내가 장사를 시작한 것은 먹고살기 위해서였다."라고 마쓰시타는 말했다. 얼마나 어려웠는지 아내의 옷을 전당포에 맡겨야 할 정도였다. 사업 초기에, 뜻밖에도 한 전기 상회에서 선풍기의 애반(선풍기를 지지하는 부품) 1천 개를 주문했다. 제품이 잘 나와 처음으로 이익도 내었다. 마쓰시타는 애반의 주문을 계속 받는 데 성공했기에 사업을 계속할 수 있었다. 1918년에는 본격적으로 전기기구의 연구와 제작을 시작하였다.

1929년 말에 경제계는 정부의 긴축정책으로 활동이 위축되었다. 마쓰시타 회사는 제품판로가 반으로 줄어 재고가 넘쳤다.

공장을 건설한 후였기 때문에 자금도 부족했다. 당시 직원에 대한 대우가 가장 좋다던 가네보마저도 임금삭감으로 쟁의가 일어날 정도였다. 마쓰시타는 “오늘부터 생산을 반으로 줄인다. 그러나 직원은 한 명도 줄이지 않는다. 따라서, 반일 근무를 실시한다. 월급은 전액 지급한다. 대신 전체 직원 모두 휴일을 반납하고 재고품 판매를 위해 노력한다.”고 말했다. 직원들은 전원 찬성했다. 이렇게 열심히 제품을 판매한 결과, 불과 두 달 만에 재고를 모두 처리해, 공장을 다시 예전처럼 가동할 수 있었다.

장사란 진검승부와 마찬가지

마쓰시타는 걸어온 길을 반성하기 시작했다. ‘과연 생산자의 사명은 무엇일까?’ 매일 생각한 끝에 그는 한 가지 신념 즉 ‘이 세상의 가난을 몰아내는 것’임을 알게 되었다. 생산자의 소임은 물자를 풍족하게 만들어, 세상 사람들이 자유롭게 쓸 수 있도록 하는 것이었다. 그는 1932년 5월5일을 회사의 창립기념일로 정했다. 이는 이 날 사명을 깨달은 날이었기 때문이다. “장사란 진검승부와 마찬가지다. 장사가 잘 되지 않는다면 그것은 운이 나빠서가 아니라 경영에 문제가 있기 때문이다. 그래서 확고한 신념을 가진 사람은 불경기일수록 돈을 버는 것이다.”라고 마쓰시타는 말한 적이 있다. 그는 사업에서 경영자의 역할이 얼마나 중요한가를 말했던 것이다.

경영의 가치를 인정받은 것

마쓰시타 회사는 네덜란드의 필립스와 1951년에 제휴협상을 하게 되었다. 유럽의 기술은 마쓰시타 회사에게 꼭 필요했다. 필립스는 로열티로 기술지도료 7%를 요구했다. 마쓰시타는 경영지도료를 받아야 한다고 생각했다. 기술은 그들이 제공하지만 경영을 지도하고 감독하는 것은 마쓰시타 전기이기 때문이었다. 결국 기술지도료 4.5%를 필립스에 내고 대신 경영지도료 3%를 마쓰시타가 받기로 합의를 봤다. 1952년 10월에 기술계약에 조인했다. 1952년 12월 '마쓰시타 전기공업주식회사'가 탄생한 것이다. 1967년에 계약을 갱신하면서 기술지도료와 경영지도료를 모두 2.5%로 하였다. 경영의 가치를 인정받은 것이다.

1964년 10월 마쓰시타는 마쓰시타 통신공업이 사무용 대형컴퓨터 사업에서 완전히 철수한다고 공식적으로 선언했다. 이미 10억 엔이 넘는 연구비를 투입해 5년 동안 연구를 계속하고 있었다. 마쓰시타 회사를 포함한 7개 컴퓨터 회사가 각각 2억 엔씩 투자해 일본전자공업진흥회를 만들었고, 고성능 컴퓨터를 공동으로 개발하고 있었다. 그는 일본에 컴퓨터 회사가 7개나 되었는데, 3개 정도면 좋다는 생각을 하게 되었다. 그래서 철수한 것이다. 마쓰시타에게 금전적 손실과 세간의 평가라는 무형의 손실도 컸다. 그 후 1년이 지나자 "마쓰시타가 현명한 판단을 했다"는 평가로 바뀌었다. 마쓰시타는 "경영은 솔직하고 객관적인 마음으로 바라보는 것이 매우 중요하다. 고집을 부리고 무언가에 집착하게 되어 자기도 모르는 사이에 판단을 그르치는 것이다."라고 말했다.

정신적인 가치에 헌신

업계 안정을 위해 영업 본부장이 되어 일에 몰두하던 마쓰시타는 1965년 2월에 간사이 재계 세미나에서 '댐 경영과 적정 경영'이라는 주제로 강연을 했다. "전후 차입 경영을 통해 성장해왔으나 이제는 안정된 경영형태로 가야 한다."라고 그는 주장했다. 댐 경영이란 여유를 가지는 경영을 말한다. 댐은 자금, 재고, 인재에 모두 필요하다는 것이다. 마쓰시타가 주2일 휴일제를 도입하기로 하자, 노동조합은 "급료도 줄지 않고 대우도 그대로인데 하루를 더 쉬게 해 준다니 뭔가 흑막이 있다"고 생각했다. 그래서 회사와 노조에서 위원을 선출해 구체적인 검토를 시작했고, 결국 일본경제가 불황의 밑바닥에 있던 1965년 주5일 근무제를 실시했다. 그는 늘어난 휴일을 사원들이 노는데 쓰지 않고 공부를 하는 데 투자해야 한다고 강조했다.

마쓰시타 고노스케는 "하루 일과 끝에 자기 전 1시간은 그날의 반성을 하라."고 말했다. 잘못을 되풀이하지 않는 것에 인간의 성장이 있다는 것이다. 평범한 것도 거듭 쌓임으로써 비범한 것으로 변하게 된다는 것을 그는 확신했다. 철저히 반성하였을 때에 혁신이 생긴다고 그는 생각했다. 마쓰시타는 "감사하고 보은하는 마음이 중요하다."고 말했다. 마쓰시타는 여전히 자신에게는 감사하는 마음이 아직 부족하다고 생각하고 있었다. 마쓰시타가 항상 높은 곳을 지향하는 자세를 가지고 있던 것은 이런 반성과 감사하는 마음이 있었기 때문이다.

"인생과 경영은 도박이 아니다."라고 마쓰시타는 즐겨 말했다. "경영자는 순수하게 경영으로 승부해야 한다. 방침을 지킨다"는 것이 마쓰시타의 기본이었다. 마쓰시타는 먼저, 고객이 기뻐할 것이 무엇일까를 항상 생각했다. 고객이 마쓰시타의 원점이었다. 마쓰시타는 자신의 생각을 직원들에게 철저하게 주지시키고 반복하였다. "스스로 깨닫게 하는 육성, 혼자서 터득하게 하는 지도"가 마쓰시타의 인재육성법이다. 마쓰시다 고노스케는 "미국의 기업은 테일러형으로 만들어졌다. 더욱 나쁜 것은 머리까지 테일러형으로 되어 있다."라고 말했다. 그가 '경영의 신'으로 불렸던 것은 그의 정신력이 누구보다 탁월했으며 존경을 받았기 때문이다. 마쓰시다 고노스케가 '문예춘추'지에 "어떤 일을 하려면 반드시 정신적인 면도 병행해야 합니다."라고 글을 썼던 것을 보면 그가 정신적인 가치에 헌신했다는 것을 분명히 볼 수 있다.

"염가판매"때문이 아니라는 사실

1992년에 사망한 월마트의 창업자 샘 월튼은 지금도 강한 생존력을 가지고 있는 월마트를 만들었다. 그러나 해리 커닝햄이 창업한 K마트는 이미 도산했다. 월마트가 지금도 생존하고 있는 것은 단지 "염가판매"를 하고 있기 때문이 아니라는 사실이다. 샘 월튼은 '벤 프랭클린'잡화점을 1945년 9월1일 개업했을 때부터 시종일관 "고객을 만족시키는 사업"에 전념하였기 때문이었다. "염가판매"는 고객을 만족시키기 위한 수단이었을 뿐이다. 샘 월튼의 확고한 가치관은 그의 사업을 반석 위에 올려놓았고, 그의 후계자들은 지금도 생존력이 강한 경영을 이어가고 있다.

1987년 주식시장이 폭락해 샘 월튼이 5억 불쯤 손해를 봤을 때, 그는 "그것은 다만 종이조각일 뿐이오."라고 말했다. 그가 단지 "돈을 벌기 위해서"만 사업을 하였다면 그는 그 때 큰 충격을 받았을 것이고, 월마트는 지금과 같은 기업으로 살아남지 않았을 것이다. 샘 월튼은 1918년에 태어났다. 1985년 '포브스'지는 그를 '미국에서 가장 부자'라고 말했는데 아마 250억 불의 재산이었다. 월튼은 "나는 요트를 살 필요도 없고 그 많은 돈도 필요 없다. 그런 욕구나 야망은 전혀 가지고 있지 않다."라고 말했다. 그의 사업의 목적은 돈이 아니었다는 사실이다. 월튼은 최고 부자인 그가 픽업트럭을 몰고 다니는 것을 본 사람들이 의아해하자 이렇게 말했다. "내가 왜 픽업트럭을 몰고 다니느냐고? 나의 개들을 롤스로이스에 태우고 다녀야 하는가?"라고 그는 말했다. 그가 자신의 가치관에 헌신하며 스스로를 경계하면서 생활하였기에, 월마트는 수십 년간의 많은 풍파를 겪으면서도 굳건하게 생존할 수 있었던 것이다.

고객들에게 돌려주려는 강한 욕망

월튼은 "많은 회사에서 지나치게 많은 급료를 받는 경영자들을 보면 정말 화가 난다. 부당하게 많은 이득을 보는 경영자들 말이다."라고 말했다. 최근 미국의 금융위기로 수많은 기업들이 휘청거리고 있다. 그처럼 위기에 처한 기업들의 경영자들이 1년에 수천만 불, 수백만 불을 받고 있다는 사실은 월튼으로서는 도저히 납득할 수 없는 것이었다. 그는 "우리가 고객을 위해 1불을 절약할 때마다 우리는 경쟁에서 한 걸음 앞으로 나서게 된다. 그것이야말로 우리가 항상 목표로 삼아야 할 점이다."라고 말했다. 월튼이 절약하고 또 절약한 것은 단지 원가의식 때문만이 아니다. 그가 절약된 금액을 고객들에게 혜택으로 돌려주려는 강한 욕망이 있었기 때문이었다.

1940년 월튼은 경영학 학사학위로 미주리 대학을 졸업했다. 월튼은 1940년 아이오와 주에 있는 'J.C.페니' 상점에 실습생으로 월 75불을 받으며 시작했다. 그는 글씨를 잘 쓰지 못했으나 판매능력이 있었다.

월튼은 인구 7천명의 아칸소 주 뉴포트에서 '벤 프랭클린'잡화점을 1945년 9월1일 개업했다. 월튼은 길 건너편에 있는 존 던햄의 가게에서 많은 것을 배웠다. 또한 벤 프랭클린 프랜차이즈 프로그램의 '상점경영'에서 많은 것을 배웠다. 샘 월튼은 "우리는 단순한 교훈을 배웠다. 어떤 품목을 80센트에 사면, 그것에 1불의 가격을 매김으로써 1불20센트의 가격을 매기는 것보다 3배 이상 많이 팔 수 있다는 사실을 깨달았다."라고 말했다. 이윤은 줄었지만 많이 팔아 총이익은 훨씬 늘어났다는 것이다. 그에게는 간단한 것에 할인판매의 진수가 담겨 있었다.

그는 뉴포트에서의 경험을 기반으로 1950년, 인구 3천 명의 벤톤빌에서 낡은 상점을 발견해 계약했다. 4,000제곱피트의 가게를 내부수리를 하고 '월튼스 염가상품판매점'으로 광고를 했다. 셀프서비스 잡화점이었다. 1952년에 인근 도시인 파예트빌에서 낡은 식품점을 구해 2700제곱피트의 상점을 추가로 개업했다. 이곳도 '월튼스 염가상품판매점'으로 불렀고 역시 셀프서비스였다. 1962년 월마트를 개점 했을 때, 그의 성공은 하룻밤 사이의 성공이 아니었다. 월마트가 만들어지는 데에는 20년의 숨겨진 세월이 필요했던 것이다. 월튼은 상점에서 동반체제로 경영하는 것이 매력이 있다는 것을 알았다. 그는 동반체제를 도입하였고 그로 인해 수많은 유능한 책임자들을 끌어들일 수 있도록 해주었다. 그는 계속 상점들을 새로 개점했고, 한 상점의 총투자액이 5만 불이라면 그 책임자는 1,000 불을 투자해서 2%를 소유하게 했는데, 이것이 바로 동반체제의 경영이었다. 이 기간은 그에게 너무나 성공적이었다. 월튼은 1962년 7월에 아칸소 주 로저스에 월마트 제1호점을 개점했다. 1호점은 대단한 성과를 거두지 못했는데 연간 100만 불을 벌어들였다.

샘 월튼은 상당히 보수적인 사람이다. 그러나 사업에 있어서는 그는 경쟁하고 혁신하고 사람들이 하고 있는 것 이상의 것을 성취하려고 했다. K마트는 250개의 상점을 보유했고 월마트는 19개 상점이었다. 월마트의 매출은 900만 불이었는데 K마트는 8억 불 이상이었다. 월마트에 비해 K마트가 얼마가 강력했는지 분명했다. 월마트 상점의 책임자들은 많은 재량권을 가지고 있었다. 월마트는 처음부터 한 주에 한 번 모든 책임자들이 모여 스스로를 비판했다는 점이 다른 할인사업체들과 달랐다. 샘 월튼은 모든 사람들이 현재 무슨 일이 일어나고 있는지를 알도록 하고, 그들이 한 실수를 깨닫기를 원했다. 그는 구매 여행비용이 결코 구매액의 1%를 넘어서는 안 된다는 원칙을 가지고 있었다.

당신은 그 사람들을 돌보아야

월튼은 "직원들로 하여금 고객을 관리하게 하고 싶다면 당신은 스스로 그 사람들을 돌보아야만 할 것이다."라고 말했다. 그것이야말로 월마트 성공에 있어서 가장 중요하고 단순한 핵심이다. 실패한 사업자들은 확장에 필요한 어떠한 조직이나 지원-배송체제 등을 구축하지 않고 단기간에 확장했다. 그 결과 고객의 욕구에 부응하지 못하였고 결국 낙오되었다. 샘 월튼은 결코 필요 이상으로 규모를 넓히거나 크게 하지 않았다. 그는 항상 경비를 절약하는 선에서 움직였다.

샘 월튼은 자금을 마련하기 위해 월마트를 상장회사로 만들기로 하였다. 1970년 10월1일 월마트는 상장회사가 되었다. 그때에 월마트의 시장가격은 약 1억3천5백만 불이었는데 15년이

지났을 때는 500억 불이 넘었다. 샘 월튼과 그의 가족은 월마트 주식의 61%만을 소유하게 되었지만 모든 채무를 결제했고 그날 이후로 채무를 지지 않았다.

월튼은 외부 사람들에게 회사를 선전하는 것으로 시간을 보내는 것보다, 상점에서 일하는 직원들과 보내는 것이 더 낫다고 생각했다. 그가 걱정하는 것은 주가가 아니라 월마트의 고객을 돌보는 데 실패할지 모른다는 점, 동료들을 고무하고 돌보는 데 실패할지도 모른다는 점이었다. 월튼은 "월마트의 경영자들이 매일, 매주, 매월, 매분기마다 견실한 방법으로 일을 해오고 있음을 실증한다면 우리는 성장할 것이다."라고 말했다.

월마트의 핵심전략이란 소도시에 적당한 크기의 할인점을 설치하는 것이었다. 모든 상점들은 배송센터에서 차로 하루 정도의 거리 내에 위치해야 했다. 샘 월튼은 광고에 많은 돈을 들이지 않았고, 한 달에 한 번 정도 광고전단을 배포함으로써 그런대로 일을 해나갔다. 효과가 입증되어온 것들을 반복하였다. 좋은 위치 선정은 상점의 성공에 있어서 매우 중요하다는 것을 월튼은 알았다. 샘 월튼은 현황을 알아보기 위해 가능한 한 많은 시간을 상점에 나가서 보냈기 때문에 월마트의 임직원들은 항상 긴장하였다. 그는 매주 토요일 아침, 보통 두세 시에 나와 그 주의 온갖 수치들을 모두 샅샅이 살펴보곤 했다. 각 상점별로 이러한 일을 했다. 그는 모든 것을 확인하는 것이 그의 임무라고 생각했고 함부로 싸인을 하지 않았다. 월튼은 비용을 가능한 한 줄여 최대한 가격을 낮춘다는 것이 '고객을 위한 서비스'

라고 생각했다.

진정한 의미에서 동반자 관계

월튼은 "우리를 성장시킨 진정한 요인은 우리 책임자들과 동료들이 함께 즐길 수 있는 관계라고 생각한다. 동료들과 우리의 관계는 진정한 의미에서 동반자 관계이다."라고 말했다. 그는 그들에게 사업의 이익을 좌우하는 여러 결정에 참여할 기회를 주었고, 많은 임금을 지불하고 동등하게 대해 주려고 했다. 동료들과 이익을 나누면 나눌수록 회사에 보다 많은 이익이 발생한다는 사실을 그는 알고 있었다. 그것은 경영자가 동료들을 다루는 방식이 곧바로 그 동료들이 고객들을 다루는 방식이 된다고 생각했기 때문이다. 만족한 고객, 성실한 고객, 다시 오는 고객이 월마트의 성공의 핵심이었다.

월마트에서 구축하고 있는 동반체제-이익 공유, 장려 보너스, 주식할인 매입계획, 사업에 참여하는 프로그램-는 서로에게 효과적으로 작용하고 있었다. 그 결과, 노동문제로 인한 비용의 발생을 줄일 수 있었다. 1971년, 샘 월튼은 모든 동료들을 위해 이익공유계획에 착수했다. 월마트는 평균임금의 6%를 그 계획에 기부했다. 고용인 주식구매 제도를 마련하여 시장가격보다 15% 할인된 가격으로 주식을 살 수 있었다. 가장 성공적인 보너스 중의 하나는 손실량 감소장려제도였는데, 목표이하의 손실량이 되면 그 상점의 모든 동료들이 200불 정도의 보너스를 받게 되었다. 월마트의 손실률은 업계 평균의 반밖에 되지 않는다.

섬기는 책임자가 되는 것

월마트의 책임자들에게 필요한 진정한 도전은, 소위 '섬기는 책임자'가 되는 것이었다. 월튼은 월마트의 이익과 구매, 매출액, 가격 인하액을 공개했고 그런 정보들을 모든 직원들과 공유했다. 샘 월튼은 그 모두를 포괄하는 단순한 것으로 '감사'를 표현하는 것을 중요하게 생각했다. 그는 "모두는 칭찬을 좋아하고 감사의 표시를 한다."고 말했다.

만약 월마트에서 중요한 업무문제를 가지고 있으면, 머천다이징 회의로 불리는 금요일 아침 회의나 토요일 아침 회의에서 털어놓아야 하였다. 이 모든 일을 하는 동안에도 그들은 '일하는 동안 휘파람 불기' 철학과 같이 유쾌하게 일을 하고, 가족의 일원이라는 느낌을 갖고자 했다. 샘 월튼은 한국의 서울 동쪽 테니스 공 공장을 갔었다. 그는 그곳 공장에서 직원들이 회사 구호를 외치는 것을 보고 감명을 받았다. 그것에서 힌트를 얻어 그는 월마트를 재미있는 기업으로 만들고자 노력했다. 그것은 고객을 즐겁게 해주었고, 동료들 또한 즐겁게 해주었다. 샘 월튼은 길거리 세일을 거대하게 열었고, 밴드를 불렀으며 소규모의 서커스를 열기도 했다. 연례총회에서 총회가 끝나면 참석한 모든 동료들 약 2500명을 월튼의 집으로 초청하여 대규모 야외

연회를 열었다. 월튼은 "자신을 억제할 수 없는 사람들은 회사를 떠나게 될 것이다. 편안한 생활을 지나치게 탐닉하게 될 때에야말로 다시 시작해야 할 때인지도 모른다. 그것은 마음을 집중해야 할 것, 즉 고객에게 봉사하는 일에 집중하고 있지 않고 있기 때문이다."라고 말했다. 그는 '고객을 위하여 봉사'하는 것을 매우 중요하게 생각하였던 것이다.

샘 월튼은 "소매업에 있어서 성공의 열쇠는 당신의 고객에게 그들이 원하는 것을 주는 것이다. 많은 상점 주인들이 모든 고객들을 한 사람 한 사람 만나는 일을 제대로 하고 있지 않는 것 같다. 그들에게 얼마나 감사하고 있는지를 알게 하고 당신 스스로 금전등록기를 두드려라."라고 말했다. 이러한 작은 개인적인 접촉은 독립 소매상에게 있어서 극히 중요한 것이었다. 월튼은 "만약 상품 구색을 제대로 갖추고, 점원들이 상품들과 그 사용방법에 대해 완벽한 지식을 갖추도록 하고, 자신의 고객을 관리하기 위해 노력했다면 우리의 접근을 막을 수 있었을 것이다."라고 말했다. 그는 많은 소매점들이 월마트와 같이 대형 할인업체들과 경쟁하는 것이 어렵다고 불평하는 것을 듣고, 이렇게 말하였던 것이다.

우리의 우두머리는 고객이라는 사실

월튼은 "우리는 고객의 대리인이며 고객들에게 최상의 서비스를 제공해야 한다는 점이다."라고 말했다. 그는 사업 환경이 변화한다는 것과 살아남을 사람은 반드시 변화하는 환경에 적응해야 한다는 생각을 했다. 월마트는 P&G와의 동반체제에 뒤이어 다른 많은 공급자를 중요한 동반자로 파악하기 시작했다. 월마트와 공급자는 함께 승리하는 셈이 되고, 가장 중요한 것은 고객 역시 승리한다는 점을 월튼은 알았다. 그는 "모든 것들은 우리의 우두머리는 고객이라는 사실에 충실해야 한다."고 말했다.

샘 월튼은 소매업 및 배송 기술에 있어서 세계적인 리더로서 월마트의 명성을 얻게 되었다. 1970년대 후반에 K마트의 경영진은 변화에 아주 강한 저항을 보였는데, 월튼은 성장을 관리하고 비용구조를 낮추는데 반드시 컴퓨터가 필요하다는 사실을 확신했다. 실제로 월마트의 배송체계로 인해 실현한 효율성과 경제성은 뛰어난 이점을 주었다. 월마트는 상점에 8만 품목이 넘는 상품을 들여놓으며, 다시 보충 받는 시간과의 차이는 평균 2일 정도였다. 월마트의 경쟁자들이 4일 이상 걸리는 것과 비교되었다. 수송비용은 월마트는 3%이하인데, 경쟁자들은 약 4.5-5%가 되었다. 월마트의 트럭 운전기사들은 진짜 전문가라는 점, 그들이 상점들을 위해서 헌신하고 있으며 자신이 월마트의 대표라는 인식을 가지고 있었다는 사실이다. 전체 배송체계가 그토록 잘 기능하게 되었던 이유는, 그곳에 있는 모든 사람들의 헌신이라고 할 수 있었다. 기술이라든지 하드웨어 같은 것들은 다만 도구에 지나지 않는다고 월튼은 생각했다. 월마트에게 인공위성은 절대적으로 필요한 것으로 드러났다. 샘 월튼은 최신 컴퓨터와 인공위성 시스템을 구축하기 위해 약 7억 불을 들였다. 그는 "만일 그 시스템 전체에서 일하는 훌륭한 책임자와 헌신적인 동료들, 트럭 운전사들이 없다면 그 모든 것들은 아무 가치도 없다."라고 말했다.

월튼은 "월마트가 커지면 커질수록 작게 생각하는 것이 더욱 필요하다."라고 말했다. 월마트는 모두 힘겨운 작업과 훌륭한 태도, 동료들과 책임자들의 팀워크에 의해 한 번에 한 가지 일, 한 번에 한 상점씩 이루어졌다는 사실이다. 월튼은 "뉴포트의 작은 상점에서와 마찬가지로, 고객을 지켜보고 고객에게 인사를 하고 도움이 될 수 있겠는지 공손하게 묻는 일이 여전히 중요하다는 것을 잊는다면 우리는 폐업해야 한다."라고 말했다. 그는 "우리가 성장한 것은 우리가 뛰어나거나 커졌기 때문이 아니라, 고객이 우리를 계속 지원해 주었기 때문이다."라고 생각했다. 월마트는 계속해서 가격을 낮추고 서비스를 향상시키며, 고객들에게 도움이 되는 일들을 계속해 나갔다.

간단한 태도가 온 세상의 기술만큼이나 가치

샘 월튼은 "간단한 태도가 온 세상의 기술만큼이나 가치가 있다."라고 말했다. 월마트에서는 상점에 온 전화에 우선 응답하도록 되어 있고, 전화를 받은 그 날 일몰 전에 회답 전화를 하도록 되어 있다. 월튼은 직원들에게 "여러분이 어떤 고객과 10피트 거리 안에 있게 될 때마다 그의 눈을 주시하며, 그에게 인사를 하고 그를 도울 수 있겠는지 물어보겠다고 약속해 주십

시오."라고 말했다. 그는 책임자들과 구매자들이 상점을 들러보는 일을 거의 절대적으로 광신하고 있었다. 그는 끊임없이 상점들을 방문하여 메모하였다. 월마트에서는 회의가 끝나면 모든 지역책임자들은 구역책임자들에게 전화를 걸어야 하였다. 그리고 구역책임자들은 그 내용을 상점책임자들에게 전달해야 하였다. 그리고 상점책임자들은 즉시 부서장들에게 그것을 시행하도록 해야 하였다. 직원들에게 책임과 권한을 주고 주인으로서 자부심을 갖도록 해야 한다는 것이다.

월튼은 중앙사무실 비용으로 2%를 쓴다는 원칙으로 경영을 해나갔다. 많은 사람들이 월마트 경영진의 사무실이 트럭터미널 사무실 같다고 말했다. 샘 월튼과 그의 가족들은 많은 돈을 기부하였는데, 특히 수많은 교육기관들에게 기부를 하였다. 샘 월튼은 "탐욕스러운 사람들은 크게 성공할 수 없는 법이다. 수많은 사람들이 사업 여행을 갈 때마다 비행기의 이등석을 타는 나를 미쳤다고 생각한다."고 말했다. 최고 부자인 그가 그처럼 검소하게 살면서 자기 가치에 헌신했던 것이 바로 뛰어난 경영자가 되었던 비결이었다. 그는 지도자로서 모범을 보이는 일이 그의 의무라고 생각하였다. 샘 월튼은 "상점 주인의 성공은 전적으로 고객에게 달려 있다."고 말했는데 오늘날 경영자들이 음미해야 할 말이다.

월튼은 "막대한 개인적 부를 이루어 낸다는 것이 내 목표였던 적은 한 번도 없었다. 나는 우리 월마트 상점들과 샘클럽이 제 궤도를 달리게 하는 데 전념해 왔을 뿐이다."라고 말했다.

이는 그가 단지 돈을 벌기 위해서 사업을 한 것이 아니라는 것을 보여주었다. 또한 월마트가 성공한 것은 단지 염가판매 때문인 것도 아니었다. '고객을 위하여 봉사한다'는 가치에 헌신해 왔기 때문에 성공한 것이다.

고객을 만족시키기 위해서 무엇이든

백화점 노드스트롬는 미국에서 매우 성공적인 기업으로 신화를 만들어 왔다. 창립자 존 W노드스트롬은 스웨덴에서 1896년 미국으로 이민왔다. 1901년에 구두 상점을 개업했는데, 이것이 발전하여 1938년에 법인화한 회사로 되었다. 노드스트롬은 초창기에 신발순회판매원이 상점에 오면 점심, 저녁을 대접하며 좋은 관계를 가졌고, 제조업자들과도 친밀하게 지냈다. 이처럼 고객과의 관계를 최고의 가치로 한 노드스트롬은 초기의 마음을 유지하였기에 성공적인 기업으로 성장할 수 있었다.

노드스트롬은 "고객을 만족시키기 위해서라면 실제로 무엇이든 하라"는 노드스트롬의 신화를 만들어 왔다. 고객에게 봉사하고 임무에 성실하라는 것을 그들은 단순히 실행할 뿐이다. 노드스트롬의 고객은 중산층에서 고소득층에 걸쳐 있다. 백화점 노드스트롬은 판매사원들에게 의사결정의 자유를 주고 경영진은 그들을 존중한다. 고객서비스에 대한 책임과 권한을 모든 사원에게 부여하는 것이다. 그것이 사원들을 열성적으로 만들며 더 많은 생각들을 이끌어 낼 수 있기 때문이다.

노드스트롬은 신발 매장을 최초로 시작했고, 1963년 여성복 업체를 인수하여 여성 의류사업에 진출했다. 1968년에는 남성복 사업을 시작했다. 차세대에게 경영의 바톤을 넘겨 준 뒤, 늙은 형제들은 항상 근면할 것을 강조했다. "게으름이 얼마나 쉽게 사업을 산산이 무너뜨리는지를 전쟁 동안에 경험했기 때문이다."라고 노드스트롬의 최고경영자는 말했다. 노드스트롬은 상점 지배인에게 필요한 만큼 판매사원을 고용하고 상품을 구매할 권한을 준다. 구매 담당자들과 머천다이즈 매니저들은 항상 매장에 머물면서 판매 사원들 및 고객들과 접촉한다. 노드스트롬에서는 "고객만족을 위해 헌신하라"는 것이 좌우명이다. 경쟁자인 메이시스 백화점은 1993년 파산상태에 빠졌다. 메이시스의 어느 중역은 "우리는 결코 노드스트롬이 될 수 없었다. 고객들도 그것을 기대하지 않았다."라고 말했다.

고객은 사업의 원동력이다

백화점 노드스트롬은 매장에서 일하는 사원들에게 반품을(고객의 실수로 손상된 것일지라도)받을 권한을 주었다. 지배인들은 사원들이 올바른 결정을 할 능력이 있다는 것을 신뢰한다. 그들은 "우리가 고객에게 맞추어야 하며 고객은 사업의 원동력이다."라고 말한다. 고객서비스에 장애가 되는 관료적 지침을 없애고, 폭넓은 운영권한을 주어 경영주처럼 일하게 하는 것이다. 노드스트롬은 반품정책에서 무조건적인 현금 반환을 보증한다. 최고경영자 브루스 노드스트롬은 판매사원들에게 "고객이 5년간 신은 신발 한 켤레를 갖고 와서 불평하면서 환불을 요구한다면 당신은 환불해 줄 권한이 있다."고 말했다. 이 철학의 핵심은 정직하지 않은 소수 때문에 다수에게 피해를 주지 않겠다는 것이다. 그에 소모되는 경비를 계산해보니, 충분히 유지해 나갈 수 있다는 결과가 나왔다. 이것은 광고효과도 있었다.

노드스트롬에서 판매사원들은 상점 전체에서 어떤 매장에서도 자유롭게 판매할 수 있다. 이는 1인 밀착서비스를 하여 모든 문제를 한 사람이 처리해 줄 수 있다는 장점이 있다. 지배인들은 항상 매장에서 고객과 판매 사원들과 함께 지내도록 권고받는다. 지배인은 보통 근무 시간의 75%를 매장에서 보낸다. 노드스트롬 고객들은 직접 지배인이나 구매 담당자들과 얘기할 수 있다는 사실이다. 노드스트롬은 보수체계가 매우 기업적이다. 순매출액에 대한 수수료를 기초로 직원들에게 보수를 지급한다. 이는 능력에 따라 보수를 지급하는 것이다.

웃는 사람을 고용하여 기술을

노드스트롬에서 능력을 발휘하지 못하는 직원들은 특별한 지도를 받는다. 즉 계속하여 목표액을 달성하지 못하는 사원은 지배인의 특별지도대상이 된다. 노드스트롬은 한편으로 엄격한 규율을 갖고 있다. 이 백화점에서는 판매직이 맞지 않는다고 판단될 때에는 판매 이외의 부문에 배치되거나 퇴사를 하게 된다. 노드스트롬 경영자들은 “우리는 좋은 사람들을 고용해서 판매기법을 교육한다.”고 말한다. 노드스트롬은 “웃는 사람을 고용하여 기술을 가르친다.”고 했다. 다시 말하면, “웃지 않는 사람은 고용하지 않는다.”는 것이다. 이는 엄격하게 우수한 직원들을 선택하여, 고객만족에 최선을 다하게 만든다는 것이다.

다른 대형백화점들은 광고에 막대한 돈을 소비하였으나, 노드스트롬은 그러한 광고에는 돈을 쓰지 않으려고 하며 그 돈을 직원들을 위한 보조금으로 사용한다. 노드스트롬에서는 직원모임을 자주 갖는다. 이러한 모임을 통하여 직원들은 판매기법을 비교분석하고 토론하는 연구시간으로 활용한다. 이 백화점에서는 강력한 직원훈련교육 프로그램을 마련하고 있다. 판매경진대회를 실시하여 창조적인 긴장감을 조성한다. 긴장감이 풀린 직원이란 노드스트롬에서는 용납될 수 없는 것이다. 이는 고객을 만족시키기 위한 엄격한 규율에 바탕을 두고 있다. 노드스트롬은 매출액, 고객서비스, 팀워크 등 3가지 요건을 기초로 직원들에게 보답한다.

무조건적 현금반환보증

노드스트롬에서 ‘무조건적 현금반환보증’을 한 결과, 약 2%의 고객만이 반환요청을 했다는 사실이다. 이는 노드스트롬으로서 충분히 감당할 수 있는 비용이었다. 결국 무조건적 현금반환보증은 98%의 정직한 고객을 위해 마련된 것이라고 할 수 있다. 노드스트롬은 고객의 만족을 높이기 위해 많은 아이디어를 동원한다. 백화점 내에 더 많은 좌석을 마련하였다. 더 밝은 조명을 설치하였으며, 더 넓은 탈의실과 넓은 통로를 마련하여 고객이 편안해질 수 있도록 매장을 설계하였다. 또한 식당 등 부대시설을 통하여 건물 내에서 고객들의 필요를 충족할 수 있도록 하였다.

노드스트롬은 "사업에 전념하고 열중하며 일관성을 유지해야 한다. 부주의와 게으름은 질병과 같다."고 말했다. 노드스트롬에서는 규칙이 별로 없다. 이는 직원들이 알아서 스스로 판단을 내리고 창의성을 발휘하도록 한다는 의미이다. 노드스트롬에서는 입사 후 첫 90일 동안, 사원들은 지배인과 비공식적인 일대일 만남을 통해 자신들의 업무성과를 검토한다. 지배인은 개인 고객 수첩을 활용하는 방법, 고객 명단을 확보하는 방법을 알려주고 경험 많은 직원과 팀을 이루게 하는 등 지도한다. 무엇이든 자유롭게 하라는 기업가 정신이 노드스트롬에 넘치고 있기에, 이에 위반되는 규칙이나 사고방식은 용납되지 않는다는 사실이다. 그러기 때문에 직원들의 만족도는 매우 높으며, 노조에 가입한 판매 사원은 전체 직원의 5%에 미치지 못한다.

남다른 고객서비스에 열쇠

노드스트롬은 판매를 가장 우선하며 남다른 고객서비스에 열쇠가 있다고 생각한다. 판매직원들은 고객 수첩을 철저히 관리한다. 노드스트롬의 고객들은 서비스에 만족도가 매우 높다. 그 결과 새로운 고객의 90%는 기존 고객이 소개해 준 사람들이다.

노드스트롬의 판매직원들은 특별 고객들에게 유용한 전화를 걸어 준다. 노드스트롬에서 고객의 신뢰를 얻는 중요한 방법은 자신이 판매하는 상품에 정통하는 것이다. 노드스트롬의 판매직원들은 자신들의 상품에 대한 지식이 매우 깊다는 사실이다. 그들은 무언가 긍정적인 분위기를 만들고 고객의 스타일을 칭찬한다. 그들은 "고객을 외모로 판단하지 말고 고객에게 겸손해야 한다."는 점을 실천한다.

다른 백화점에서라면 일주일이 걸릴 일을 노드스트롬에서는 한 시간 내로 처리해 준다. 그들은 약속한 시간에 틀림없이 처리한다. 노드스트롬의 직원들은 일이 늦어질 때 변명하거나 잘못 처리하는 경우는 없다. 노드스트롬의 판매직원들은 모든 고객을 단 하나뿐인 고객 즉 귀빈으로 대우하려고 한다. 판매사원으로 15년간 최고판매실적을 올렸던 매카시는 고객이 될 만한 사람들에게 전화를 거는 것이 일과이다. 그는 고객들이 원하는 것이면 무엇이든 들어주었다. 그는 항상 새로운 고객명단을 작성하고 그들의 전화번호, 치수, 구입 품목, 선호도, 취향, 특별 주문내용 등을 기록했다. 매카시는 좋은 상품이 들어오면 고객들에게 미리 전화로 알려주는 습관을 길렀다. 매카시는 자신의 능력이 발휘되고 도약하기까지 입사 후 7년이라는 시간이 걸렸다고 한다.

노드스트롬은 "고객 관계가 중요하다."고 말한다. 노드스트롬의 판매직원들은 절대로 가격을 최우선으로 거론하지 않는다. "나의 책임은 고객에게 자신이 최고의 상품을 보고 있다는 확신을 주는 것이다. 우리가 같은 입장에 서 있고 고객이 의사결정과정에 참여하고 있다는 것을 확실히 해준다. 고객의 말을 경청해야 한다."고 매카시를 비롯한 판매직원들은 말한다. 판매직원 매카시는 하루를 마감하면서 고객들에게 편지를 쓰는데, 대부분의 판매직원들은 고객들에게 감사 편지를 쓴다는 것이다.

판매업인 백화점에서의 경쟁력은 인간의 기술 즉 소프트웨어가 생존의 열쇠가 되는 것이다. 판매업만이 아니라 모든 기업에서 인적 자원은 중요하다. 메이시스 백화점은 1993년 파산상태에 빠졌고, 다른 많은 백화점들이 월마트와 같은 강력한 경쟁자들의 등장에 매출이 감소되는 등 큰 어려움을 겪고 있다. 그럼에도 노드스트롬은 끊임없이 성장하였으며 미국에서 매우 뛰어난 실적을 보여주었다. 이는 "고객을 만족시키기 위해서라면 실제로 무엇이든 하라"는 가치에 전체 임직원들이 전념하였기 때문이다.

사람들을 현장으로 이끌어

얀 칼슨은 스칸디나비아 항공사의 최고경영자이다. 칼슨은 1982년 당시 2년 연속 적자로 허덕이고 있었고 연간 결손액이 2,000만불에 달하였던 스칸디나비아 항공사의 최고경영자로 취임하였다.

얀 칼슨이 관찰한 결과, 고객 중에 정상운임을 지불하는 것은 대체로 비즈니스 여행자였다. 그는 "정말 이것들이 비즈니스 여행자의 요구에 부응하는데 필요한 것들인가?"라는 질문을 하였고, 대답이 '그렇다'이면 그를 위해 더 강화하고 '아니오'면 단계적으로 폐지하였다. 칼슨은 통계표에 묻혀 지내던 시장조사 부서의 직원들로 하여금 접객업무와 운항관리를 담당하게 하였다. 이는 후선에서 고객의 실정을 모르고 일하던 사람들을 현장으로 이끌어낸 것이었다. 이러한 조치의 결과, 직원들의 의견과 경험이 새로운 계획에 반영되는데 도움이 되었다. 가장 뜻 깊은 성과는 직원들의 의식변화였다.

얀 칼슨은 전사적으로 서비스의 향상을 위해 씨름하였다. 스칸디나비아 항공사 전직원이 특별한 서비스에 관한 훈련을 받았다. 얀 칼슨은 2만 명의 직원 전원에게 "과감히 도전하자"라는 제목의 소책자를 배포하였다. 칼슨은 1등석을 폐지하고, 이코노미 클래스 정상운임으로 상당히 서비스를 개선한 '유로클래스'를 설치했다. 또한 칸막이를 설치해 유로클래스와 다른 클래스의 좌석을 갈라놓았다. 서비스 면에서도 격차를 두어 탑승

수속을 유로클래스의 경우 6분 이내로 단축시켰다.

15초의 진실된 순간에

공항에 도착한 고객이 호텔에 항공권을 두고 온 것을 안 직원이 임시 항공권을 주고, 호텔에 전화를 해서 항공권을 찾아 탑승시킨 사례는 스칸디나비아 항공사의 자랑이다. 이 항공사의 업무처리 규정에는 '항공권이 없이는 탑승할 수 없다'고 되어 있으나, 고객위주의 서비스가 이러한 행동을 가능케 한 것이다. 항공사 직원이 여객손님을 응대하는 시간은 평균15초라고 한다. 최고경영자 얀 칼슨은 "최일선의 직원들이 고객을 직접 대하는 15초의 진실된 순간에, 서비스를 할 수 있는 책임과 권한을 위임할 필요가 있다."고 말한다. 그는 "최일선 직원이 고객과 직접 접촉하며 현장을 가장 잘 알고 있다. 기업의 코스트를 정하는 것은 고객이지 제품이나 기술이 아니다."라고 부언한다.

놀랍게도 첫해에 약8,000만불의 수익이 증가되었다. 얀 칼슨과 직원들은 3년 동안에 정상운임 이용객을 24%, 할인운임 승객을 7% 증가시켰다. 표춘지는 1983년 8월에, 스칸디나비아 항공사를 비즈니스 여행자에게 세계최고의 항공사로서 선정했다. 얀 칼슨에게는 당장의 이윤이 최상의 목표는 아니었다. 중요한 것은 고객과 직원에게 투자해서 새로운 차원의 수익성을 달성하는 것이었다. 몇 백만 명의 만족한 고객과 2만 명의 의욕에

넘친 직원을 합친 것이 진정한 소득이었다.

얀 칼슨은 현장 직원에게 더 많은 책임을 부여하여 권한을 행사할 수 있게 하였다. 경영 간부에게는 인간관계와 탁월한 경영감각과 넓은 이해력이 필요하였다. 이는 직원의 독창성을 높이고 관료주의를 배제하며 현장에 맞는 결정을 위한 것이었다.

얀 칼슨은 "어떤 목표이든 고객본위의 것이어야 한다."고 말했다. 그의 생각은 항공기도 승객의 입장에서의 쾌적성이 중시되어야 한다는 것이다. 그는 승객에게는 불편하나, 직원들의 편의를 위해 설정되어 있는 절차가 아주 많다는 점에 놀랐다. 비행기를 타기 위한 연결통로가 고객에게 좀더 가깝고 편리하게 되어 있어야 함에도 그렇지 못하였다. 고객을 위하는 전략에 적합하지 않은 아이디어를 배제시키는 일이 필요하였다.

모든 문제는 현장에서 즉시 해결

스칸디나비아항공사는 비즈니스 여행자를 목표로 했는데, 그들은 불편보다 오히려 돈을 더 내기를 원하였다. 고객에게 좋은 인상을 주고 고객중심으로 되려면 피라미드 조직이 아니라 수평구조 조직이 되어야 하였다. 그러기 위해서는 책임단계가 줄어야 하였다. 이는 최일선 사람들이 더 많은 결정을 할 수 있어야 한다는 것을 의미한다. 그러면 거의 모든 문제는 현장에서 즉시 해결된다는 것이다.

얀 칼슨의 견지에서, 문제는 관리를 하는 것이 아니라 지원하는 것이 중요하였다. 중간관리자들은 지원을 원활하게 할 책임이 있었다. 스칸디나비아항공사의 문제점은 정시출발에 대해 아무도 책임을 지지 않는 것이었다. 얀 칼슨은 최소 승무원수 이상만 탐승하면 정시에 떠나도록 하였다. 그것이 진정한 고객을 위한 배려이고 약속 이행인 것이다. 얀 칼슨의 최고의 목표는 80%의 비행기가 정시에 출발하는 것이었는데, 지금은 목표가 100%이다.

정시출발을 함에 따라 늦게 온 승객에게는 30분 후의 항공편을 예약해주어 불편을 최소화하였다. 스칸디나비아 항공사는 유럽에서 가장 시간을 잘 지키는 항공사가 되었다. 고객중심의 회사에서 유능한 경영자는 의사소통에 더 많은 시간을 사용한다는 사실을 칼슨은 알고 있었다. 얀 칼슨은 "나는 직원들과의 의사소통을 최우선으로 하고 있다. 지도자는 명령하는 것보다 직원이 그것을 이해하고 소화를 시켰는지를 확인해야만 한다."고 말했다. 얀 칼슨은 스칸디나비아항공사 사장으로 부임하기 전에 린내후류사 사장으로 있을 때, 임원식당을 없애고 모든 직원이 같은 식당에서 식사를 하도록 하였다. 그것은 효과가 있었는데, 가장 효과적인 의사소통의 방법 중 하나였다.

얀 칼슨은 사장이 되고 나서, 화물고객의 요구와는 관계없는 '임원실'의 목표를 기준으로 잘못된 측정을 하고 있다는 것을 알았다. 사실 화물고객은 정확성과 신속한 배달에 더 관심이 있다. 그는 영업효율을 높이는 것이 얼마나 중요한지 알고 있었다. 그는 서비스의 정확성을 측정하는 시스템을 만들었고 측정

결과는 매월 공표되었다. 달성한 곳은 '상'을 주었고 달성하지 못한 곳은 그 이유를 해명하도록 하였다. 이 제도를 시작했을 때 지정된 시간 내에 80%가 도착했는데, 몇 년이 지나 92%까지 올라가게 되었다.

고객이 중요하게 여기는 것

이 회사는 전화응답, 선적기록, 접수, 서류발송, 상대방의 접수, 화물과 서류의 대조, 고객 배송준비, 준비완료 도착통지 등의 과정이 최우선이라는 것을 명확히 하였다. 이제 더 이상 감독자가 지시할 때까지 기다릴 필요가 없어졌다. 또한 직원들이 일을 올바르게 해야 한다는 약속과 새로운 힘을 가지게 되었다는 사실이다. 이 회사는 시계를 상으로 주는 개인적인 치하와 공동의 찬사인 파티가 있다. 모든 직원에게 서비스 중심의 교육은 매우 중요하였다. 이 회사는 수평구조로 조직변경이 이루어졌고, 직원의 자기 가치를 강화시켜 주는 것이 중요하였다.

얀 칼슨은 "우리는 직원이 공유하는 새로운 구체적인 목표가 필요했다. 가장 중요한 것은 더 좋은 서비스의 제공이다."라고 말했다. 이러한 목표를 달성하기 위해서 그는 기술의 탁월성과 안전도를 조화시켜야 하였다. 모든 직원이 새로운 차원의 서비스에 도전하는 일이 있게 되었다. 이 회사는 1983년에 '금년의 최우수 항공사'로 지명되었다. 1986년에도 '세계항공운수'에서 고객서비스 최고 회사로 선정되었다. 이 회사는 유로클래스를 소개할 때 "-줄서실 필요가 없습니다, -비즈니스 고객을 위한 새로운 창구, -좋은 좌석을 자유로이, -1등석에 갈 수 있는 아주 가까운 방법"이라는 표현을 활용했다.

궁극적으로 항공사의 장래는 사람에게 달려 있다. 이 회사는 직원들을 연구모임, 그룹 토의를 통해서 연수시키고 정보를 제공한다. 경영자는 회사의 목표를 명백히 하고 여건을 만들어야 한다고 칼슨은 생각한다. 얀 칼슨이 "어떤 목표이든 고객본위의 것이어야 한다."고 말했다는 사실이다. 바로 이러한 가치관에 헌신한 것이 스칸디나비아항공사를 뛰어난 항공사로 다시 태어나게 한 원동력이었다.

트리플 크라운을 수상

사우스웨스트항공은 달라스에 본부를 두고 있다. 최고경영자 허브 켈러허는 유머 있고 정직하고 자유로우며 적을 좀처럼 만들지 않는다. 30여 년 역사를 지닌 이 항공사는 가장 훌륭한 고객서비스, 정확한 시간의 비행, 월등한 수화물 처리 등으로 트리플 크라운을 수상하였다. 이 회사는 최고 무형의 자산으로 직원들을 꼽는다.

켈러허가 말하는 훌륭한 자세를 가진 사람이란 "향상되기를 원하는 사람, 다른 사람을 존중하는 사람, 특히 자신을 보고 웃는 사람"을 가리킨다. 이 회사는 항공업계에서 가장 노조화가 진전된 회사이다. 조직화된 근로자를 적으로 보는 대신에 파트너로 보는 것이다. 이 회사는 지역노조 및 전미지역노조의 대표자들을 초청한다. 이 회사는 직원 중심의 관리방식이라는 가치를 추구하는 것이다. 이 회사는 70명으로 구성된 '문화위원회'에서 회사의 인간중심 문화를 지속적으로 활기차게 만들어간다.

켈러허는 "그들이 개인적으로 자신이 가치가 있다고 느끼게 해 줄 때, 경영자가 그들의 제안과 아이디어를 존중해 줄 때, 그들의 지혜와 판단, 사려분별이 수행되도록 허용될 때 회사에서는 놀라운 일이 발생하게 될 것이다."라고 말한다. 이 회사는 유머의 가치, 헌신, 겸손, 직원과 관리자들간의 모임, 진로개발을 위한 도움 등을 도모한다.

규정대로 일하는 방식을 거부하는 원칙

사우스웨스트항공의 허브 켈러허 회장은 변호사이면서도 '규정대로 일하는 방식을 거부하는 것'을 자신의 원칙으로 정하고 있다. 많은 행정직원들은 시중의 수준보다 20% 정도 낮은 급여를 받고 있다. 2001넌 9월11일 사태 이후 수많은 경쟁사들이 불황을 겪고 수만 명의 직원들을 해고해야 했을 때, 사우스웨스트항공은 한 명도 해고하지 않았다. 사우스웨스트항공은 규정보다 상식을 중요하게 생각한다.

사우스웨스트 항공은 처음에 단 4대의 비행기로 출발했지만 현재 2만9천명의 임직원, 매출은 40억불, 26개주 52개 도시에 취항하고 있다. 이 항공사는 전세계 85개 메이저 항공사 중 가장 안전한 항공사로 선정된 바 있다. 미국의 항공사로 유일하게 지난 30여 년 동안 한 해도 빠짐없이 매년 흑자를 기록했다.

1998년 경제전문지 '포춘'이 선정한 "미국에서 가장 일하고 싶은 100대 기업" 중에서 1위를 차지하기도 했다. 1993년 컨티넨털 항공은 컨티넨털 라이트라는 단거리 전문항공사를 자회사로 설립하여 사우스웨스트 항공과 정면으로 승부하겠다는 의사를 밝혔다. 그런데, 2년 뒤 총 1억4천만불의 적자에 허덕이다가 결국 컨티넨털 라이트 항공의 문을 닫았다.

사우스웨스트 항공과 직접 경쟁하여 경영난에 봉착한 항공사는 그 외에도 있다. 유나이티드 항공사가 설립한 셔틀바이 유나이티드라는 단거리 전문항공사도 역시 부진을 면치 못하였다. 컨티넨털 항공과 유나이티드 항공의 경우 약 35분의 이륙준비시간이 들지만 이 회사는 15분이면 된다. 모든 직원들이 협동하여 신속하게 이륙시킬 준비를 하는 것이다. 1998년 유나이티드 항공과 아메리칸 항공은 비행기 1대당 직원들의 수가 160명인데, 이 회사는 94명이었다.

지속적으로 우수한 경영실적 덕분에, 사우스웨스트항공은 수많은 교수들과 컨설턴트들의 질문을 받았다. 그들은 사우스웨스트항공의 성공의 원인을 기존의 방식 무엇인가에 있는지 궁금했다. 그들은 '총체적 품질경영, 리엔지니어링, 6-시그마, 탄력근무제, 가족친화적 문화' 등의 단어를 늘어놓으며 질문했다. 사우스웨스트항공의 책임자는 이들에 대해 대답이 계속 "노"뿐이었다. 사우스웨스트항공 책임자는 "단지 사람들이 계속해서 일을 잘 할 수 있도록 격려하고, 동기를 부여하는 문화를 만든 것 뿐"이라고 대답했다.

세 가지의 기본 정신

사우스웨스트항공은 그들이 일을 잘 할 수 있도록 훈련했고 더 좋은 교육의 기회도 제공했다. 사우스웨스트 항공사에는 세 가지의 기본 정신이 있다. 첫째, 일은 놀이이며 즐거워야 한다. 둘째, 일은 중요하다. 그러나 너무 심각하여 억지로 해서는 안 된다. 셋째, 사람은 중요하다. 한 사람이 세상을 바꿀 수 있다는 것이다.

이 회사는 공식적으로 "어떠한 직원도 고객을 위하여 자신이 최선이라고 판단하여 행동했다면 결과가 좋지 않다고 해서, 그로 인하여 불이익을 당하지 않는다."고 밝혔다. 결국 중요한 것은 그 사람의 태도라는 것이다.

이 회사에서 매년 약 2만9천명의 임직원이 사내 대학에서 교육을 받는다. 교육과정은 서비스에 초점을 맞추고 있다. 관리자들은 연간 80시간씩 교육을 받는다. 사우스웨스트 항공사에서는 지속적인 학습을 매우 중요하게 생각한다. 이는 지속적인 학습이 장래성과 가능성의 진정한 원천이라는 사실이기 때문이다. 사우스웨스트 항공사의 임직원들은 독서야말로 평생교육의 핵심이라는 것을 확신하고 있다. 이론적 지식을 갖는 것은 결정의 정당성을 점검하기 위해 절대 필요하고, 실무 지식에 정통한 것도 중요하다는 것이다.

경쟁우위는 바로 직원

사우스웨스트항공의 지속적인 경쟁우위는 바로 직원이라는 사실이다. 이 항공사는 인적자원을 위한 지출을 자본으로 인식한다. 사우스웨스트항공이 사업을 시작하기 전에는 미국인 4명 중 1명이 항공여행을 했다. 사우스웨스트항공이 사업을 시작한 이후에는 3명 중 1명이 항공여행을 하는데 소위 '사우스웨스트 효과'를 만들어 낸 것이다. 사우스웨스트가 가지고 있는 것은 확고한 '사우스웨스트 정신'이다. 사우스웨스트항공은 사람이 핵심 경쟁력의 원천이었다.

직원이 제1순위 고객

사우스웨스트에서 경영자들은 "직원이 제1순위 고객"이라는 원칙으로 일한다. 외부 고객들 즉 승객들은 제2순위 고객이다. 사우스웨스트항공의 성공은 전적으로 직원들에게 달려 있다는 것이다. '일하기 좋은 직장연구소'GPWI에 의하면, '일하기 좋은 100대 기업 리스트'의 기업들은 다른 기업들보다 훨씬 높은 수익률을 10년 이상 꾸준히 올렸다고 발표하였다. 성공적인 회사가 되기 위해서는 먼저 고객 서비스 지향적인 회사가 되어야 한다는 사실이 입증된 것이다. 사우스웨스트는 '미국에서 일하기 좋은 100대 기업'의 명단 중 4년 연속 10위 안에 올랐다. 사우스웨스트에서 일하는 가장 큰 장점은 "사우스웨스트에서 일하는 것은 아주 즐거워요!"이며, 가장 큰 단점은 "뼈 빠지게 일하게 될 거예요."였다.

사우스웨스트의 사장 컬린 배럿은 "사우스웨스트는 우연히 항공사가 된 고객 서비스 회사입니다."라고 말했다. 철저하게 삶의 한 방식으로 고객 서비스에 전념해야 하며, 그렇게 한다면 사업은 향상될 것임을 믿었던 것이다. 이 회사 모든 경영진은 분기 중 하루는 고객을 대면하는 업무 즉 티켓 창구, 가방을 싣고 내리는 일, 예약 창구 등에서 일해야 한다. 이 회사에서 고객을 유지하는 것은 회사의 핵심 가치이고, 고객 제1순위인 직원을 유지해야 한다는 강한 신념을 보여주고 있다.

"정신적인 만족이 따라야 한다."는 철학

모든 사우스웨스트의 뛰어난 성과는 사람들이 주도했다. 허브 켈러허는 "정신적인 만족이 따라야 한다."는 철학을 가지고 있다. 그에게는 상호존중과 사명이 이끄는 문화, 위대한 리더십, 자신이 회사의 주인이라는 생각이 중요하다.

사우스웨스트에서는 후한 수익 분배를 약속한다. 훈련 프로그램, 외국어 강좌 등 미래 경력 개발을 위해 헌신하고 있다는 메시지를 준다. 장기근속 직원들은 백만장자가 되어 은퇴했다.

사우스웨스트는 일터 속의 즐거움을 중요하게 생각한다. 이 회사에서 직원들의 열정과 활력을 격려하고 칭찬하는 것은 필요한 기본조건이다. 이 회사에서는 짧은 문장이 인쇄된 명함 크기의 카드를 사용하여 '칭찬'하는 메시지를 전달한다. 감사의 표현, 선물 등도 유용하게 활용한다.

이 회사 '웨이' 기장은 사고를 당했을 때 비상착륙을 성공시킨 공적을 세웠다. 그가 본사에 왔을 때, 임원들은 임원회의를 중지하고 그를 환영하고 축하하는 의식을 거행했다. 웨이 기장은 "내가 영웅이 아닙니다. 우리 '사람부서'가 매우 높은 채용기준을 세웠고 훈련시켰으며, 정비 담당자와 비행조종지원부서가 제대로 일해 주었기 때문에 성공적 착륙이 가능했던 것입니다."라고 말했다. 이 회사의 직원들은 배의 진정한 함장이 자신이라는 사실, 자기 자신과 스스로의 재능에 의지해야 한다는 것을 깨닫고 있다.

이 항공사는 여러 면에서 유명하다. 하나는, 임금의 범위를 정하는 데 있어서 앞장서지 않는다는 점이다. 다른 하나는, 경제적 어려움으로 인해 단 한 명도 해고하지 않았다는 사실이다. 9월11일 사건 이후에도 마찬가지였다. 노동조합 운동의 아버지인 새뮤얼 곰퍼스는, "회사가 직원들에게 할 수 있는 가장 큰 해악은 수익을 만들지 않는 것"이라고 했는데, 허브 켈러허는 이 말을 자주 인용하곤 했다.

사우스웨스트에는 이전에 350페이지짜리 규정집이 있었다. 이 회사는 규정을 최대한 없앴고 이것을 최대한 간단하게 줄여 결국 1/10 분량인 35페이지짜리의 핵심규정만 남겼다. 남겨진 것은 법적으로 필요하거나 회사 문화에 핵심적인 것이었다.

이 회사의 슬로건은 "우리는 미소 지어야 해서가 아니고, 미소 짓고 싶어서 미소 짓습니다."이다. 전체 임직원이 "고객과 직원들을 만족시키는 것"을 최고의 가치로 생각하고 이에 헌신하는 한, 사우스웨스트는 오늘도 내일도 번영할 것임을 입증한 것이다.

고객 중심주의가 놀랍게 희귀한 것

피어갈 퀸은 1936년생으로, 아일랜드 최고의 소매 체인인 '슈퍼퀸'의 설립자이자 경영자이다. 슈퍼퀸은 1960년에 200평방미터 크기의 매장에서 직원 8명으로 시작되었다. 현재 직원은 5500명이 넘으며 매장도 4만평방미터 이상에 달한다. 19개의 매장이 더블린 지역에 있다. 피어갈 퀸이 작은 슈퍼를 아일랜드에서 가장 우수한 소매 체인으로 성장시킨 사례는 가치에 헌신하는 훌륭한 사례이다.

퀸은 사업을 해가면서 두 가지 사실을 알게 되었다. "첫째, 고객 중심주의는 반드시 그만한 보상을 얻는다. 둘째, 고객 중심주의가 놀랍게 희귀한 것이라는 사실이다." 특히 규모의 취약성을 극복하는 데 고객 중심주의가 도움이 된다는 것이다. 그는 톰 피터스의 "초우량기업의 조건"을 읽고 크게 충격을 받았는데, 그가 오랫동안 추구했던 방식이 그 책에 그대로 나와 있었기 때문이었다. 그 책은 가장 중요한 부분이 고객에 대한 것이었으며, '기본으로 돌아가라'는 것이 골자였다.

피어갈 퀸은 사무실보다 매장에 주로 있으며 '현장 경영'을 추구한다. 그는 "고객중심주의는 흥미롭고 그만한 보상을 얻을 수 있는 최고의 비즈니스 기법이다. 장담한다."라고 말한다.

다시 찾게 하는 것이 가장 중요

퀸의 고객중심주의의 가장 기본이 되는 첫 번째 법칙은 바로 "고객이 다시 찾게 하는 것을 가장 중요하게 생각하자"이다. 피어갈 퀸의 매장에서 아주 싼 차가 잘 팔리지 않았다. 그의 매장은 셀프 서비스 방식으로 손님들이 원하는 것을 고르도록 했는데, 그런 분위기가 되자 싼 차의 매출이 크게 증가했고 그 결과 그는 이익을 보았다. 그런 분위기를 만들어준 것이 성공한 것이다. 지금 당장의 이익을 최대한 많이 올린다는 생각이었다면 가능하지 않았던 일이었다.

퀸은 계산대 옆에 사탕을 놓아두면, 아이들의 충동구매를 자극하여 어머니들을 곤란하게 만들 수 있다는 사실을 깨달았다. 그래서 사탕을 다른 곳으로 옮겼는데, 고객들의 호의적인 반응이 즉각 나타났고 계산대 전체로 그것을 실행하였다. 그는 슈퍼에 어린아이들을 데리고 다니는 일이 고객들에게 매우 힘들다는 사실을 알았다. 피어갈 퀸은 '슈퍼퀸놀이방'을 만들었다. 결국 매장마다 놀이방을 만들 필요가 있다는 결론에 도달하였고 상당한 돈이 들었지만 이를 실행했다. 고객들이 슈퍼퀸을 다시 찾도록 하는 데 놀이방이 큰 역할을 하였다.

피어갈 퀸은 사업을 하려면 장기적으로 볼 준비가 되어 있어야 한다고 믿는다. 그는 "고객이 우리를 다시 찾게 해야 한다. 다음에는 그 고객이 이웃에게 우리를 추천하게 해야 한다"는 것을 목표로 하였다. 퀸은 "고객 만족도를 측정하는 방법이 필요하며 고객에게 대응하는 속도를 측정해야 한다."는 것을 확신했다. 이는 단기이익을 무시하는 것이 아니라 장기 이익을 우선순위에 놓는 것이다. 그는 "고객의 입장에서 느끼고 생각할 수 있어야 한다."고 말한다. 그는 자기 회사에 전화를 걸어보기도 한다. 그는 직원들이 고객을 제대로 대우하는지 확인한다.

퀸은 "첫째, 고객이 아니라 자신의 편의를 먼저 생각하며 사업을 운영하는 것은 위험하다."는 것을 깨달았다. 그 결과, 고객이 원하는 개장 시간이 당시 매장의 개장 시간과 다른 것을 알고 고객이 원하는 시간에 열기로 결정했다. 퀸은 "우리는 고객을 잘 알고 있다고 생각하는 것도 위험하다."는 것을 알았다. 그는 고객이 불편해 하는 것이 무엇인지 알아야 한다고 생각한다. 바로 그것이 진정한 고객 중심주의를 실천할 수 있게 한다는 것이다.

고객이 원하는 것을 느끼는 '감각'을

피어갈 퀸은 "고객이 원하는 것을 느끼는 '감각'을 지녀야 한다."라고 생각했다. 그는 전통적인 '정육점 방식의 서비스'를 선호하였는데, 일부 고객들이 포장된 고기를 선호하는 것을 알았다. 그래서 정육점 코너에 포장된 고기를 진열하였다. 그러자 전체 고기 매출액이 두 배로 뛰었다. 이는 그가 고객과 직접 대화하고 고객이 원하는 것을 알았기에 가능하였다.

퀸은 "고객과의 직접적이고 인간적인 접촉의 핵심 열쇠는 '듣기'이다."라고 말한다. 그는 고객의 소리에 귀를 기울이기 위한 시스템을 만들었다. 그는 고객의 '편리성'을 우선하였는데, 고객 의견을 직접 듣고 나서는 고객은 편리성보다 '신선도'를 중요시한다는 것을 알았다. 그 후 고객이 야채를 직접 고를 수 있도록 진열대를 마련하였는데, 매출 증대에 큰 도움이 되었다.

고객의 소리를 직접 듣게 되자, 건강식품을 찾는 고객이 늘어나게 되었다. 또한 환경에 대한 소비자 인식이 커지고 있는 것을 알게 되었다. 더 나아가 고객이 계산대에서 물건을 담는 일을 귀찮게 생각한다는 것을 알게 되었다. 퀸은 계산대에 물건을 담아주는 보조 직원을 배치하였다. 그러자 고객의 반응이 매우 좋았다.

피어갈 퀸은 고객이 중요하게 생각하는 문제를 고객이 편리한 시간과 장소에서 이야기할 수 있도록 하였다. 그 결과 문제 해결이 더 원활해질 수 있었다. 그는 고객의 의견을 듣고 변명하거나 방어적이 되어서는 안 된다는 것을 알았다.

절대 위임하지 말고 직접 처리해야 할 일

피어갈 퀸은 “경영자가 절대 위임하지 말고 직접 처리해야 할 일이 있다. 고객의 소리에 귀를 기울이는 것이 그 중 하나이다.”라고 말한다. 이는 윗사람이 직접 고객의 소리에 귀를 기울여야 한다는 것이다. 진짜 고객 중심주의 조직은 모든 사람이 고객의 소리에 귀를 기울인다는 것을 퀸은 확신하고 있다. 그는 개인 시간의 절반 정도를 매장을 돌아다니며 고객들을 만나는 데 쓰고 있다.

퀸은 계산대에서 고객의 물건을 직접 챙겨 포장해준다. 슈퍼퀸에서 고객과의 직접적인 접촉은 경영자만이 아니라 모든 매니저가 그렇게 하고 있다. 현장이 중요하다는 것이다. 퀸은 다른 매장의 빈병을 ‘그곳으로 가서 처리하라’고 고객에게 요청하는 것은 고객을 다른 경쟁업체로 내쫓는 것과 같다는 것을 알았다. 그래서 그는 다른 매장에서 산 빈병도 슈퍼퀸 매장에서 처리해 주었다.

그는 “고객의 비판을 파악하고 솔직한 의견을 들을 수 있어야 한다.”고 말한다. 그가 고객들의 소시지에 대한 불만을 알게 되자, 슈퍼퀸은 직접 소시지를 만들어 팔았고 큰 히트를 쳤다.

불만은 모든 비즈니스의'안전밸브'

퀸은 아무리 잘하더라도 완벽할 수는 없다는 것을 알고 있다. 그는 "고객의 불만을 무성의하게 다루면 안 된다."고 말한다. 피어갈 퀸은 고객에게 "죄송합니다."라는 말을 빨리 하도록 직원들을 교육시킨다. 또한 "절대로 잘못을 고객의 탓으로 돌리지 말라. 책임을 회피하지 말고 받아들여라."라고 강조한다. 그는 불만은 신속하게 해결하고, 무엇보다 고객의 불만을 환영한다는 사실을 알리고 있다.

슈퍼퀸에서 직원들은 고객을 대할 때 먼저 다가가 인사한다. 직원들은 교육을 통해 인사할 때 공손하게 눈을 맞추고 미소를 짓는 것이 중요하다는 것을 알고 있다. 퀸은 항상 새로운 틈새시장을 위해 준비한다. 그는 와인의 수요가 높아지고 있는 것을 알게 되었고, 와인을 상품으로 제공하여 좋은 매출을 거두었다.

슈퍼퀸에서 매니저들은 고객이 잘 볼 수 있는 매장에 나가 일한다. 매니저들의 사무실은 아주 작고 간소하다. 이는 좀더 매장에 나가라는 뜻이다. 피어갈 퀸은 사무실에 있을 때 전화를 직접 받는다. 그 효과는 엄청나다는 것이다. 누가 전화를 걸어도 피어갈 퀸과 쉽게 통화가 된다는 사실이다. 그는 "본사의 규모를 줄이고 본사는 현장을 지원하는 곳이 되어야 한다."고 말한다. 이는 회사의 중심이 현장이 되어야 한다는 것이다. 슈퍼퀸 임직원은 현장에서 회의를 열고 비즈니스를 한다. 이는 고객을 직접 상대하는 것이 중요하기 때문이다.

피어갈 퀸은 "고객 중심주의는 장기적인 부분을 중시한다." 고 말한다. 그는 고객이 직접 무게를 달고 버튼을 누르면 스티커 가격표가 인쇄되는 저울로 발전시켰다. 그는 서비스의 질을 높이면서 동시에 비용을 절감할 수 있음을 경험하였다. 그는 고객들이 박스를 원한다는 것을 알자, 박스를 준비했고 고객들은 만족했다. 이는 박스를 처분해야 하는 비용도 절감할 수 있었다. 직원 8명으로 시작되었던 이 슈퍼는 현재 직원은 5500명이 넘으며 19개의 매장으로 성장했다. 이러한 성공에는 경영자 피어갈 퀸이 "고객 중심주의"라는 가치에 일관되게 헌신하였기 때문이었다.

수익에만 초점을 맞추면 실패

윌리엄 폴라드는 서비스매스터사의 회장이다. 변호사인 폴라드는 5년간 대학행정요원과 교수로 봉직한 후에, 서비스매스터의 선임 부사장이라는 직책을 맡았다. 그는 매년 며칠간 최일선에서 일하는 직원들과 함께 일한다. 이는 직원들과 그들이 섬기는 고객을 더 잘 이해하기 위해서이다. 폴라드는 서비스매스터에 입사한지 20여 년이 흘렀다. 이 회사는 20만 명을 고용하고 30개국에서 5백만 명의 고객을 확보한 뉴욕증권거래소 상장기업이다.

폴라드는 "기업에서 수익은 궁극적 목적이 아니라 수단적인 목표이다. 수익에만 초점을 맞추면, 그 핵심역량을 키우는 데 실패한 기업이 될 것이다."라고 말한다. 이 회사는 매우 수익성이 높은 실적을 자랑하고 있다. 이 회사의 목적은 본사 벽에 새겨져 있다. "모든 일을 하나님께 영광을 돌리고 사람을 도와 성장시키며 탁월함을 추구하고 수익을 늘려간다."

최고경영자 폴라드는 "우리에게는 두 손 이상 곧 전인격이 필요하다는 사실이다."라고 말한다. 그는 오직 사람만이 서비스할 수 있고 혁신과 창조를 이룰 수 있다고 생각한다. 그는 통계적 품질관리의 창시자 에드워즈 데밍을 질을 중시한 사람으로서 존경하는데, 에드워즈 데밍은 "우리는 본래 동기지향적이고 자긍심 많으며, 존엄하고 뭐든 배우려는 마음을 가지고 태어난다."고 알려주었다. 폴라드는 데밍의 인간에 대한 가능성과 존엄성을 강조하는 생각에 크게 감명받았다. 그는 "데밍이 말한 이 간단한 진리가 서비스매스터의 성장과 성공에 기여하는 결정적인 요소가 됐다."라고 말한다. 그는 직원이 발전할 수 있는 분위기를 만들면 직원들은 더 헌신하게 된다고 생각한다. 회사를 향한 개인의 헌신이 있다면, 개인을 향한 회사의 헌신이 있어야 한다는 것이다.

서비스매스터는 "모든 사람을 존중하는 마음으로 가치있는 존재로 대해야 한다. 언제나 기꺼이 섬겨야 한다."는 가치를 회사의 최고 원칙으로 삼고 있다. 폴라드는 "기업 정신을 성공적으로 발전시키기 위한 핵심은 다양성에서 나오는 힘을 잘 통제하는 것이다."라고 말한다. 이는 서로의 차이가 긍정적인 위력을 발휘할 수 있다는 것이다.

돈이 아니라 대의명분을 위해

최고경영자 폴라드는 "사람들은 돈이 아니라 대의명분을 위해 일하기를 원한다."라고 말한다. 직원들이 일에 성취감을 느끼고 공통의 목적을 가지고 함께 일하는 사람들에게 만족을 느낄 때, 좋은 회사가 만들어진다는 것이다. 폴라드는 위대해지고 싶은 것은 모든 사람들의 기본 욕구임을 알고 있다. 그에게 현장 직원들의 사정을 자기 일처럼 여기고 이해하는 마음은 매우 중요하다. 그는 "양질의 서비스는 우리가 직원들을 인간으로 대접하는 데서 나기 시작하는 것이다."라고 말한다. 이와 같은 최고경영자의 생각이 있기에 서비스매스터에서는 표창과 축하가 자주 어우러진다.

폴라드는 "직원들의 가정과 회사를 둘 다 중요하게 생각해야 한다."라고 말한다. 그래서 이 회사는 직원들의 배우자를 회사 회의에 종종 초대한다. 직원들간의 협력과 언약 정신, 충성심은 매우 중요하기 때문이다. 그것이 있어야 기업의 역량이 발휘될 수 있다는 것이다. 폴라드는 한 고객이 회사가 서비스 약속 곧 일하는 직원들을 지원하겠다는 약속을 어겼다고 생각하는 것을 알게 되었다. 최고경영자 폴라드를 비롯한 경영진은 자신들의 실수를 인정했다. 폴라드와 임원들은 고객에게 무릎을 꿇고 용서를 구했다. 그와 부회장은 고객에게 한 약속을 지키기 위해 발 벗고 나섰다. 그 결과, 이 회사는 신뢰를 회복했고 일자리를 보전하는 효과가 있었다.

최고경영자 폴라드는 "나는 내 눈으로 직접 서비스의 질을 확인한다."라고 말한다. 그는 고객들과 신뢰관계를 세우고 그들의 변화하는 요구에 귀를 기울이며 반응해야 한다고 생각한다. 그는 "고객에게 약속한 것은 반드시 지켜야 한다."고 생각한다. 기존 고객을 계속 붙드는 것보다 새로운 고객에게 서비스를 판매하는 것이 5배는 힘들다는 점을 그는 알고 있다.

폴라드는 "일을 하는 사람의 동기, 태도, 그리고 자세가 중요하다. 한 번의 미소와 따뜻한 말 한마디가 중요할 수 있다."고 말한다. 그는 생산성 증가와 서비스의 질은 관계가 있다는 것을 잘 알고 있다. 서비스를 추구하는 회사는 고객이 이해할 수 있는 단순명쾌한 기준이 필요하다는 것이다. 또한 고객 만족이 문제해결을 위한 발 빠른 대응과 직결된다는 것도 알고 있다.

현장에서 일하는 사람이 보스이다

폴라드는 아이디어를 시험해보는 것은 매우 중요하다고 생각한다. 그는 서비스의 질이나 탁월성에 타협하지 않는다. 폴라드는 "서비스회사에서는 현장에서 일하는 사람이 보스이다."라고 말한다. 이 회사는 현장 사람이 재량권을 갖고 고객을 위해 일할 수 있는 권한을 부여하고 있다. 이 회사에서는 위임이 효과적으로 이루어지도록 3단계의 권위를 인정한다. 곧 주창의 권위, 동조의 권위, 최종적인 인정의 권위이다. 직원이 주창할 수 있는 권한을 주고, 그것을 결정권자의 동조와 임원의 최종적인 확인이 필요하다는 것이다. 이러한 권한위임을 적절하게 분명히 해두면, 자신의 일을 자랑스럽게 수행할 수 있다는 것이다. 폴라드는 "배우려고 하지 않는 사람들을 다루기란 어렵다는 사실이다."고 말하는데, 이 회사는 직원 교육을 끊임없이 추구한다.

폴라드는 "학습은 기업의 본업이 되어야 한다. 배움의 궁극적인 효용은 재생산 가능성이다."라고 말한다. 그에게 학습은 진리를 찾으려는 마음에서 비롯된다는 것이다. 이 회사가 끊임없이 일을 개선하고 더 향상된 모습으로 설 수 있도록 가능하게 해주는 것이 바로 학습이라는 것이다.

섬김의 리더십

최고경영자 폴라드가 주장하는 '섬김의 리더십'은 서비스매스터를 떠받치는 윤리의 일부이다. 폴라드는 "리더는 남의 말을 경청하고 배우며 항상 다른 사람들을 돕기 위해 준비되어 있어야 한다. 모범을 보이고 자신을 항상 검증해야 한다."라고 말한다. 그는 사람의 진실은 행동으로 뒷받침되어야 한다고 생각한다.

폴라드는 "조직의 성장과 활력을 유지하기 위해 창조적인 긴장을 유도해야 한다."고 말한다. 이러한 창조적인 긴장을 유도하기 위해 폴라드는 학습을 비롯하여 여러 장치들을 경영에 활용한다. 그는 "리더는 조직의 목적을 실현하기 위해 정신적인 강인함이 요구된다."라고 말한다. 그는 리더는 책임을 져야 하고, 반드시 약속을 지켜야 한다는 것이다. 이 회사는 임직원들의 이직률이 낮다. 폴라드는 "일에서 차이를 만들어내는 것은 사람의 몫이다."라고 말하는데, 이는 가치에 헌신하는 것은 오직 사람뿐이기 때문이다. 이 회사가 수익이나 매출보다 가치를 우선하는 회사였기에, 결과적으로 우수한 매출과 높은 수익력을 갖게 된 것임을 유념해야 한다.

미소 지을 줄 모르면 장사하지 마라

애리 바인츠바이크는 식당 '징거맨'의 창업주이다. 그는 1982년 미시간주 앤아버시에서 두 명의 직원을 데리고 시작한 '징거맨'을 성공시켰고, 현재는 베이커리, 레스토랑, 출장연회 등 푸드 서비스 체인을 운영하는 '징거맨스 커뮤니티 오브 비즈니시즈'의 공동 경영주이다.

바인츠바이크는 "미소 지을 줄 모르면 가게 열어서 장사할 생각은 하지도 마라"는 유대 속담을 지금도 명심하면서 사업을 하고 있다. 그가 1982년 식당을 개업한 후 서비스에 관한 교육을 하지 않고 넘어간 날이 거의 없었다는 사실이다. 1982년, 그와 폴 새지노와 처음 식당을 시작했을 때 종업원 두 명을 채용했다. 1년 안에 90%가 문을 닫는 것이 식당 업종이기에 그가 손님들에게 진심으로 고마움을 표했다는 것은 당연할지 모른다. 그러나 징거맨의 임직원들 모두가 창업 이래 매일 매일 "서비스에 관한 교육을 하지 않고는 문을 열지 않는다."는 원칙을 지켜왔다는 것이 다른 식당들과 분명히 다른 것이다. 필자는 바인츠바이크가 밝힌 '탁월한 서비스'의 가치를 소개하여 가치에 헌신하는 것의 중요성을 강조하고자 한다.

징거맨은 델리(델리카트슨의 약칭, 미리 조리된 식품을 판매하는 곳) 식당인데, 35평 정도의 넓이에 좌석이 24개뿐이었다. 식당 문을 열었던 날부터 지금까지 샌드위치 일체는 물론 유대 정식 요리, 치즈, 빵, 올리브, 올리브 기름 등을 비롯해 들어가야 할 양념들을 빠짐없이 골고루 넣은 전통 요리들로 손님을 모시고 있다. 바인츠바이크는 이제 8개의 사업체에 400여 명의 종업원을 거느린 연간매출 2,500만불 규모의 '징거맨스 커뮤니티 오브 비즈니시즈'라는 기업으로까지 발전하였다.

징거맨을 '미국 최우량 소기업'

징거맨은 여러 음식관련 출판물로부터 세 번에 걸쳐 '올해 최고의 식품업체'로 선정되었고, '세계 유명 음식점 25곳' 중 하나로 선정되기도 했다. '트레이닝 앤드 디벨롭먼트' 잡지는 2003년 징트레인을 우수 교육훈련 기관으로 선정하였다. '인크Inc.' 잡지는 2003년 징거맨을 '미국 최우량 소기업'으로 선정하였다. 위와 같은 일들이 가능했던 원인은 징거맨의 경영자들이 서비스에 대해 바른 생각을 지니고 실천하였기 때문이다. 바인츠바이크는 미시간 대학교에서 사학을 전공하였다. 그는 식당을 열고 서비스라는 것에 대해 체계적으로 열성적으로 교육하여 왔다. 서비스에 관한 출판된 책들이 가르치는 서비스 내용과 징거맨이 가르치는 서비스 내용이 사뭇 다르다는 생각이 들었는데 그가 가르치는 방식은 실효를 거두었다.

a·d·v·i·c·e

바인츠바이크는 "서비스를 제대로 할 줄 아는 곳이라면 다음의 5가지를 빠짐없이 실행해야 한다." 고 말한다.

1."우리는 계속 교육시킨다. 효과적 교육훈련이 없으면 제대로 된 서비스를 하겠다는 생각도 헛것이다. 끊임없이 가르치고 훈련하면 효과를 보장한다."
2."우리는 무엇을 가르쳐야 하는지 알고 있다. 확실한 효과를 거두는 서비스에 대해 분명한 정의를 내렸고 그렇게 해야만 제대로 가르칠 수 있다."
3."우리는 실천한다. 가르치는 내용과 실천이 하나가 되도록 노력한다."
4."우리는 측정하고 평가한다. 서비스를 측정하고, 평가하고 기록하면 유용하다. 1주일, 1개월 단위로 기록한 자료는 현실을 파악할 수 있게 해준다."
5."우리는 합당한 보상을 한다. 직원들이 고객에게 뛰어난 서비스를 할 때, 회사에서 그런 사실을 알아주고, 그에 적합한 보상을 하는 일은 중요하다."

이 다섯 가지 원리는 어떤 산업 분야, 어떤 규모의 사업체에도 적용된다.

고객이 미소짓게 하는 서비스

바인츠바이크는 '징거맨 사명선언'과 '운영원칙'을 마련하였다. 그들의 사명선언은, "우리는 우리가 할 수 있는 데까지 최대한 많은 사람들의 삶을 풍요롭게 하기 위해 우리의 모든 행위를 통해 사랑과 배려를 나타내 보이며, 이 같은 사명을 달성하기 위해 열정을 다해 노력한다. 또한 고객이 미소짓게 하는 서비스를 제공하고, 고객이 기쁨을 느끼는 음식물을 판매함으로써 징거맨에서 보내는 시간이 누구에게나 값지고 의미 있는 시간이 되도록 한다."이다.

바인츠바이크는 "새로운 일을 할 때 중요한 것은 어떤 결과가 나올지 미리 예상하고 시작해야 한다."라고 말한다. 그는 "글로 써두면 행동에 옮기기 때문에 목적을 달성할 가능성이 아주 커진다."라고 말한다. 징거맨는 세 가지 사항을 하루, 주, 월, 연 단위로 측정하고 평가하고 있다. 그 세 가지 사항은 첫째, 고객에게 훌륭한 음식을 제공하는 일. 둘째, 고객이나 직장 동료 등 접하는 모든 이에게 탁월한 서비스를 제공하는 일. 셋째, 징거맨이라는 조직체가 높은 수익을 올리는 일 등이다.

탁월한 서비스를 제공하는 일은 징거맨의 핵심 가치이다. 징거맨의 운영 원칙이란 "일할 맛 나는 직장을 만들고, 지역사회에 기여하고, 오랜 관계에 대해 보답을 하고, 서로의 성공을 돕고, 재미있게 일하는 것"이다. 또한 "고객은 물론 우리 임직원 서로에게도 탁월한 서비스를 하라"는 것이다.

징거맨 사람들은 서비스에 헌신

징거맨 사람들은 서비스에 헌신한다. 고객의 기쁨은 곧 그들의 기쁨이다. 탁월한 서비스를 제공한다는 사실에 그들은 자부심을 느낀다. 서비스란 사람에 대한 배려이며 베풂이다. 바인츠바이크는 "탁월한 서비스를 제공하는 일의 의미를 분명히 깨달아야 한다. 우리가 탁월한 서비스를 해야 하는 데는 충분한 이유가 있다."고 말한다. 그는 "여간한 인내심을 발휘하지 않고는 탁월한 서비스를 철저히 제공하기 어렵다."라고 말한다. 이는 서비스업에서 끊임없이 교육하고 훈련하고 재교육과 재훈련을 반복하여 하지 않는 한, 탁월한 서비스는 절대로 나올 수 없는 어려운 것이라는 것이다.

그는 "직원들이 고객을 대하는 태도는 바로 경영자나 관리직 사람들이 고객을 대하는 수준 이상을 넘을 수 없다."는 사실을 강조한다. 그는 그것을 경험을 통해 알고 있다. 그는 "윗사람이 먼저 탁월한 서비스를 하기 위해 헌신해야 한다. 몸소 실천으로 모범을 보여야 한다."라고 말한다. 그것이 안 된다면 모든 것은 헛것이라는 것이다. 바인츠바이크는 "많은 사람들은 탁월한 서비스란 어떤 것인지 정확하게 모르기 때문인 것 같다. 이는 경기규칙을 모르고 시합에 임하는 것과 다름없다."라고 말한다. 그러기 때문에 징거맨에서는 항상 끊임없이 교육하고 훈련하는 것이다.

징거맨의 '탁월한 서비스 제공의 3단계'와 '고객 불만 해소 5단계'가 있다.

탁월한 서비스 제공의 3단계

1단계 ≫ 고객이 원하는 것을 알아내라.

이는 고객에게 말을 시키라는 것인데 그것도 아주 말을 많이 시키라는 뜻이다. 최대한의 시간을 고객에게 쏟아 붓는다는 것을 의미한다. 징거맨에게는 '3-1'공식이 있다. 고객이 3미터쯤 떨어진 거리에 이르면 눈을 맞춘 다음, 거리가 1미터쯤으로 가까워졌을 때 입을 열어 말하기 시작하는 것이다. 그렇게 말을 많이 시킨 다음에는 고객이 하는 말을 잘 들어야 한다. 고객의 기분 상태가 어떤지, 일행은 어떤 사람인지, 어조는 어떤지를 파악해야 한다는 것이다. 바인츠바이크는 "고객의 말을 경청하라."고 말한다. 징거맨에서는 주문 내용을 받아 적은 것을 다시 한 번 읽어보고, 고객이 했던 말을 되풀이하여 확인하는 등 고객이 원하는 것을 정확히 파악해야 한다.

2단계 ≫ 고객이 원하는 것을 제공하라.

징거맨에서는 고객이 원하는 바로 그것을 제공하려면 주의를 집중해야 한다. 손님이 100그램만 달라고 할 때 100그램만 주어야 한다. 주문 내용을 두 차례에 걸쳐 확인한다든가, 손님에게 필요한 내용을 질문할 수 있도록 마련한 주문서를 활용하든가, 손님이 원하는 정확한 내용을 파악해야 한다. 이러한 노력을 징거맨에서는 열성적으로 명랑하게 한다. 손님은 탁월한 서비스를 받으며 즐거운 시간을 보내기 위해 돈을 지불한다는 것이다. 바인츠바이크는 "징거맨은 손님들에게 제대로 된 쇼를 보여주어야 할 책임이 있다."고 말한다. 지난 20여 년 동안 징거맨 직원들이 "너무 열성적이어서 기분이 나쁘다"고 불평한 손님은 딱 두 사람 있었던 것 같다고 한다.

3단계 ≫ 고객이 원하는 수준에서 한 걸음 더 나아가라.

1단계와 2단계만 잘해도 고객들은 보기 드문 서비스라고 만족하는 것이 보통이다. 2단계까지는 필요조건일 뿐이며, 3단계는 손님이 기대한 것 이상을 행하는 것을 의미한다. 징거맨이 손님들에게 제공하는 한 걸음 더 나아간 서비스에는 다음과 같은 것들이 있다.

- 정기 고객에게 새로 선보이는 음식의 시식 기회제공
- 고객이 종사하는 업종에 도움이 될 만한 관련 기사 복사본 보내기
- 주문대로 배송하고, 전화를 걸어 배송과정에 불편함은 없었는지 확인하기
- 주문한 것에 곁들여 다른 상품의 견본품 보내기
- 고객에게 친필이나 이메일로 '감사편지' 보내기
- 자동차까지 고객의 짐 가방 들어다 주기

한 걸음 더 나아간 서비스가 징거맨의 서비스를 탁월하게 하는 요인이다.

징거맨은 음식을 배송하는 서비스를 하는데, 주문을 받을 때 실행하는 '정확한 주문 받기 4단계'는 고객서비스를 수준 높은 과정에 도달하게 하였다.

1단계: 주문받은 내용을 고객에게 되물어 확인한다.
2단계: 주문서를 넘겨받은 사람은 내용을 점검하고 확인 서명을 한다.
3단계: 배송하기 전에 제품이 주문서와 일치하는지 다시 확인한다.
4단계: 제품이 도착할 때 내용이 맞는지 확인하고 고객 서명을 받는다.

징거맨에서는 '희소식 공람'이라는 간단한 양식을 마련하였는데, 이는 일을 잘하고 있는 사람을 인정해 주는 역할을 한다. 이는 제품이나 서비스에 대한 고객의 칭찬이 있으면 이를 '희소식 공람'을 통해 알려 직원들을 칭찬하는데, 기뻐하는 직원들이 많다고 한다. 이는 조직 안에 긍정적인 분위기를 확산시킬 수

있고 주인의식을 가지고 일을 할 수 있게 한다.

징거맨의 '고객불만 해소 5단계'는 철저하며 이를 끊임없이 교육한다.

a·d·v·i·c·e

'고객 불만 해소 5단계'

1단계 : 고객의 불만에 수긍한다. 고객이 불만을 토로할 때에 몸짓이나 표정 등으로 불만에 수긍한다는 표시를 한다. 절대 반론이나 부정하지 않는다.

2단계 : 진지하게 사과한다."죄송하게 되었습니다."등의 표현을 하는 것이다. 중요한 것은 진지하게 말하는 태도다. '설명하려 들지 마라'라는 것이 원칙이다. 물론 예외는 있다.

3단계 : 문제를 바로잡기 위한 조치를 취한다. "어떻게 해드리면 좋겠습니까?"라고 손님에게 묻는다. 불만을 풀어주기 위해서라면 직원에게 무엇이든 할 수 있는 권한을 부여하고 있다. 바인츠바이크는 직원들에게 "합리적인 조치를 취하라."고 강조한다. 손님 중에서 부정직한 손님은 1% 정도밖에 되지 않는다는 것이 징거맨의 20여 년 경험칙이다.

4단계 : 손님에게 문제를 지적해 준 데 대해 감사한다. 사실 불평을 하는 손님은 징거맨 직원들에게 제대로 할 기회를 주는 고마운 대상이기 때문이다.

5단계 : 고객 불만 내용을 기록하여 보존한다. '고객 불만사항 접수'라는 양식을 활용하여 직원들이 개선할 점이 있다는 사실을 알리는 것이다.

경영층 사람들이 먼저 솔선수범

바인츠바이크는 "경영층에 있는 사람들이 먼저 고객서비스에 솔선수범해야 한다."고 말한다. 그러기 위해서는 직원들에게도 서비스를 잘해야 한다고 그는 생각한다. 소위 '섬기는 리더십'이다. 징거맨 운영원칙에, "우리는 고객을 대하듯 동료끼리도 최고의 서비스를 주고받는다. 우리는 서로를 존중하고 배려하는 정신으로 서로를 공손하게 대하고 언제라도 도우며 상대의 말을 귀담아 듣는다."라고 명시하고 있다.

바인츠바이크에게는 그 나름대로 '5-90-5법칙'이라는 것이 있다. 100명의 직원을 새로 채용했다면, 그 중 5명 정도는 정말 서비스를 잘하는 사람들이라는 것이다. 그는 이들을 인정해주고 보상해주고 승진을 시킨다. 정반대로, 5명은 서비스와는 거리가 먼 사람들이며 이들은 최대한 빨리 내보내야 한다는 것이다. 나머지 90명은 교육을 해야 서비스를 수행할 사람들이다.

징거맨은 값이 비싸고 고급이다. 바인츠바이크는 "말보다 실천이 중요하다."고 말한다. 그는 규칙을 지키되 체제나 규칙은 고객을 잘 모시기 위한 목적으로 마련된 것이라는 점을 강조한다. 이는 규칙보다는 융통성 있게 고객을 모시는 것이 더 좋을 수 있다는 말이다. 그는 불만을 말하는 고객들이 매우 소중하다고 생각한다.

항상 측정하고 평가한다

징거맨은 직원들의 서비스를 항상 측정하고 평가한다. 그러한 측정과 평가를 위한 요소들을 선정하고 이를 지속적으로 개선하거나 보완하여 내일을 대비하고 있는 것이다. 징거맨에서는 이러한 측정과 평가를 통해, 임직원 모두가 조직이 서비스를 제대로 하고 있는지 아닌지 알 수 있도록 한다. 또한 서비스 평가자료를 승진과 보너스 등에 적극 활용한다. 그리고 서비스 질을 향상시키는 의욕을 고취하고 서비스를 잘한 직원에 보상을 준다. 징거맨은 서비스의 수준에 대해 지속적으로 진지하게 평가하여 발표한다.

바인츠바이크는 "한 사람의 손님을 잘 모시는 일이 세상의 전부라고 생각해야 한다."고 말한다. 한 걸음 더 나아가 서비스하는 일, 고객의 이름을 기억하는 일, 주문받는 사람을 배려하여 간단명료하게 주문할 때 고마움을 표시하는 일 등도 그가 중요하게 여기는 탁월한 서비스의 한 부분이다.

징거맨에서는 서비스를 잘하는 것에 대조되는 절대로 하지 않는 말과 행동들에 관한 다음과 같은 수칙이 있다.

- 손님의 요구에 "저쪽에 있습니다."라는 말을 절대 하지 않는다. 대신, 손님이 원하는 것이 있는 곳까지 안내한다.
- 손님이 원하는 것에 대해 "그건 제 일이 아닙니다."라고 절대 말하지 않는다. 대신, 제대로 도와줄 사람을 찾아 인계한다.
- 손님의 요구에 "저는 그렇게 해드릴 수 없습니다."라는 말을 절대 하지 않는다. 대신, 손님의 요구를 채워줄 다른 사람이나 다른 수단을 찾는다.
- 손님을 방치하는 일은 절대 안 된다. 다른 손님을 모시는 중인 경우라도 "조금 기다려 주시겠습니까? 곧 누가 모실 겁니다."라는 말로 응대한다.
- "이게 전부입니까?"라거나 "또 뭐요?" 같은 말은 절대 하지 않는다. 대신, "그밖에 원하시는 것은 더 없으십니까?"라고 묻는다.

징거맨에서는 청각장애인이나 도움이 필요한 사람들을 서비스하는 요령을 교육시킨다. 구체적인 행동요령을 끊임없이 교육시켜 최고의 서비스를 연습하는 것이다. 필자와 같이 금융기관에서 명퇴를 한 동료들 중에. 음식점을 차렸던 사람들이 종종 있었다. 한국에 수많은 식당들이 그토록 많이 개업하고 많이 폐업하고 있는 현실에서, 그들이 무엇을 가치로 하여 식당을 개업하는지 필자는 궁금하였다. 단지 "먹고 살기 위해서"라면 백발백중 실패할 가능성이 많다는 사실을 명심해야 한다. 남보다 더 뛰어나고 고객에게 더 나은 가치를 줄 수 없다면 결코 사업에 뛰어들지 말아야 한다. 식당업에든 다른 업이든 마찬가지이다. 그저 남들보다 열심히 하는 것만으로는 이 험한 세상에서 생존하기 어렵다는 사실이다. 바인츠바이크는 1982년에 창업한 징거맨이 오늘에 이르도록 번창하고 있는 것은 단 하나 즉 '탁월한 서비스'의 가치를 초지일관하게 수행하였기 때문이라는 것을 스스로 인정하고 있다.

성공 가능성이 없던 사람

지하철 경복궁역에서 내려 지나가는 길모퉁이에 토요토미 히데요시에 관한 글이 적힌 안내판이 있다. 임진왜란의 주역인 그는 조선에 엄청난 피해를 준 사람이었다. 필자가 조선에 막대한 피해를 입힌 그에 대하여 언급하는 이유가 있다. 이는 타산지석 즉 아무리 하찮은 사람의 언행이라도 교훈으로 삼는데 도움이 될 수 있기 때문이다. 필자는 그에 관해 연구를 하면서, 이 세상에 토요토미 히데요시와 같이 성공 가능성이 없던 사람도 별로 없을 것이라는 사실을 알게 되었다. 그가 일본을 통일하고 최고통치자로서 입지를 굳히게 된 사연을 알게 되면, 경영자가 이 어려운 시기에 성공적으로 경영할 수 있는 아이디어를 얻을 수 있을 것으로 생각한다. 일본에서는 그를 가리켜 "불세출의 영웅"으로 부르기도 한다.

도요토미 히데요시가 살던 시기에 입신출세하기 위해서는 몇 가지 요건이 있었다. 첫째, 가문이 좋아야 하였다. 히데요시의 상관이었고 전임 통치자였던 오다 노부나가는 귀족 가문이었고 제대로 교육을 받아 장군으로서 탁월한 실력이 있었다. 히데요시의 후임자라고 할 수 있는 도쿠가와 이에야스도 마찬가지로 귀족 가문이었다. 도요토미 히데요시는 가난한 천민의 자식이었다. 아버지가 일찍 사망하여 행상으로 끼니를 잇던 천출인 그가 가문이 중요시 되던 시대에 천하의 영웅으로 등장한 것은 거의 불가능했던 것이다.

둘째, 인물이 좋아야 하였다. 도요토미 히데요시의 인물상은 보통보다 훨씬 못한 것이었다. 노부나가는 히데요시를 가리켜 "원숭이 놈"이라고 부를 정도로 원숭이처럼 생긴 추남이었다. 히데요시는 그가 권력을 잡기 전까지 수많은 장군들로부터 못생긴 외모 때문에 비웃음과 멸시를 받았다. 그는 못 생긴 외모에 150센티의 작은 체구였다. 외모는 인간의 입신출세에 큰 영향을 미친다는 사실을 그는 뛰어넘었던 것이다.

셋째, 실력이 있어야 하였다. 그는 젊은 시절 행상으로 바늘과 집신을 팔고 다녔다. 히데요시는 제대로 무사로서의 훈련을 받지 못했다. 그는 도창(刀槍)을 잘 쓰지 못하는 무사로서 실력이 없었다고 한다. 그러한 그가 노부나가를 이어받는 최고의 장군이 되었던 것이다.

넷째, 재산이 많아야 하였다. 히데요시는 가난한 농부의 아들이었다. 그는 무명 옷 한 벌을 걸치고 바늘 행상과 집신 장수로 생활하면서 성장했다. 그는 "나는 어려서 아버지를 잃고 고아가 되었으나 노부나가 공을 모시게 되자 몸은 산과 들에 버리고 뼈는 바다의 파도에 닳아 없어질 각오를 하였다."라고 말했다.

이러한 네 가지의 입신출세의 요건을 하나도 갖추지 못한 히데요시가 일본에서 천하의 최고 실력자로 등장했던 것이다. 그 배후에는 간단한 원칙을 히데요시가 실천했기 때문이라는 것을 발견하게 된다.

간단한 원칙을 실천했기 때문

히데요시는 어려서 아버지를 여의고 고아가 되어 바늘 행상을 하면서 세파에 부딪히면서 하나의 개념을 배웠다. 그가 만나는 모든 사람이 결국 '고객'이라는 것이다. 히데요시는 '고객을 섬긴다'는 것이 자신의 생존을 보장하는 가장 중요한 가치임을 깨달았던 것이다. 그는 우여곡절을 겪으면서 세월을 보내다가 결국 오다 노부나가(1534-1582년)의 부하가 되었다.

히데요시의 상관 노부나가는 독단적이고 비정한 인물로 알려져 있다. 노부나가는 잔학하고 급했으며 구두쇠인 단점이 있는 반면, 실행에 강했고 선견지명이 있었다. 히데요시는 말년에 이런 말을 했다. "노부나가 님은 용감한 무장이었지만 좋은 무장은 아니었다. 사람들에게 두려움의 대상이 되기는 했지만 존경받는 인물은 아니었다. 아케치 미쓰히데의 반역행위도 그 때문에 발생한 것이다." 까다롭기로 평판이 있는 오다 노부나가는 "내가 어째서 원숭이(히데요시)를 아끼고 있는가 하면, 그는 안 되는 이유가 아니고 할 수 있는 이유만을 생각하고 행동하기 때문이지. 결과적으로 일이 실패로 돌아간다 하더라도 그는 그저 사과만을 할 뿐, 쓸데없는 변명은 늘어놓지 않네. 그런 마음가짐이 마음에 들어서이네."라고 말했다. 토요토미 히데요시는 노부나가가 없는 장소에서 노부나가를 아낌없이 칭찬하곤 하였다. 그러한 말이 노부나가의 귀에 들어가게 되어 히데요시는 노부나가의 신임을 받는 데 도움이 되었다.

우여곡절을 거쳐 노부나가의 말지기가 된 히데요시는, 아예 마구간에서 말들과 같이 잠을 잤다. 말에 관해서 모르는 히데요시가 할 것은 '고객을 섬긴다'는 가치를 위해서 모든 것을 바치는 것뿐이었다. 말들의 시끄러운 소리를 들으며 잠을 자야 했고, 말똥 냄새를 맡으며 자야 했다. 히데요시는 노부나가의 말 하나하나에 대해 모든 것을 파악할 수 있었고, 새벽에 일어나 노부나가가 탈 말을 골랐다. 아침마다 타고 나갈 말에 대해 유난히 까다로웠던 노부나가는 히데요시가 골라준 말에 대해서는 한 번도 투정을 부리지 않았다고 한다.

신용을 얻은 히데요시는 노부나가의 신발을 관리하는 측근 비서역을 맡게 되었다. 신발을 관리하는 방법에 대해 몰랐던 히데요시가 할 수 있었던 것은 그의 정성을 쏟는 것뿐이었다. 아무리 추운 날씨에도 노부나가가 신발을 신어보면 따뜻한 온기가 느껴졌다. 전날 밤 히데요시가 노부나가의 신발을 품안에 안고 잔 후 갖다놓기 때문이었다. 히데요시는 "나는 아침에는 누구보다 일찍 일어났고, 누구보다 늦게 잤다. 그렇게 노부나가 공에게 충의를 다하여 전공을 세웠다."라고 말했다.

히데요시가 노부나가의 신임을 받아 장군으로 출정하였을 때, 노부나가 군대가 큰 곤경에 빠져 철수해야 하는 절박한 상황에 있었다. 맨 뒤에서 남아 적을 막아줄 후위대가 필요했다. 후위대는 가장 위험한 부대로 죽음을 각오해야 했다. 히데요시는 노부나가에게 "제가 하겠습니다."라고 자원하였고, 냉혹한 노부나가도 눈물을 흘렸다고 한다. 결국 히데요시는 이 싸움에서 목숨을 걸고 분전하여 같은 편을 무사히 철수시켰고 살아남았다.

노부나가는 히데요시의 유능함을 사랑했다. 잡신 장수였던 히데요시를 점차 중책으로 등용했다. 히데요시는 성안의 장작 비용을 1/3로 줄였다. 노부나가는 배신을 용서하지 않았다. 그는 항상 전력투구를 요구했다. 노부나가가 암살당한 사건 장소가 본능사였는데 주동자는 아케치 미쓰히데였다. 미쓰히데의 밀서에는 자신이 노부나가에게 원한을 품고 있었다고 쓰여 있었다. "히데요시의 지시를 받도록 하라"는 명령을 받은 미쓰히데는 이에 대한 불만이 폭발한 것이라고 볼 수 있다.

노부나가공이 좋아하는 것은 말과 원숭이

전국시대에 "오다 노부나가공이 좋아하는 것은 말과 원숭이다."라는 말이 있었다. 원숭이는 히데요시를 가리킨다. 히데요시는 싸우지 않고 이기는 것을 상책으로 생각했다. 그는 결단을 내리면 실행하는 힘을 발휘했다. 그는 최고 자리에 올라간 후에도 미천한 신분인 배우들과 나란히 천황 앞에 선 적도 있을 정도로 평등감각을 잃지 않았다고 한다.

히데요시는 노부나가로부터 야단을 맞거나 호통을 들어도 머리를 숙이고 열심히 일을 했다. 그에게는 가문도 신분도 재산도 없었기 때문이다. 기요스 성벽의 개축공사를 20일이나 걸려서 공사를 했지만 아직도 완성이 멀었을 때, 히데요시는 공사를 자원하였고 결국 3일 만에 완성시켰다. 노부나가의 급한 성미와 재빠른 행동을 이해하고 그에 맞춰 요령 있게 짧은 말로 설명하기도 했다. 노부나가의 짜증에 대해서도 히데요시는 불만을 터뜨린 적이 없었다.

히데요시가 성공한 '기요스 성벽 3일 공사'는 '20명씩 50조로 나누어 각조마다 두 칸씩 나누어서 수리하라!'는 명령을 내렸다. 능숙하게 일의 할당을 나누는 히데요시의 아이디어로 3일 안에 공사는 마무리되었다. 히데요시는 큰일을 앞두고 사전에 보너스를 넉넉하게 준비하였고 사후에 넉넉한 보너스를 주었다.

어느 날 오다 노부나가는 히데요시에게, "원숭아, 너는 오늘부터 신탄봉행을 하거라. 1, 2년 안에 충분히 절약하도록 해!"라는 명령을 내렸다. 히데요시는 "첫째, 업자가 신고한 대로 장작과 숯을 납품하고 있는가? 둘째, 장작과 숯을 어떻게 사용하고 있는가? 셋째, 장작과 숯을 되도록 사용하지 않으려면 어떻게 해야 하는가?"를 생각했다. 결국 장작과 숯을 현저히 절약할 수 있었다. 히데요시는 벌채 현장을 조사하였고 납품되는 나무의 숫자를 일일이 확인하였으며, 결국 부조리를 척결하여 크게 개선할 수 있었다.

'고객을 섬긴다'는 원칙

히데요시는 '고객을 섬긴다'는 원칙을 그의 선배들을 대하는 면에서도 철저하게 지켰다. 히데요시는 항상 선배를 우대했다. 선배에게 "의견을 들으러 왔습니다."라고 방문하여 선물을 주기도 하였다. 그는 의리가 있었다. 노부나가가 히데요시를 가리켜 "의리 있는 놈"이라고 부를 정도였다. 히데요시는 노부나가의 기분을 잘 맞추었다. 히데요시가 공을 세워 노부나가로부터 백 만석의 영지를 받았는데 그는 "나는 백 만석이 내 것이라고 생각하지 않는다. 이 백 만석을 밑천으로 주군에게 열 배는 더 벌게 해드릴 작정이다."라고 그의 측근에게 말했다.

히데요시가 축전수(筑前守)로 임명되자 그는 자신을 미워하고 견제하는 시바타와 니와에게 "시바타님의 '시바'자와 니와님의 '와'자를 받아 '하시바'라고 개명하고 싶습니다. 두 분의 영향을 받아 저도 두 분처럼 되고 싶습니다."라고 말했다. 경쟁자의 호의를 얻고자 노력했던 것이다. 시바타의 흉에 히데요시는 전혀 대응하지 않고 듣지 않는 척 행동했다. 이는 도량이 크다는 것을 보이는 것이며 그는 오직 노부나가에 대한 충성에 전념했다. 무장 '아라키 무라시게'가 히데요시의 성을 방문하여 까다롭기로 평판이 있는 오다 노부나가를 대하는 방법을 물었다. 히데요시는 "자신을 우마(牛馬)라고 생각하면서 일하는 것입니다."라고 대답했다. 히데요시는 무라시게에게 "첫째, 오다 공께서는 뛰어난 재각과 지략을 가지고 계십니다. 둘째, 그 분은 저

같이 미천한 사람에게도 실력을 인정하시고 승진의 길을 주셨습니다."라고 말했다.

1577년 히데요시는 주고쿠 정벌사령관으로 임명받았다. 약 5년 동안 거의 주고쿠에서 꼼짝하지 못하고 있게 되었는데 그동안 히데요시는 연가와 차를 배웠다고 한다. '스노마타'라는 곳에 요새를 쌓는 일에 여러 장군들이 실패하였는데 히데요시는 건축자재를 강물에 흘려 운반하는 아이디어도 생각해냈고, 목재를 상류에서 제재한 후 미리 조립한 상태로 운반하여 겨우 며칠 만에 요새를 완성하는 실적을 이루기도 하였다. 그 유명한 '스노마타 일야성'이다. 이 성공으로 히데요시에 대한 노부나가의 평가는 결정적으로 바뀌어 출세가도가 열렸다.

원칙을 부하들에게도 적용

히데요시는 '고객을 섬긴다'는 원칙을 부하들에게도 적용했다. 이는 그가 확신하는 가치에 헌신하였다는 증거였다. 히데요시는 부하의 의욕을 소중히 여겨 부하들의 보수를 가능하면 후하게 지급하였다. 노부나가가 시해된 후, 후계자 싸움에서 히데요시는 주민들의 협력이 필요하자, "내 병사들에게 먹게 해주고 횃불을 밝혀 비춰주시오. 이 전투가 끝나면 반드시 상을 내리겠소. 또 쌀과 콩은 그 열 배로 되돌려 주겠소!"라고 선언하여 전투를 승리로 이끄는 여건을 마련하였다.

히데요시가 구로다 간베의 공으로 노부나가에게 말을 상으로 받은 적이 있는데, 히데요시는 말을 간베에게 주면서 "이 말을 받아주게. 칭찬을 받아야 할 사람은 내가 아니라 자네야!"라고 말했다. 히데요시는 부하들을 한 자리에 모아놓고 대화를 나누는 것을 좋아했고, 농담으로 분위기를 부드럽게 만들기 좋아했다. 히데요시는 부하를 '동생'이라고 부르기도 하고 달필의 편지를 활용하여 사람들을 감동시켰다. 히데요시는 천하통일의 막바지에서 히데요시의 대군을 앞에 두고 항복한 시마즈 요시히사를 극구 칭찬하였다. "당신은 일본에서 가장 뛰어난 대장이오. 자신의 체면보다 천하의 평화를 더 소중하게 생각해 항복해 주셨소."라고 추켜올리며 정중하게 맞이하였다. 히데요시는 사람의 마음을 다루는 뛰어난 실력 덕분에 천하를 평정할 수 있었다.

히데요시는 가치에 헌신하였고 이것이 그의 행동에 나타났다. 전장에서 쓰러져 있는 수많은 부상자들이 괴로워하는 모습을 본 히데요시는 "불쌍하구나. 도롱이나 삿갓이라도 걸쳐 햇빛만이라도 피하게 해주거라."라고 명령하고 돈을 지불하였다. 히데요시의 측근이며 지략이 뛰어난 부하인 구로다 간베가 발이 불편하여 걷는 것이 어렵자, 그의 편의에 맞추어 배려해주기도 하였다. 히데요시는 부하들을 칭찬하는 것을 잘했다. 히데요시는 "나는 사람을 배신하지 않습니다. 나는 사람에게 잔인한 일은 하지 않습니다."라고 말했는데 그는 신의가 두터운 남자였다.

히데요시는 다카오카 성을 공격했을 때, 혼자 성벽을 타고 올라가 적장과 담판을 벌였고 결국 항복을 받아내는 전략을 성공시켰다. 적장의 목숨, 신분, 재산 등을 보장해주는 조건이었다. 히데요시는 노부나가와는 달리, 과거의 일에 앙심을 품지 않았다. 뛰어난 전투능력을 지닌 '다케나카 한베'를 열 번에나 방문하여 결국 자신의 군사(軍師)로 영입했다. 히데요시는 잔치와 같은 자리를 마련해 분위기를 단결시키는 재주가 뛰어났다. 그는 부하들의 공을 추켜세워 사기를 북돋았다.

모든 사람이 결국'고객'

모든 사람이 결국 '고객'이라는 것과 '고객을 섬긴다'는 것이 그의 가치관이었던 히데요시는 그의 아내에게도 이를 적용했던 것이다. 히데요시는 아내를 맞이할 때, "나처럼 못생긴 남자가 당신처럼 훌륭한 여성을 아내로 맞이하다니 꿈처럼 행복합니다."라고 말하면서 아내인 오네에게 엎드려 절을 했다고 한다. 그는 아내인 오네와 부부금슬이 좋았다. 그에게는 오랫동안 우정을 쌓은 마에다 도시이에라는 친구가 있었다. 마에다에게는 오마츠라는 아내가 있었는데, 히데요시는 오마츠에게 여러모로 마음을 쓰고 호의를 보였다. 히데요시와 시바타가 후계자 경쟁을 할 때 마에다가 철수해 준 덕분에 승리를 얻었다고 한다.

도요토미 히데요시가 사망했을 때의 나이는 62세였다. 히데요시는 가난해서 학문을 배우지 못했고 교양도 익히지 못했지만 뭔가를 끊임없이 배우려고 했다. 그가 배운 교양은 철포와

화약에 관한 군사적인 지식, 다도, 와카, 노 등 다방면에 걸쳐 배웠다. 그는 자신이 천민에서 출발했음을 의식했고 겸손한 자세를 유지했다.

도요토미 히데요시가 살던 시기에 입신출세하기 위해서 필요한 요건인 가문, 인물, 실력, 재산 등 네 가지 요건을 하나도 갖추지 못했던 히데요시였다. 그는 무명 옷 한 벌을 걸치고 바늘 행상과 집신 장수로 생활하면서 성장했다. 그는 "나는 어려서 아버지를 잃고 고아가 되었으나 노부나가 공을 모시게 되자 몸은 산과 들에 버리고 뼈는 바다의 파도에 닳아 없어질 각오를 하였다."라고 말했다. 히데요시가 일본에서 천하의 최고 실력자로 등장했던 것은 간단한 원칙 즉 '고객을 섬긴다.'는 가치에 헌신했기 때문이었다.

항상 고객의 입장에서 생각해야 한다

스즈키 도시후미는 1932년생으로 중앙대학 경제학부를 졸업하고 도쿄출판판매사를 거쳐 1963년 이도요카도에 입사했다. 그는 월급장이임에도 이도요카도 사내에서 제안하여, 미국의 편의점 세븐일레븐을 일본에 도입하였다. 스즈키는 1973년에 '세븐일레븐 저팬'을 창립하였고, 일본제1의 유통업체로 성장시켰다. 2004년에는 일본의 최고경영자로 선정되었다. 2005년4월 세븐일레븐의 모회사인 이토요카도와 자회사인 데니스를 인수합병하여 지주회사인 '세븐 앤 아이 홀딩스'를 출범시켰다. 12

월에는 세이부와 소고 백화점을 인수해서 세계제5위의 유통업체로 급부상하게 되었다. 현재 스즈키는 '세븐 앤 아이 홀딩스'의 회장으로 그룹을 경영하고 있다. 미국에서 세븐일레븐, 서클K, 내셔널 컨비니언스 스토어 등 3대 편의점이 동시에 망했다는 사실을 감안하면 스즈키가 세븐일레븐을 크게 성공시킨 것에는 특별한 원인이 있다는 것을 알 수 있다. 필자는 스즈키의 증언을 통해 그의 비결을 알아보기로 한다.

편의점인 세븐일레븐은 할인점과 비교할 때 가격 경쟁력이 열세이다. 막강한 재력을 갖추고 쾌적한 물적 설비를 갖춘 대형 할인점에 비교할 때, 무엇 하나 유리한 점이 특별히 없다는 점이다. 그러함에도 일본에서 30여 년 동안 가장 성공한 기업의 하나로 손꼽히는 데는 분명히 이유가 있었던 것이다. 세븐일레븐을 창업할 당시, 정월 1-2일에 가맹점을 열게 되어 상품의 납품을 부탁하러 다녔다. 이토요카도의 간부들이나 사외 사람들은 "정말 난센스다. 장사를 모르는 인간들이 하는 짓이다."라고 비웃었다. 그러나 스즈키는 "과거의 상식에 구애되지 않고 사물을 정확하게 볼 수 있는 것이 중요하다."고 생각했다. 그는 고객편에 서서 편리함을 생각했기 때문에 정월이라도 가맹점을 열어야 할 필요가 있었다. 그 결과는 매우 성공적이었다.

스즈키는 "경영은 변화에 대응하는 것이다."라고 말한다. 그에게 있어 장사의 기본적인 네 가지 원칙은 상품 구색, 신선도 관리, 청결, 친절한 서비스이다. 그는 이 네 가지 원칙을 수없이 반복하여 말해왔다. 그는 기본을 철저히 하고 이를 지속적으로 하는 것이 필수적이라고 강조한다. 스즈키는 “항상 고객의 입장에서 생각해야 한다.”라고 말한다.

스즈키의 주도로 1982년 이토요카도의 업무개혁이 시작되었다. 세븐일레븐은 창업 이래 맛과 신선도가 좋은 식품을 제공하려고 하였다. 쌀밥류를 ‘3편 체제’(하루에 3회 생산하여, 3회 납품하는 것)로 구축한 것도 그 이유였다. 세븐일레븐에서 업계 최초로 우유의 유통기한을 문제 삼은 것도 같은 생각에서 연유한다. 고객에게 가치 있는 것 즉 신선도와 맛이 좋은 상품을 제공할 수 있어야 한다는 것이었다.

안 팔리는 상품을 배제하는 것이 중요

1999년 조사에 의하면, 이토요카도의 의류용품에서 기회손실이 경상이익의 2.6배나 되었다. 그 상품을 고객이 사려고 할 때 재고가 없으면 생기는 손실이 기회손실이다. 스즈키에게 중요한 것은 고객이 요구하는 것을 철저하게 행동으로 실천하는 것이다. 그는 ‘가맹점에서 안 팔리는 상품을 배제하는 것이 중요하다’고 생각한다.

스즈키는 “소비는 경제학이라기보다 심리학의 분야이다.”라고 말한다. 그는 고객에게 필요한 것이 무엇인지 가설을 세워서 시도해보는 것 즉 ‘가설-검증’을 중요하게 생각한다. 고객의 취향이 점점 변화하고 있으므로 이에 대응해야 한다는 것이다. 그는 “나는 그날의 최저온도와 최고온도를 예측한다. 체감 온도에 맞추어 상품을 조달하고 기회손실을 줄이는 방법을 강구해야 한다."라고 말한다. 타성에 젖어 대응하게 되면 이익을 보기 어렵다는 것이다.

스즈키는 "잘 팔리는 상품의 재고를 충분히 확보해야 한다."라고 말한다. 상품의 품질을 높여나가야 하므로, 변화에 대응하여 상품의 내용을 바꿔야 한다는 것이다. 스즈키는 달걀에 날짜를 넣도록 한 일이 있었다. 이를 반대하는 의견이 있었으나, 날짜를 넣은 다음부터는 매출이 늘었고 남는 것이 적어 낭비도 줄일 수 있게 되었다. 그는 "장사에서는 어떻게 자신을 객관적으로 볼 수 있는지 아는 것이 중요하다."고 말한다.

"절대로 거래처에 반품하지 말라"

스즈키는 "절대로 거래처에 반품하지 말라"는 방침을 내걸었다. 이는 고객이 세븐일레븐에 반품하지 말라는 것이 아니라, 세븐일레븐이 납품업체에게 반품하지 않는다는 것이다. 그는 상품을 주문한 세븐일레븐이 자신의 책임을 다해야 한다고 생각했다. 반품금지로 인한 재고는 세븐일레븐이 모두 부담하겠다는 것이다. 납품업체들은 일단 납품하면 100% 결제를 받는다는 것을 확신하게 되었다. 그 결과 세븐일레븐은 납품업체들로부터 신용을 얻었고, 영업을 펼치는데 협조를 받을 수 있었다.

스즈키는 반품금지로 인해 입을 손해를 감수하면서도, 고객과 거래처를 위하여 정신을 바짝 차려야 성공할 수 있다는 확신이 있었다. 주문 담당자는 정신을 바짝 차려 항상 고객 수요에 민감하게 대처해야 하였고, 철저하게 고객 수요에 맞게 주문하는 정신 긴장감을 가져야 하였다. 철저히 수요를 예상하여 많이 남지 않을 만큼, 모자라지 않을 만큼 주문해야 하였다. 즉 주문 담당자가 정신 긴장감이 해이해진다거나 대충대충 하는 자세로는 절대로 성공할 수 없는 제도인 것이다. 이는 "항상 고객의 입장에서 생각해야 된다."는 가치관에 충실하기 위한 것이었다.

필자가 자주 가던 유명 할인점에서 명절 때 팔던 물건이 남아, 반품 작업을 하느라 직원들이 진땀을 흘리며 고생하는 것을 본 적이 있다. 이 할인점은 한국 최고의 할인점으로서 거대한 물적 설비를 갖추고, 엄청난 매출을 기록한다고 자랑하는 유통업체이다. 이 유통업체는 편의점 체인을 경쟁상대로 여기지 않는다. 그러면 이 유통업체는 왜 '반품금지'라는 조치를 왜 못하는 것일까? 지금처럼 대충 상품을 주문하고 남으면 반품하는 구조는, 납품업체나 고객에게 그리고 할인점 자신에게도 이익이 되지 않는다는 사실이다. 납품업체는 반품을 받을 상품을 감안하여 납품가를 산정하게 되고 그 결과, 납품가도 판매가도 모두 올라갈 수밖에 없다. 이 '한국최고의 할인점'을 자랑하는 유통업체가 세븐일레븐이 도입하고 있는 '반품금지'를 도입한다면, 지금과는 다른 차원의 유통업체로 올라갈 수 있을 것이다.

스즈키는 세븐일레븐 책임자들에게 상품을 시식하고 맛이 나

뻐다고 생각되면, 그 상품을 매장에서 제거해도 좋다는 권한을 부여했다. 고객에 대한 신용이 높아져야 생존할 수 있다는 사실을 그는 알았기 때문이다. 그 결과 '세븐일레븐 상품이면 절대 틀림없다'는 신용이 있게 되었다. 그는 언제나 '나쁜 소식은 빨리'라고 말한다. 10년 전쯤에 '오전 8-9시에 제조'라고 찍힌 도시락이 당일 오전 7시에 납품된 일이 있었다. 스즈키에게는 아무런 보고도 없었다. 그는 납품업자와의 거래를 중단하라고 지시했다. 이는 상품부의 납품업자에 대한 교육 부재였다. 또한 업무에 대한 자각 부재였다. 그는 "상품의 신선도에 대해서 절대로 타협해서는 안 된다."라고 말한다. 스즈키는 "세븐일레븐은 고객을 위해서 존재하는 것이며 이 우선순위를 잘못 알면 안 된다."라고 강조한다. "고객을 먼저 생각하는 것이 우리들 장사의 기본이다."라고 스즈키는 말한다.

눈앞 이익만을 좇는 장사는 고객을 잃어버려

스즈키가 처음에 세븐일레븐을 출범시켰을 때, 일본에서 편의점은 정착할 수 없다고 평했다. 그런데, 세븐일레븐이 궤도에 오르는 것을 확인하자, 세상 사람들은 "이제 편의점의 시대가 도래했다."라고 떠들어대기 시작했다.

스즈키는 "우리가 할 수 있는 것은 기본으로 돌아가서 철저하게 하는 것이다. 기본은 상품 구색, 신선도 관리, 청결, 친절한 서비스다."라고 말한다. 스즈키는 업무회의에서도 같은 말을 몇 백 번이고 말한다. 그래도 잘못은 빈번히 일어난다는 것이다. 청결 과제가 가맹점에서 잘 지켜지기 위해서는 책임자가 매일 가서 자신이 청소하는 모범을 보이는 것도 좋다고 그는 강조한다. 그는 "자신이 공부하고 상대방보다 깊이를 갖는 것이 매우 중요하다."라고 말한다.

고객을 위한 대의를 타협할 수 없다

그는 "자신이 솔선수범하지 않으면 진정한 교육이 되지 못한다."고 말하며 자신이 말한 것을 스스로 실천하고 있다. 그는 "우리들이 하는 일은 어려운 일이 아니다. 어려운 것은 이를 철저하게 지속하는 것이다."라고 말한다. 스즈키는 "일을 철저하게 하는 것이 관리이며 리더십이다. 안이함은 용납되지 못한다."고 말한다. 가끔 설명서에 가격표가 붙어있는 경우가 있다면 그는 이를 방치한 물류 담당자의 책임도 묻는다. 타성에 빠지지 말고 한 사람의 고객을 만족시켜야 한다는 것이다. 스즈키는 "고객을 위한 대의를 위해서 우리는 절대로 타협할 수는 없다."고 말한다. 그러한 그의 초지일관한 정신자세가 세븐일레븐을 최고의 유통업체로 향상시키는 원동력이 되었다는 사실이다.

일본의 세븐일레븐은 전체 매출액이 22조원으로, 이온AEON의 17조원, 다이에의 15조5천억원, 이토요카도의 15조2천억원 등을 크게 능가하며 경상이익은 1조6천억원으로 유통업계 최고이다. 세븐일레븐 직원 1인당 경상이익은 연간3억7천만원으로 모회사인 이토요카도의 3천5백만원, 이온 2천2백만원에 비해 현격하게 뛰어나다.

가장 위험한 것이'매너리즘'

스즈키는 "고객들의 니즈를 정확하게 파악해 나가는 것이 판매촉진의 비결이다."라고 말한다. 그는 "발주와 상품관리를 쉽게 하기 위해 상품의 진열과 공간배분을 고정화한다는 것은 본말전도의 생각이다."라고 말한다. 그렇기 때문에 세븐일레븐에서는 고객을 위해 필요할 때마다 진열을 새롭게 한다. 세븐일레븐에서는 고객이 찾는 상품이 아침, 점심, 저녁에 따라서 다르다는 것을 알게 되었다. 그래서 상품의 진열을 그에 맞추어 새롭게 배열하여 고객이 쉽게 상품을 고르게 하였던 것이다. 고객을 생각하는 마음이 없었다면 결코 이러한 귀찮은(?) 일을 하지 못하였을 것이라고 한다.

세븐일레븐에서 1982년 상품관리 시스템을 POS시스템으로 변환하였다. 스즈키는 "현상이나 환경에 타협하는 것부터 회사의 멸망이 시작된다. 우리들은 항상 위기감 속에 있어야 한다."라고 말한다. 많은 사람들은 세븐일레븐이 POS를 조기에 도입한 것이 성공의 원인으로 생각한다. 그런데 일본보다 빨리 POS를 도입한 미국의 큰 소매업체들이 경영위기에 빠졌다는 사실이다.

스즈키는 "POS와 같은 시스템을 도입하여도 직원 개개인이 변화의 동향에 관심을 기울이지 않는다면 쓸모없는 것이 되고 만다. 기본은 역시 직원 한 사람 한 사람의 마음가짐이다."라고 말한다. 매일 자료를 지속적으로 볼 것, 그 자료를 분석하면 적절한 머천다이징이 가능해진다는 것을 스즈키는 알고 있다.

발주는 소매업에서 생명선

스즈키는 20년 전 월마트 회장과 회담한 일이 있었다. 그 모임에서 얻은 결론은, 시대 변화에 대응할 수 있는 힘을 갖추고 있어야 한다는 것이다. 월마트도 재고가 줄어든 양만큼 이익이 나왔다는 것이다. 스즈키는 "잘 팔리는 것은 많이 구입하고 잘 안 팔리는 것은 적게 구입해야 한다. 적당한 재고량을 산출하기 위해 평소의 상품관리를 철저하게 해야 한다."라고 말한다. 그에게 발주는 소매업에서 생명선이다. 그는 '변화대응'에서 기초가 되는 것은 '상품관리'임을 강하게 주장한다.

세븐일레븐에서는 상품별로 팔리는 시간대를 체크하고 이에 따라 발주량을 조절한다. 그래서 상품의 움직임을 정확히 파악해 낭비를 줄이는 노력을 한다. 철저히 정신 차리고 긴장하지 않으면 세븐일레븐에서 제대로 근무한다는 것이 거의 불가능하다는 사실이다. 미국에서는 3대 편의점 체인이 모두 도산했다. 스즈키는 "항상 현상 부정의 생각에서 자기혁신에 몰두하는 것이 필요하다."고 말한다.

유통업계의 상식을 바꾸어 버리는 것

세븐일레븐에서 모리나가 회사가 자사 상품과 메이지 회사 우유를 공동배송을 하여 왔는데 처음에는 반대가 있었다. 지금은 그것이 당연한 사실이 되었다. 배송 시스템도 1편 체제에서 2편 체제로, 2편 체제에서 3편 체제로 바꾸어 왔다. 스즈키는 항상 도전하여 검증해나가는 것이 자신의 일이며 고객의 지지를 받을 수 있어야 한다고 생각한다. 발주는 도매상의 1회 발주로 케이스(24개입) 단위였는데 박스를 해체하여 1-2개 소단위 발주와 배송을 처음 실시한 곳이 세븐일레븐이었다. 이는 몇 10년 간 지속해 온 일본의 유통업계의 상식을 바꾸어 버리는 것이었다. 결국 세븐일레븐이 옳다는 것이 입증되었다.

스즈키는 "자신들이 고객이 되어서 생각해보는 것이 중요하다. 우리의 최대 경쟁상대는 끊임없이 변화를 멈추지 않는 고객의 요구이다."라고 말한다. 그는 가맹점에 '현금자동예금지불기'ATM을 최초로 설치하였고 '공공요금의 납부서비스'를 처음으로 착수하였다. 이로 인해 시장은 더욱 활성화되었다. 스즈키는 이토요카도의 패밀리 레스토랑인 '데니스'에 라면을 취급하도록 지시했다. 반대가 많아 그는 강제적으로 시켰는데, 이것이 좋은 반응을 얻어 인기 품목이 되었다. 고객은 항상 싫증을 내므로 신상품을 개발하는 일이 계획되어야 한다는 것이다. 편의점은 처음에 유통 전문가라고 하는 대학 교수들도 모두 부정적이었다. 심야영업이나 24시간 영업도 우려하였다. 지금은 이러한 것들이 모두 상식이 되어 버렸다는 사실이다. 편의점이 정월 초하루에 문을 여는 것도 당연시하는 상황으로 변했다.

고객을 먼저 생각하는 것이 장사의 기본

스즈키가 걱정하는 것은 세븐일레븐 전체가 타성에 젖어 있는 것이 아닌가 하는 것이다. 그에게 중요한 것은 변화에 얼마나 대응할 수 있느냐는 것이며 얼마만큼 프로처럼 몰입하는지가 중요하다고 생각한다. 일본 국내의 세븐일레븐은 1만 가맹점에 달하였다. 스즈키는 “모든 것은 철저하게 자기 혁신을 얼마나 하느냐에 따라 결정되는 것이다.”라고 말한다. 스즈키가 “항상 고객의 입장에서 생각해야 된다.”는 가치관에 집요하게 헌신하였던 것이 일본 유통업계의 거인으로 성장할 수 있었던 비결이었다. “고객을 먼저 생각하는 것이 우리들 장사의 기본이다.”라고 생각하는 스즈키는, 누구도 예상할 수 없었던 것을 단순한 가치관에 헌신하여 성취한 것이다.

Lesson 06

실패의 함정

냉혹한 현실을 직시하지 못하고 장밋빛 낙관주의에 빠지는 것은 경영자로서 엄청난 실패의 함정이 될 수 있다.

06장

실패의 함정

실패의 함정이란 모든 경영자가 빠질 수 있는 경영의 위험 즉 실패 가능성을 말한다. 사실 성공보다 실패 가능성이 훨씬 높다. 조사에 의하면, 사업이 성공하는 확률은 5% 정도라고 한다. 95%가 실패한다는 것이다. 그러므로 실패의 원인이 되는 함정에 대해 충분히 유념하고, 이에 빠지지 않도록 하는 것이 중요하다는 것은 너무 분명한 것이다.

장밋빛 낙관주의 함정

스톡데일 장군은 1965-1973년에 8년간 하노이 전쟁포로 수용소에서 지냈던 사람이다. 그는 해군중장으로 포로가 되어 모진 고문에도 사기를 잃지 않고 끝까지 생존했다. 그의 생존 능력은 그가 석방되고 난 후에 더욱 돋보였다. 그는 자신의 포로 수용소 생활을 증언하였는데, 인간의 생존력에 관한 독특한 그의 견해에 많은 사람들이 감명 받았다. 하노이 전쟁포로 수용소에서 고문과 좌절감을 견뎌 내지 못한 사람들이 많았다고 한다. 그러한 극도의 상황에서 생존한 스톡데일 장군은 유명한 '스톡데일 패러독스'라는 용어를 유행시키기도 하였다. '스톡데일 패러독스'란 지금까지 사람들이 생각하던 것과는 달리 역설적이었기에 붙여진 명칭이었다.

하노이 전쟁포로 수용소에서 생존력이 약한 사람들은, 생각과는 달리 장밋빛 낙관주의자들이었다. 많은 사람들은 낙관적인 사람들이 인생에 긍정적이며 그들이 더욱 생존력이 강할 것이라고 예상했으나 실제는 달랐다. 장밋빛 낙관주의자들은 "이번 크리스마스 때까지는 나갈 거야."하고 기대하던 사람들이었다. 그러한 기대감에 찼던 사람들이 석방되지 못하자 좌절하였고, 결국 상심하여 시름시름 기운을 잃고 죽었다는 사실이다. 오히려, 냉혹한 현실을 더욱 냉정하게 바라보고 "이번 크리스마스에 석방되지 않을 수 있다."라고 생각한 사람들은 석방되지 못하자, 현실을 담담하게 받아들였다는 사실이다. 이러한 현실적인 사람들은 다음 해를 바라보았고, 그것도 장밋빛 미래가 아니라 기대에 어긋날 가능성이 있다는 점을 염두에 두었다는 것이다. "그것이 무엇이든 눈앞에 닥친 현실 속의 냉혹한 사실들을 직시해야 합니다."라고 스톡데일은 말한다. 냉혹한 현실을 직시하지 못하고 장밋빛 낙관주의에 빠지는 것은 경영자로서 엄청난 실패의 함정이 될 수 있다. 필자와 같이 명퇴하였던 많은 사람들이, 사업의 위험을 생각하기보다 의욕만 앞세워 돌진하다가 함정에 빠져 고생하였던 것은 유념할 사항이다.

피터의 원리 함정

피터의 원리를 발표한 로렌스 피터는 워싱턴 주립대학 교육학 박사학위를 취득했고 콜럼비아 대학 교수로 있다가 1988년 사망했다. 그는 교수, 카운슬러, 교도소 교관, 심리학자로 일하였다. 피터의 원리가 공개적으로 발표된 것은 1960년9월에 열렸던 한 세미나에서였다. 1963년12월 로렌스 피터는 '형편없는 연극'을 관람하고 있었다. 유능한 배우였던 그 날의 주연 배우는 배우, 감독, 제작자의 역할을 모두 하려다가 결국 '형편없는 연극'을 만드는 지경에 이른 것이었다. 피터는 "인간은 누구나 자신의 능력 이상으로 올라가려는 경향이 있다."고 말한다. 그는 "진정한 진보는 삶의 질을 높임으로써 달성된다는 사실을 깨달아야 한다. 우리는 삶의 의미를 재평가하고 자신의 창조적 능력을 활용해야 한다."고 말한다.

로렌스 피터가 밝혀준 사실들을 통해서, 경영자들은 항상 무능에서 탈출하여 실패의 함정에 빠지지 말아야 함을 명심해야 한다. 남북전쟁에서 남군 사령관이었던 로버트 리 장군은 "내 명령이 제대로 수행되는 꼴을 못 봤다"며 화를 냈다고 한다. 유능한 장군으로 알려진 로버트 리 장군은 자신의 군대가 명령이 제대로 수행되지 못하는 매우 무능한 상태를 개탄하였던 것이다. 그것은 사실상 로버트 리 장군의 무능함을 말하고 있었던 것이다.

로렌스 피터는 대학을 졸업하고 교사자격증을 쥐고 세상 속으로 뛰어들었다. 그는 교사생활1년 만에 교사와 교장은 물론 대다수의 장학사와 교육감들까지 자신이 책임져야 할 업무가 무엇인지 모르고 있으며, 이를 수행할 역량도 없다는 사실을 알고는 실망했다고 한다. 어느 자동차 정비공장의 기술자는 기술 분야에서 탁월한 능력을 발휘했다. 그러한 능력을 인정받아 그는 감독관으로 승진했다. 하지만 이때부터 기계에 대한 그의 애정과 완벽주의는 감독관으로서 업무수행에 무능력함으로 나타났다. 기술자로서의 유능함과 감독관으로서의 유능함은 다르다는 사실을 몰랐기 때문이다. 용기있는 장군으로서 존경을 받았던 굿윈 장군은 육군사령관으로 승진하고 나서, 그의 지위에 걸맞는 임무를 수행하는 것이 힘겨웠다고 한다.

'위계조직 안에서 일하는 모든 사람들은 자신의 무능력 수준에 도달할 때까지 승진하려는 경향이 있다'는 것이 피터의 원리이다. 위계조직학에서 볼 때 진짜 승진은 유능한 사람이 그 위로 올라가는 것뿐이다. 유능함이란 자신이 하는 일의 의미나 일이 달성하는 가치를 생각하고 일하는 능력이다. 경영자가 단순히 기계적인 업무로 만족하는 것은 무능한 것이다. 피터에 의하면, 능력 있는 상관은 결과를 평가한다. 무능력한 상관들은 부수적인 가치를 기준으로 부하들의 등급을 매기려 한다. 즉 업무능력이 아니라 업무와 관련이 없는 것을 평가한다. 결국은 유능한 부하가 무능한 부하로 평가될 수 있다는 것이다.

유능한 경영자는 종업원의 유능함을 제대로 평가하고 이들을 계속 유능하도록 지도하는 사람이다. 경영자의 업무는 바로 사람들을 관리하고 성장시키는 것이다.

피터는 "유능한 직원은 중요한 업무를 맡으면 바로 그 일에 착수한다."고 말했다. 피터에 의하면, 무능력 단계에 도달한 사람들은 끊임없이 바쁘게 움직이며 자신의 무능력을 깨닫지 못한다고 한다. 필자는 수많은 경영자들을 만나 보았는데, 항상 "바쁘다, 바쁘다"고 습관적으로 투덜대는 경영자가 종종 있다는 사실이다. 이런 경영자 중에서 유능하다고 생각되는 경영자는 한 사람도 없었다. 유능한 경영자는 결코 "항상 바쁘다"고 하지 않는다.

로렌스 피터는 "단순히 양적 팽창만으로는 위대한 성취를 이룰 수 없다. 인간은 삶의 질을 개선함으로써 즉 삶의 무능력을 피함으로써 성취감을 얻을 수 있다."라고 말한다. 필자의 견해는 '끊임없이 학습하는 경영자는 현재의 위치만이 아니라, 변화되는 위치에서도 지속적으로 자신의 유능함을 발휘할 수 있다'는 것이다. 학습하지 않는 경영자는 조만간 무능함의 상태에 도달하게 되어, 피터의 원리에 사로잡히게 될 것이다. 그러한 함정에 빠지지 않는 유일한 길은, 학습하고 학습하여 자신의 정신력과 실력을 매일 향상시키는 것이다.

일 자체의 함정

로버트 크리겔은 인간의 능력에 관한 연구자이며 변화 심리학의 대가로 인정받고 있다. 그는 그의 저서를 통해 인간들이 힘들게 노력하면서 결국 함정에 빠질 수 있다는 것을 알려주고 있다. 크리겔은 오랫동안 스포츠 선수들을 지도하면서, 그들이 전력을 다해 달리는 것보다는 90%의 힘만 가지고 달릴 때 훨씬 더 놀라운 기록을 보인다는 사실을 알게 되었다. 비즈니스에서는 열심히 일하는 사람보다 시간을 효율적으로 사용하고 적절한 휴식을 취하는 사람이 훨씬 높은 성과를 올린다는 것이다. 크리겔은 "성공하려면 일에서 질을 추구해야 한다."라고 강조해 왔다. 성공하는 사람들은 일 자체 함정에 빠지지 않고 일을 즐긴다.

장시간 열심히 일을 하면 엄청난 스트레스에 시달리고 비생산적인 결과만을 낳는다는 사실이다. 연간 평균 2,000시간을 일하는 미국 노동자보다 평균 1,370시간을 일하는 네덜란드의 노동자들이 세계최고의 생산성을 자랑하고 있다고 한다. 경영자는 너무 많은 일로 스트레스라는 함정에 빠지지 말아야 한다. 경영자는 작업자가 아니라 생각하고 결정하고 방향을 제시하는 사람이기 때문이다.

식품회사 나비스코의 사내 컨설턴트는 "종업원들은 부가가치 있는 작업에 15%, 불필요한 작업에 20%, 빈둥거리는 데 15%, 잘못된 일을 다시 작업하는 데 30%를 보내고 있다."라고 말한다. 작업을 다시 하는 이유는 숙고하지 않고 급하게 결정을 내렸기 때문이다. 어느 맥주회사에서 새로운 브랜드개발에 성공하여 혁신적인 제조공정, 홍보, 광고, 포장, 마케팅 등으로 새로운 맥주를 출시하였는데, 맥주의 맛을 보는 단계를 철저히 거치지 않아 결국 맥주를 전량 회수하는 해프닝을 벌여야 했다. 일에 묻혀 중요한 것을 제대로 확인하지 않는 것도 함정이다.

일본에서 일어난 최악의 원자력 발전소 사고도 급하게 서두르다가 벌어진 것이었다. 근로자들은 평소 정화탱크에 방사능물질을 5.2파운드 넣었는데, 그날은 아무 생각 없이 35파운드를 넣었고, 연쇄반응이 일어나 무시무시한 일이 벌어지고 만 것이다. 근로자들이 너무 과로해서 일어난 사고 즉 함정이었다. 이는 근로자의 잘못이라기보다 경영자의 잘못이다. 경영자는 이러한 상황이 되지 않게 조치를 해야 할 의무가 있다. 현장의 상황을 제대로 모르는 경영자는 이러한 조치를 할 수 없는 것이다.

온라인 슈퍼마켓 업체인 웹밴은 주가가 무려 99%나 급락해 위기상황에 직면해 있었다. 증시분석가들에 따르면, 모델이 제대로 운영되는지 확인하지도 않고, 복잡한 자동배송시스템을 26개 도시에 확장하려 했던 경영진의 실수가 주가폭락의 원인이었다. 무능한 경영이 원인이었던 것이다. 의류업체 런던포그는 미국 최고의 레인코드 제조업체로 92%의 브랜드 인지도를 가지고 있었다. 그런데, 이 회사는 지나치게 급성장에 집착해 90년대말 도산하였다. 이 회사의 경영자는 아웃웨어와 스포츠시장에 진출했고, 월마트와 홈디포에 대형 소매점을 여는 등 문어발식으로 여러 부분에 진출하였다. 또한 공항 쇼핑몰과 철도역사 쇼핑몰에도 진출하고자 했다. 그 결과는 도산이었다. 경영자가 급속한 성장을 추구하는 것은 심각한 함정의 원인이 된다. 급속한 성장을 위해, 공장 부지와 설비에 많은 금액을 대출로 조달했던 기업들이 곤경을 겪고 있는 사실을 지금 필자는 보고 있다. "대출이든 뭐든 성장하는 것이 성공이다."라고 착각했던 경영자는 함정에 빠졌고, 자신의 무능함을 드러낸 것이다.

블룸버그사의 창업자 마이클 블룸버그는 "성장에 유혹 당하지 말아야 한다. 성장률을 계속해서 증진시키겠다는 유혹에 빠지면, 자아도취에 빠지기 쉽고 경영이 힘들어진다. 되도록 느리게 성장하는 것이 중요하다."라고 말한다. 런던의 광고회사인 세인트룩 커뮤니케이션주식회사는 9천만불에 달하는 광고주문을 거절하였는데, 이미 능력의 한계에 도달했다는 판단 때문이었다. 이 회사의 회장 앤디 로는 급성장하면 창의력이 그만큼 떨어진다고 생각했고 그의 느린 성장 전략은 성공하고 있다. 고객의 요구, 관심, 목표를 정확하게 파악해야 비로소 혁신적인 아이디어를 얻을 수 있다는 사실을 앤디 로는 알고 있었고 함정에 빠지지 않았다.

무슨 일이든 급하게 하다보면 실수를 저지르게 되고, 의사소통이 제대로 이루어지지 않으며 혁신도 불가능하다. 저명한 학자인 바바라 에렌라이히는 "모든 것이 가속화됨에 따라 반성하고 분석할 시간을 갖지 못하고 있다. 느리게 움직이면 보다 완벽한 변화가 가능하다."라고 뉴욕타임즈에 기고하였다. 여유가 없으면 창의성과 혁신적인 아이디어가 나오기 어렵다는 사실이다. "시간이 없다"고 허둥대는 경영자는 함정에 빠지기 꼭 알맞다. 사실 경영자로서의 자격이 없는 사람이다.

경영자가 여유를 갖는 것은 함정에 빠지지 않는 좋은 태도이다.

시간과 돈을 낭비하는 미팅이 많다는 사실이다. 크리겔은 50%의 해결책으로 미팅의 시간과 횟수를 50%나 줄이는 것이 효과적이라는 사실을 알게 되었다. 존슨앤존슨, 이퀴터블생명보험, 코닝 등의 기업은 미팅 장소의 의자를 모두 없앴다. 다시 말하면, 회의를 앉아서 하지 말고 서서 하자는 것이었다. 그러자 미팅 시간은 크게 줄어들었다고 한다. 지각한 사람에게 벌금을 내도록 만들면 효과가 있다는 사례가 있다. 1분에 몇 불씩으로 하자, 직원들이 제 시간에 미팅에 참석했다. 경영자는 낭비되는 회의의 함정에 빠지지 않아야 한다.

P&G의 '1페이지 이상 되지 않아야 한다'는 규칙은 서류작업에서 매우 중요하다. 크리겔이 광고회사에 있었을 때, P&G의 광고의 결과에 대한 보고서는 1페이지만으로 끝내야 했다. 정리된 생각을 한 페이지에 담는 것은 요점을 정리하는 뛰어난 방법이다. 윈스턴 처칠은 부하들에게 한 페이지 이상 되는 보고서는 절대 제출하지 않는 것을 철칙으로 삼게 했다. 경영자는 부하가 멋대로 보고하지 말고 요점을 빨리 보고하도록 교육시켜야 할 책임이 있다. 복잡하게 되면 경영자는 함정에 빠질 위험이 커진다.

뱅크원의 금융회사인 원코퍼레이션 회장인 도널드 윙클리는 "지속적으로 일어나는 작은 변화들이 맹렬한 전략 결정보다 더욱 강력한 영향을 미칠 수 있다."라고 말했다. 모험을 하려는 충동은 함정이다. 사업은 모험이 아니다. 경영자는 사업에서 함정에 빠지지 않고 수익을 내어야 한다.

감독 없는 명령의 함정

밴 플리트는 미8군 사령관이었으며, 한국전에도 참전하였다. 1953년 대장으로 퇴역한 후, 그는 동기부여 기법에 강의활동과 저술활동을 하였다. 그가 경영자들의 능력향상에 관해 조언한 내용은 실제적인 경험에 근거한 것이었다.

밴 플리트는 경영자가 자기 향상을 위해 필요한 독서를 하지 않는 일은 낙오될 수 있는 위험한 함정이라고 경고했다. 그는 "경영자는 끊임없이 책을 읽어야 한다. 행정능력 개발은 근본적으로는 자기개발이다."라고 말한다. 세상은 변하는데 경영자의 정신력과 능력이 어제와 똑같다면, 그 자체가 문제의 원인이라는 것이다. 플리트는 "감독 없는 명령은 명령하지 않은 것과 같다."라고 말하는데, 이는 그 자신이 오랜 군대생활에서 뼈저리게 경험했던 것이다. 그는 "때때로 지시를 이해하지 못한다는 것은 부적절한 청취 때문일 수 있다. 지시가 제대로 전달되었는지 점검해야 한다."라고 말한다.

밴 플리트는 "경영자는 미리 가능한 최선의 승산을 알아봐야 한다. 무모한 도전은 하지 말아야 한다."고 권고한다. 그는 "경영자가 직접 감독하기를 소홀히 한다는 것은 큰 실수이다."라고 말한다. 빈약한 관리는 제대로 통제되지 않고 있다는 증거이며 승산이 거의 없게 된다.

인식력의 함정

심리학자 프릿츠 펄스 박사는 "실수를 인식하는 것이 바로 치료"라고 했다. 델러헤이 그룹의 창업자 겸 최고경영자 캐이티 페인은 '그 달의 실수 콘테스트'를 열어 직원들이 스스로 실수를 인정하도록 만들었다. 그러한 과정에서 1989년 이래 2천 번의 실수를 기록해 놓았는데, 실수가 반복되지 않는 효과가 있었고 실수의 함정을 피할 수 있었다

하타무라 요타로는 동경대 대학원 공학연구과 교수이다. 그는 많은 실패가 발생하는 것을 경험하였으며 경영에서 심각한 실패로 확산되는 것은 엄청난 손실이라는 것을 실증하였다. 경영자가 큰 실패에 빠지는 함정을 미리 예방해야 함을 그는 강조한다. 하타무라는 "우리 인생의 80%는 실패의 연속이다."라고 말한다.

1940년 워싱턴주 타코마에 새로운 현수교가 완공되었는데, 초속19노트의 바람에 완성된 지 4개월 만에 붕괴하고 말았다. 이는 공명진동에 의한 파괴였다. 타코마 협교는 강풍에 다리가 6백 피트나 날아갔고 철저하게 붕괴되었는데, 설계 자체가 결함 투성이었다는 사실이다. 더욱이 보험료를 브로커가 착복하여 보험금을 탈 수 없었다. 이를 거울삼아 일본에서는 초속80노트의 바람에도 견딜 수 있는 아카시 해협 대교가 건설되었다. 실패에 대한 인식력을 얻게 되어 이에 대처하였던 것이다.

실수와 관련된 하인리히 법칙이 있다. 이는 하나의 큰 재해의

속에는 경미한 부상을 입을 정도의 재해가 29건이 있고 그 뒤에는 300건의 작은 사건들이 존재한다는 것이다. 1:29:300의 법칙이다. 이는 '방치해둔 실패는 성장한다'는 실패의 특성 때문이다. 하타무라는 "실패 대책을 수립하지 않으면 결국은 손해라는 의식을 가져야 한다."고 강조한다. 실패에 직면한 사람이 보이는 첫 번째 증상은 패닉 상태에 빠져 판단이 정지된다는 것이다. 작은 실패를 인식할 수 있어야 큰 실패를 방지할 수 있다. 경영자는 이점을 유념해야 한다.

하타무라는 "회의가 많은 회사일수록 실패를 일으키기 쉬운 체질을 갖고 있다."라고 말한다. 책임회피를 위한 회의를 빈번하게 여는 조직은, 개인의 책임의식까지 희박하게 만든다는 것이다. 이러한 상황을 방지할 수 있는 사람은 오직 경영자뿐이다. 경영자는 원칙을 세우고 이를 적절하게 실행해야 실패를 방지할 수 있다.

애매함의 함정

1945년7월 포츠담 회담에 참석한 일본 대표는 연합군의 강화조건을 받고 성명을 발표하였는데, 그 성명에는 '모쿠사추'라는 단어가 들어 있었다. 그 단어의 의미의 하나는 '언급하지 않겠음'이었고, 다른 하나는 '무시한다'는 뜻이었다. 이 단어의 의미를 번역한 사람은 '일본정부는 강화조건을 무시한다'로 번역하여 연합국에 전달하였다. 그 결과, 원자탄이 투하되는 결과로 나타났다. 번역, 통역에 일어나는 심각한 오역이나 실수로 인해 발생하는 결과는 심각할 수 있다는 사실이다. 업무진행 과정에 애매함은 심각한 결과로 이어질 가능성이 있다.

실수 인식력을 높이는 방법으로 "1. 기록하라. 2. 분석하라. 3. 업무 진행표를 작성하라."고 니렌버그는 제안하고 있다.

토니 애클스는 16세에 기계조립 견습공이 되었고, 선박 엔지니어가 되었으며 현재 런던 경영대학원의 교수로 있다.

애클스는 "절박성의 결여, 무기력함은 행동을 모호하게 만든다."라고 말한다.

그는 "실행에 실패하는 원인은 주로 경영자들의 개입도가 낮은 데에 있다. 제대로 조정되고 구성된 전략이 아래로부터 발단되어 나온 예는 없다."고 말한다. 다시 말하면, 제대로 전략이 수립되어 실행되려면 경영자가 직접 지도하고 참여해야 한다는 것이다. 필자가 SR경쟁력프로그램을 통하여 임직원들을 교육하는 과정에 최고경영자의 참석을 필수조건으로 하는 이유가 바로 여기에 있다. 최고경영자가 개입하지 않으면, 임직원들이 절박성을 느끼는 정도가 약해지기 때문이다. 결론은 경영자가 적극적으로 개입하여 변화를 주도해야만 무엇인가 변화가 가능하다는 것이다.

무지의 함정

워렌 버펫은 37년 동안 회장 겸 최고경영자를 지냈는데, 버크

셔 헤서웨이의 시장가치는 연복리 기준으로 매년25% 이상 성장했다. 그는 미국2위의 부자이며 370억불의 개인재산을 가지고 있다. 그는 실수에서 배울 줄 아는 사람이다. 워렌 버펫은 1930년 네브래스카 오마하에서 출생하였으며 콜럼비아 경영대학원 석사학위를 취득하였고 투자펀드회사인 버크셔 헤더웨이를 운영하고 있다. 워렌 버펫의 사례를 통해 경영자들은 무지의 함정에 빠지지 않는 지혜를 얻을 수 있을 것이다.

버펫은 "많은 사람들은 시장이 항상 효율적이라는 잘못된 결론을 내렸다."고 말했다. 그는 그 가설이 잘못된 것임을 알았고, 많은 사람들처럼 무지의 함정에 빠지지 않았기에 투자에서 성공하였다.

버펫은 '조직의 관성'이라는 힘을 발견하였다. 기업은 현재의 방향을 고수하려고 하며, 계속해서 추가적인 자금을 필요로 한다. 조직의 관성은 해로우며 인간의 본성도 바꿔놓는다는 것이다. 버펫은 전략 계획을 세우지 않는다. 그는 예측을 하지 않는다. 제대로 예측하려면 모든 사건을 100% 정확하게 측정해야 하는 데 그것은 불가능한 일이기 때문이다. 버펫은 중요하고 이해 가능한 정보만을 집중 분석한다. 버펫은 중요하며 이해 가능한 세계를 단순하게 요약한다. "단순하고 명확한 일에 매달리면 어려운 일을 해결할 때보다 일반적으로 훨씬 높은 수익을 거둘 수 있다."라고 그는 말한다. 그렇지 않으면 실패의 함정에 빠지기 쉽기 때문이다.

미국 경영자들 중 약 99%는 한 가지를 잘하면 다른 것도 모두 잘할 수 있다고 생각한다고 한다. 버펫은 이런 함정에 빠지지 않는다. 그는 "능력의 영역 안에서 맞는 것을 찾을 수 없다고 해서 영역을 넓히면 안 된다. 맞는 것이 나타나기를 기다려야 한다."라고 말한다. 버펫은 분산투자가 아니라 집중투자를 원칙으로 한다. 분산투자는 사실상 무지하기 때문에 하는 것이라고 버펫은 말한다.

버펫은 "경영대학원은 유용하지도 않은 이론을 어렵게 가르치며 단순한 행동보다 복잡한 행동을 좋아한다. 그러나 단순한 행동이 더 효과적이다."라고 말한다. 그는 "시장이 항상 효율적이기만 하다면, 나는 깡통을 든 거리의 부랑자가 되었을 것이다. 나는 내재가치에만 관심이 있을 뿐이다. 인간에게는 쉬운 일을 굳이 어렵게 하려는 비뚤어진 성향이 있는 것 같다."하고 말한다.

버펫은 "위험은 자신이 무엇을 하고 있는지 모르는 데서 온다."라고 말한다. 버펫은 "성공적인 투자란 본질적으로 자주적이다. 혼자 생각해야 한다. 지능지수가 높은 사람들이 아무 생각도 없이 모방만 하는 것을 보면 참 놀랍다. 투자는 이성적이어야 한다. 이해할 수 없으면 투자하지 말아라. 파생금융상품을 이용하는 것은 위험부담이 두 배로 높다. 이발사에게 이발할 때가 되었는지 물어보지 말아라."라고 말한다. 요즘 펀드에 투자했다가 많은 손해를 본 사람들은 공통적으로 상품에 대해 무지하고, 펀드 매니저의 능력에 대해 무지하며, 펀드의 운용 상황에 무지하다는 사실이다. 특히 경영자는 이러한 무지의 함정에 빠지지 않아야 한다.

버펫은 "조사해야 할 것이 너무 많은 회사라면 어딘가 잘못된 회사이다. 이동통신은 나의 능력 밖이었기 때문에 이 사업을 놓쳤다. 나는 나의 능력 범위 안에서만 머문다. 나는 자료를 많이 읽는다."고 말한다. 버펫은 웰스 파고의 은행장이 중역에게 "크리스마스 트리를 사고 싶으면 본인 부담으로 사라."고 말했다는 소식에 웰스 파고 은행의 주식을 더 샀다고 한다. 버펫은 검약 정신을 매우 중시하며 "자기의 수입보다 적게 지출하는 것이 중요하다."고 말한다. 버펫의 친구이며 동업자인 찰리 멍거는 "다운사이징을 해서 망한 기업은 하나도 없다. 반면에 기업확장을 해서 망한 회사는 수없이 많다."고 말한다.

버펫은 수십 차례 투자에 실수한 경험이 있다고 고백했다. 그는 "내가 유에스 에어를 매입한 것은 일시적 정신착란 행위였다."고 말한다. 그는 21살에 전재산의 20%를 주유소에 투자했던 것이 가장 큰 실수 중 하나였다고 회고한다. 버펫은 "바보도 경영할 수 있는 기업에 투자해야 한다. 언젠가는 바보가 경영하는 수도 있으니까."라고 말한다.

버펫은 아들 하워드에게 "명성을 쌓는 데는 20년 이란 세월이 걸리지만, 명성을 무너뜨리는 데는 채 5분도 걸리지 않는다. 어떤 상황에서도 거짓말을 하지 말아라. 솔직하게 말하면 복잡한 상황에 연루되는 일은 없을 것이다."고 말했다.

버펫의 아들 전자음악 작곡가인 막내 피터는 자기 아버지의 인기 비결이 '겸손함'에 있다고 말한다. 버펫이 골프를 친구들과 할 때 친구들은 '앞으로 사흘 동안 버펫이 홀인원을 한 번도 못한다'는 것에 친구들이 2만불을 걸고, 버펫이 10불을 걸도록 제안했다. 버펫은 "작은 일에 절제하지 않으면 큰일에도 절제할 수 없다."고 그 제안을 거절했다. 그는 무지뿐만 아니라 탐욕의 함정에도 빠지지 않았다.

영국인 기업가인 제임스 골드스미스는 "나는 억만장자이면서 낡은 집에 살고, 중고 셰비를 타고 출퇴근 하는 걸 자랑스럽게 생각하는 버펫 같은 사람을 이해할 수 없다."고 말했다. 버펫은 "나는 현실주의자이다. 나는 돈을 원하기 때문이 아니다. 돈을 버는 재미와 돈이 불어나는 것을 보는 재미 때문이다. 나는 여러 가지 사업을 어렸을 때부터 했으며 고등학교 졸업할 무렵에는 은행에 9,000불이나 되는 돈을 예금하고 있었다."고 말한다. 그는 "나는 마음에 들지 않거나 존경스럽지 않은 사람과는 교류하지 않는다. 그것이 성공의 열쇠이다. 사람을 고용할 때 성실성, 지성, 정열 이 세 가지 특성을 보아야 한다는 말을 들었는데 맞는 말이다."고 말한다. 버펫은 무지의 함정에 빠지지 않으려고 노력하였다. 경영자들은 그에게서 배워야 할 것이다.

도취의 함정

칼 알브레히트는 세계적 명성을 얻고 있는 저자이며 경영 컨설턴트이다. 그가 경영자들에게 권하는 내용은 매우 실제적이다. 그가 20년 이상 목격한 바에 의하면, 외부 경쟁업체의 도전보다 조직 내부 문제로 사업에 실패하는 사례가 훨씬 더 많았다.

1999년 9월30일 1억2천5백만 불짜리 미항공우주국 화성기상탐사 우주선은 궤도를 잘못 운항하는 사고로 완전히 사라져버렸다. 운항 소프트웨어를 짠 엔지니어들이 두 개의 그룹으로 나뉘어 작업을 했는데, 한 그룹은 미터법으로, 다른 그룹은 마일로 계산하였으며 이러한 사항을 미리 점검하지 않았기 때문에 발생한 사고였다. 머리가 좋다고 스스로 생각하는 것은 큰 함정에 빠지는 것을 도와주는 역할을 한다는 점이다. 이는 도취의 함정이다.

필자는 얀 칼슨이 "어떤 목표이든 고객본위의 것이어야 한다."는 가치관에 헌신하여 스칸디나비아항공사를 뛰어난 항공사로 다시 태어나게 한 사례를 이미 언급하였다. 이처럼 뛰어난 경영자도 실패의 함정에 빠질 수 있다는 사례를 들고자 한다. 최고경영자 얀 칼슨은 1981년 8백만불의 적자를 기록했던 회사를, 20억불 매출에 7천1백만불의 순이익을 내는 회사로 탈바꿈시켰다. 10년 이상 순이익을 내자, 칼슨은 자신의 성공에 도취하는 약점을 드러내었다. 칼슨은 호텔과 다양한 여행 서비스 산업 부문에 속하는 업체들을 운영함으로써 여행객에게 모든 편의를 제공하겠다는 목표를 세웠다. 하지만 3년 동안 엄청난 노력과 자금을 쏟아 붓고 난 후에야 칼슨은 전세계를 잇는 여행네트워크 개념을 포기했다. 결국 칼슨은 1993년 SAS를 떠났다. 쫓겨난 것이라고 할 수 있다. 성공을 다년간 경험했던 경영자는 자신의 성공에 도취되어 함정에 빠지는 것을 느끼지 못할 가능성이 높은 것이다. 경영자에게 '겸손함'은 항상 중요하다. 도취 함정에 빠지는 것을 예방해주는 특효약인 것이다.

경영자들은 성공을 경험하게 되면 미래에도 지속적으로 성공할 것이라고 믿는 경향이 있다. 사실상 자기만족에 빠지고 안일해지며 평범해진다. 러버메이드사는 1985-1994년에 10년 동안 포춘이 선정하는 가장 존경받는 기업 10위 안에 연속 선정되었는데, 기존 방식에 젖어 구식의 생산기술을 고수하였고 결국 직원의 9%를 해고해야 했다. 문제는 더욱 심각해져서 결국 무명기업인 뉴웰에게 인수되었다. 1998년 포춘은 "러버메이드는 생산과 마케팅의 기본을 잊어 버렸다."고 발표했다.

자만심의 함정

경영자가 긴박감이 없으면 위험하다는 사실이다. 디지털 사업이 처음 등장했을 때 코닥은 무관심했다. 조지 이스트먼이 창업했던 코닥은 매우 우수한 회사였고, 시장에서 오랜 동안 선두기업으로 명성을 날렸다. 코닥 경영진은 자기 능력에 자만하였고, 디지털 기술을 수용하여 사업을 재구성해야 한다는 긴박감이 부족했던 것이다. 코닥의 CEO 캔 카프는 "나는 20년 전에 디지털 카메라를 처음 보았다. 나는 회사가 이 신기술을 기반으로 스스로 진화할 것이라고 믿었다."라고 말했는데, 그가 20년을 긴박감 없이 여유만한하게 흘려보냈다는 사실이다. 어떻게 이처럼 엄청난 기술의 변화를 무감각하게 보면서 20년을 보냈다는 것인가? 자만심이 경영자를 함정에 빠뜨렸던 것이다.

자만심은 함정에 빠지는 위험 요소이다. 디지털 이큅먼트 코퍼레이션(DEC)은 80년대에 미니컴퓨터를 개발하여 컴퓨터산업에 혁명을 가져왔다. 최고경영자 올슨은 이런 성과를 거둬 전설적 평가를 받았다. 80년대 중반에 이르러 PC가 각광을 받기 시작했고 미니컴퓨터는 구식이 되어버렸다. 올슨은 이러한 사실을 외면했다. 1990년이 되자 DEC의 수입은 83% 감소했다. 그럼에도 올슨은 여전히 자만하고 있음을 나타냈다. 그는 "우리는 여전히 성장하고 있고, 차별화된 장기적인 전략들을 갖고 있다."라고 말했다. DEC는 28억불의 적자가 발생했고 20,000명의 직원을 해고했으며, 1992년 올슨은 회장 자리에서 물러났다. 그는 여전히 자신이 최선을 다했다고 생각했지만 이미 함정에 빠진 뒤였다.

방심의 함정

일본에서 1백년간의 상위 100대 기업의 순위를 작성하여 이를 분석한 결과 "회사의 수명은 평균적으로 30년"이라는 법칙을 발견했다. 기업들이 '창업자 정신'을 계속 유지해 간 기업은 시대의 변천을 극복하면서 성장했지만, 이 정신을 잃어버린 기업은 몰락해 갔다는 것이다. 필자는 일본 기업들을 통해 경영자가 함정에 빠졌던 사례를 언급하고자 한다.

'아이비룩'으로 유명했던 '브안자켓'의 창업자 이시즈 겐스케는 결국 1978년에 파산하였다. 디자인 능력이 뛰어난 디자이너로 유명했던 이시즈는 1955년에 브안자켓을 설립하였는데, 상품은 날개 돋친 듯 팔렸다. 이시즈는 창업 이래 재무제표를 본 적이 한 번도 없었다고 한다. 경영자의 임무가 재무상태를 확인하는 것인데, 그는 그 점을 느슨하게 생각하였던 것 같다. 이시즈는 석유 위기를 겪으면서 기업 경영을 제대로 하지 못하였다. 디자인 능력이 뛰어난 디자이너로 유명했던 이시즈는 자신의 능력에 의지하여 방심하였다. 그 방심은 함정이 되었고 결국 파산으로 이끌었던 것이다.

1965년 불황 속에서 최대의 도산이라고 불리는 산요특수제강의 사건은 과대한 차입금, 무모한 설비투자 등등 도산의 위험을 보여준 사례이다. '대마불사'라는 생각에 설마 도산의 가능성을 생각하지 않았다. 이 회사는 무모하게 엄청난 투자를 감행하였으나 설비의 운전 기술에 문제가 발생하였다. 더욱이 많은 불량품이 쌓이고 자금 사정이 악화되어, 부채총액이 4백20억엔에 달하였다. 이 회사는 결국 1965년에 도산하였다. 철저한 준비도 없이 돈만 퍼부으면 무엇인가 될 것으로 방심한 것이 가장 큰 원인이었다.

낚시 도구의 최고 메이커 다이와세이코의 스기모토 다쓰오 사장은 1972년에 사장으로 취임했다. 스기모토는 도시바 생산부장으로 품질관리의 전문가로 1970년에는 QC운동의 제1인자로서 데밍상을 받기도 했다. 스기모토는 관리직을 철저하게 다시 교육시켰다. 그는 "노무관리를 할 수 없는 사람은 관리직으로는 실격이다"라고 선언했다. 이 회사는 시장지향을 철저하게 추구하여, 상품 기획을 영업 부문이 담당한다. 수요를 최우선으로 하는 상품 개발을 위한 것이다. 그 결과 국내에서 릴, 낚시대 등 주요 상품이 약40%라고 하는 거의 한계에 가까운 점유율을 장악하게 되었다. 스기모토는 함정에 빠지지 않는 비책을 지시했다. 그는 "책상 앞에서 의자에 거만하게 앉아 부하에게 일지를 가져오게 해 읽어서는 안 된다. 읽고 모르는 점이 있다면 공장에 가서 담당자에게 물어보라"는 엄명을 내렸다. 안일하거나 방심을 금지한 것이다. 그의 기본적인 의도는 철저히 사실에 근거해 관리하도록 한 것이다. 최고경영자의 혜안이 방심의 함정에 빠지는 것을 방지한 것이다.

엡슨의 사실상의 창업자이며 기술담당 전무인 아이자와는 고집이 강하다. 그는 골프를 치지 않는다. 기술자로서 초지를 일관하여 추구하는 것이 그의 신념이다. 그는 "첫째, 독점할 수 있는 상품을 만든다. 둘째, 신제품을 발매할 때에는 다음 신제품의 시작을 끝내고 있어야 한다. 셋째, 비용보다 먼저 제품의 신뢰성을 철저하게 높여야 한다."는 것을 철칙으로 하고 있다. 그는 방심하지 않았고 골프나 오락에 눈길을 돌리지 않았다. 그것이 그가 함정에 빠지지 않았던 중요 요인이다.

상사관계의 함정

마이클 어셈은 펜실베니아 대학 와튼 경영대학원 교수이며, 리더십을 경영자들에게 강의하고 있다. 그는 "윗사람을 리드하는 방법을 배우는 것은 중요하다."라고 말한다. 많은 경영자들이 상사와 조화롭게 업무를 진행하는 능력에서 실패하는 사례가 있다는 사실이다. 상사와의 관계에서 실패하는 것은 큰 함정임을 명심해야 한다.

주식 중개회사인 찰스스왑사에서 데이비드 포트럭은 윗사람과의 신뢰관계를 차근차근 쌓아 온 결과 최고경영자의 한 사람이 되었다. 1974년에 설립된 찰스스왑사는 풀서비스와 온라인 거래방식을 통합하여 업계에서 뛰어난 위치를 차지하였다.

포트럭은 1984년에 찰스스왑사의 마케팅팀의 책임자가 되었다. 포트럭은 체격이 좋고 강렬한 개성을 지녔으며, 자신의 의견을 주장하고 말보다 행동이 앞서는 사람이었다. 포트럭보다 3살 위인 래리 스톱스키는 찰스스왑사의 사장이었다. 스톱스키는 포트럭에게, "자네는 아이디어를 내놓을 때, 그것을 채택해야 하는 이유만 언급할 뿐 그 반대 근거에 대해서는 아무런 언급도 하지 않아. 한 번도 양쪽을 모두 고려한 적이 없어."라고 말했다.

스톱스키는 매우 신중하고 자제력이 강한 사람이었다. 포트럭과 스톱스키가 사사건건 충돌하는 일이 잦아지자, 최고경영자 스왑은 포트럭에게서 '영업책임자'란 직함을 떼어내 강등시켰다. 포트럭에게 굴욕적인 일이었다. 결국, 포트럭은 스톱스키에게 "개인적으로는 내 생각을 말하겠지만, 공개적으로는 항상 당신을 지지할 것입니다."라는 선언을 하였다. 포트럭은 스스로 상당히 많이 개조되었음을 보여주었다. 1992년 래리 스톱스키가 심장발작을 일으켰다.

찰스스왑은 이제 주식 중개업계에서 선두주자가 되었다. 새로운 비즈니스 모델에 대한 경영진의 승인을 얻은 포트럭은 1998년 뛰어난 영업실적을 보였다. 고객 수는 계속 증가하여 220만 명을 기록했고, 1998년 스왑의 주가는 두 배 이상 올랐다. 1998년 찰스스왑사는 포트럭과 찰스 스왑을 공동 최고경영자로 일하도록 하였다. 포트럭이 자신을 겸손하게 낮추었고, 찰스 스왑을 비롯한 선배들에게 섬기는 자세를 보여주었기 때문이었다. 포트럭은 2000년 말 현재, 2만5천 명이 근무하는 기업을 공동으로 경영하고 있다. 포트럭이 사장, 이사회와 원만한 관계를 유지하지 못했다면 그는 지금의 자리에 올라서지 못했을 것이다. 그는 스스로 반성하였고, 상사와 함께 일하는 능력이 얼마나 중요한 것인가를 보여주었다.

피터 페이스는 미국 육군에서 매우 능력 있는 장군으로 승승장구한 대표적인 사례로 꼽힌다. 그는 1967년에 군에 지원했고 6개월간의 훈련을 마친 다음에 베트남에 도착했다. 그는 베트남 전쟁 터에서 지휘관의 사명을 깨달았다. 페이스는 '명령을 번복하여 소대원들을 떨게 하지 말아야 한다.'는 것을 현장에서 배웠다. 페이스는 1992년에 장군 계급장을 달았고, 1994년에 소장, 1996년에 중장에 올랐다.

페이스 장군은 다음과 같은 지침을 갖게 되었다. "첫째, 자신만의 독자적인 행동은 상관의 수치임을 명심하라. 둘째, 다른 모든 사람들에게 알려줄 만한 각 상관들의 좋은 점을 잘 파악하라. 셋째, 상관들의 서로 상충되는 요구를 해결해야 하는 난감한 경우에 원칙에 맞게 행동하라." 그는 조직에서 상사를 당혹스럽게 해서는 안 된다는 것을 깨달았다. 상사를 지원하며 좋은 조력자가 되는 것은 경영자가 되는 매우 중요한 자질의 하나라는 사실이다. 그가 군대에서 승승장구한 것은 상사와의 관계에서 함정에 빠지지 않았기 때문이다.

미국 남북전쟁에서 북부연합은 맥클란의 지휘 아래 공격 태세를 취했다. 맥클란과 존스턴 장군은 상관을 요령 있게 리드하지 못한 경우이며, 리 장군은 상관을 효과적으로 리드한 경우였다. 링컨은 조지 맥클란 장군을 포토맥 부대의 사령관으로 임명했다. 남부의 데이비스 대통령은 조셉 존스턴 장군을 사령관으로 임명했다. 맥클린과 존스턴이 범한 가장 큰 실수는 상관에 대한 경멸을 공식적으로 드러낸 것, 상관에게 보고할 의무를 지속적으로 어긴 것이다. 이는 자신의 경력과 조직에 엄청난 함정이 되었다.

35세의 장군 맥클란은 연합군에서 가장 젊은 나이에 최고의 지위에 오른 장교였다. 그는 자신의 승승장구함에 자만하였고 현실을 제대로 인식하지 못하는 과오를 범했다. 그는 상관에 제때에 보고하지 않았고, 상관의 권위를 존중하는 것의 중요성을 깨닫지 못하였다. 링컨 대통령은 맥클란을 사령관에서 전격 해임하였다. 남부의 데이비스 대통령도 존스턴 장군을 해임했다. 존스턴도 맥클란과 마찬가지로 상사에 대한 개념이 엉망이었다. 그는 상관에게 갖추어야 할 태도가 부족했다. 조직에서 상사를 경멸하는 것은 반드시 자신에게 되돌아오게 마련이다. '상사가 원하는 바에 비추어 행동하라'는 원칙을 지키지 못하면, 결국 함정에 빠지게 된다는 것을 그들은 보여 주었다.

로버트 리 장군은 공격 계획을 세울 때마다 즉시 데이비스 대통령에게 알렸다. 리 장군은 상사와의 다툼을 피하였다. 정확하고 신뢰할 수 있는 정보를 상사에게 전달해야 한다는 점을 그는 보여 주었다. 로버트 리가 전쟁에서 뛰어난 능력을 보여준 것은 별로 없었다. 그는 패전한 남부군의 사령관이었다. 그러나 그는 상관과의 관계에서 좋은 태도를 보여야 한다는 기본적 개념을 알고 있었고, 이것이 그를 장군으로서 실족하지 않게 해준 요인이었다.

더글러스 맥아더 장군은 한국전쟁 중에 대통령의 명령을 거부하고 결국 자리에서 물러났다. 맥아더는 자신이 오류를 범했다는 사실을 인정하지 않았다. 그는 대통령만이 결정할 수 있는 사항에 대하여 도전하였다. 또한 대통령과 의견이 다르면 그가 대통령의 부하라는 사실을 잊었고, 대통령을 비난했다. 조직에서 절대로 해서는 안 될 일을 좌충우돌 범했던 것이다. 자만심이 넘치면 자신이 얼마나 비효율적으로 변했는지 깨닫지 못한다는 사실이다. 능력보다 태도가 더 중요할 수도 있다는 사실을 경영자는 잊어서는 안 된다. 필자가 말하는 '경영자'란 최고경영자만이 아니라 기업에서 일정 영역의 책임을 가진 사람들 즉 임원들, 부서장들도 포함하는 것이다. 상사 관계에서 맥아더는 실패했다. 맥아더는 전쟁 능력은 있었지만, 자신의 함정을 피하는 능력은 부족했던 것이다.

상사와 부하와의 관계를 좋게 유지하는 것은 끊임없는 연습과 훈련을 요구한다. 특히 상사와의 의사소통 능력은 매우 중요하다. 독자가 이에 해당되는 문제가 있다면, "가치에 헌신"했던 토요토미 히데요시에 관한 사실을 다시 한 번 되새겨보기 바란다. 히데요시는 그처럼 까다롭고 냉혹한 상관 오다 노부나가를 매우 지혜롭게 대했다는 사실이다. 경영 전문가인 레오나르도 슐레진저는 "상사에 대한 푸념을 당장 멈추고, 상사의 입장에서 생각해 보라."고 말한다. 이는 함정에 빠지는 위험에서 벗어나게 할 수 있기 때문이다.

자금의 함정

매출은 일어나는데 현금이 없다면 그것은 함정이다. 요즘처럼 자금회수가 어려울 때, 매출보다 자금회수 보장책을 강구하는 것이 더 중요하다는 사실이다. 필자가 관찰한 바에 의하면, 최근에 매출채권을 회수하지 못해 어려움을 겪는 회사들이 너무 많다. 자금회수가 보장되도록 매출계약을 하지 못하면, 매출을 포기할 수 있어야 한다. 그것이 함정에 빠지지 않는 길이다.

계약을 할 때 일부 금액을 받고 중도금을 받는 등의 대책을 강구하지 않아, 현금부족으로 도산하는 일은 절대로 막아야 한다.

필자가 SR경쟁력프로그램 교육을 하고 있는 어느 회사가 거액의 매출을 하였는데, 그 대금을 회수하지 못해 상당 기간 고생하였다는 사실을 알게 되었다. 왜 이런 일이 일어나는가? 흑자 도산이란 매출은 많은 데 현금이 부족해서 발생되는 상황이다. 경영자는 매출의 유혹에 좀 약한 것 같다. 그러한 경영자는 "대금회수는 그럭저럭 어떻게 되겠지.."라고 막연하게 생각하는 경향이 있다. 이는 매우 위험한 함정이다. 사실 매출보다 현금확보가 더 중요함을 알아야 한다. 그러므로 경영자는 냉정한 결단력을 가져야 한다. 요즘처럼 많은 회사들이 도산하는 사연의 대부분이 매출보다 현금을 회수하지 못하기 때문인 것이다.

게리 서튼은 기업회생 전문가이다. 그는 지난 20여 년간 적자에 허덕이던 기업을 재생시킨 경력을 가지고 있다. 현재 12개 기업의 이사로 등재되어 활동하고 있다. 서튼은 "재앙을 피하는 것이 성공의 열쇠다."라고 말한다. 기업이 사라지는 가장 흔한 이유 중 하나는 바로 적자 때문이라고 한다. EDS사는 수억 달러 규모의 계약을 체결했는데, 이 계약 때문에 막대한 손실을 입었다. 손실을 방치해서는 안 된다는 점을 명심해야 한다.

서튼에 의하면, 기업의 첫 번째 목표는 새로운 매출이 새로운 이윤으로 이어지도록 만드는 일이다. 이윤이란 자금을 의미한다. 이윤 즉 자금이 가장 우선이며 신규 사업은 그 다음이다. 그는 신규 매출에 매달리다 파산하는 경우가 있다는 사실을 확인했다. 서튼은 지난 30여 년간 6개 기업의 최고경영자를 역임하였는데, '경기가 하락할 때를 대비한 유일한 보호막이 바로 이윤의 확대'라는 것을 알게 되었다. 이윤 즉 자금은 모든 기업의 중요한 목표라는 것이다.

서튼은 "부채가 많으면 위험에 노출된다는 사실이다."라고 말한다. 킨코스의 경영자 오팔라는 과도한 부채를 허용하지 않았다. 적은 빚 때문에 건강한 기업이 도산하는 경우는 없다. 서튼은 "차입을 통한 빠른 성장은 위기를 자초한다."라고 경고한다.

샘 월튼과 빌 게이츠는 모두 부채를 멀리하고 직원들 및 고객들을 가까이 했다는 점에서 동일하였다. 그들은 현금 지출을 줄이고 비용절감을 실현시켰다. 또한 부채를 얻는 대신 전략적 파트너 혹은 협력관계를 맺어 현금 지출을 가능한 한 줄였다는 것이다. 케이마트는 파산 신청을 했고, 월마트는 세계 최대의 유통업체로 성장했다. 합리적인 통제 하에 기업을 운영하는 것이 매우 중요하다. 회사를 제대로 통제하지 못하면 망할 가능성이 높아진다. 경영자는 철저하게 비용을 관리해야 한다는 점이다. 서튼은 "매월 말일로부터 2주가 지나도록 월간 실적이 나오지 않는 것은 문제가 있다는 뜻이며, 통제력 상실의 징후이다."라고 말한다. 그는 "고객의 평가를 듣는 것도 중요하다. 탐닉은 무능함보다 더 무서운 파괴력을 발휘한다."고 조언한다. 그러므로 경영자가 도산의 함정에 빠지지 않기 위하여 정신 긴장감을 유지하는 것은 필수적인 것이다.

실패연구 결여의 함정

이토가와 히데오는 '멀티인간'이라 불린다. 그는 전투기설계사, 뇌파측정기록장치의 선구자였다. 그는 로켓연구자였으며, 우주과학기술과 조직공학연구소를 설립하였다. 이토가와 히데오는 도쿄대학에서 26년간 교수직에 있었다. 그가 제창하는 창조성 조직공학에서는 정서와 이성의 비중을 똑같이 중시한다.

실패연구가 중요한 것은 비관적이기 때문이 아니며, 성공하기 위해서는 이 방법밖에 없기 때문이다. 현실적으로 성공률은 5%, 실패율은 95%라고 한다. 그러므로 성공을 생각하기 이전에 실패의 원인을 미리 살펴보는 것이 성공률을 높이는 데 매우 중요한 역할을 한다. 따라서 실패연구를 하지 않는 것 즉 실패연구의 결여는 큰 함정이 된다는 것이다. 이토가와의 실패연구는 각 안건에서 스무 가지, 가능하면 백 가지 실패요인을 색출하여 검토하는 것이 바로 실패연구이다. 기업을 경영하면서 시장의 변화 등 많은 변화가 실패의 요인으로 작용하는데, 큰 실패요인 중 하나가 법률개정이다. 소비자의 반감도 문제이다. 라이벌회사의 경쟁가능성, 특허권여부, 전쟁이나 경제공황, 최고권위자의 이동, 프로 매니저의 사망 등등의 요인을 생각하고 각각의 요인에 대해 대책을 강구하는 것이 필요하다는 것이다.

지금까지는 경영이나 신제품개발이나 신기술개발에서 이 실패연구가 빠져 있었다. 이토가와는 "냉철한 이상가가 되는 것이 중요하다."라고 말한다. 실패연구에서는 다른 사람의 실패도

귀중한 자산이 된다. 에디슨도 98%는 실패했고 2%가 성공했다는 사실은 현실이 매우 어렵다는 것을 증명하는 것이다. 그러므로 경영자는 냉철한 이상가가 되어야 하고 제삼자로서 냉정히 생각할 수 있어야 한다. 실패연구에서 경영자는 '꿈을 좇지 않는다.'는 것이 매우 중요하다는 것이다. 신제품 또는 신기술개발에 있어서 꿈을 좇다 도랑에 빠져 비명을 지르고 피를 흘리는 경우가 흔히 있었다. 그러므로 실패가능성이 어느 정도인지 생각해야 한다.

이토가와는 CD제품을 개발할 때 몇 가지 실패가능성을 제시했다. 레이저가 싸지지 않으면 제품이 비싸진다. 금속분이 묻으면 빛이 반사되어 잡음이 생긴다. 빛이 있는 곳에서 사용하면 고장을 일으킬 수 있다. 외국기업이 특허를 따내면 특허료 문제가 된다. 연구를 끝내기 전에 사장이 교체되면 문제가 된다. 이토가와는 이러한 모든 실패가능원인을 체크해 두면 성공할 수 있다고 충고했다. 프로젝트를 출범시킬 때는 가능성 즉 플러스적인 면을 봐도 되지만, 실행으로 옮길 때는 실패할 가능성을 전부 검토해야만 실패할 염려가 줄어든다는 것이다.

도쿄대학은 국립이므로 이토가와는 대장성으로부터 연구비를 받아야 하였다. 먼저 일본학술회의에 불려나가서 연구를 설명한다. 연구자는 "지금 이 연구에 들어가지 않으면 일본은 뒤쳐진다. 이러이러한 장점이 있다."라는 등의 효용을 득의양양하게 설명하고 반드시 연구비를 지원해줘야 한다고 주장한다. 이토가와는 30장의 슬라이드를 준비하여 한 장당 1분씩 설명시간을 갖고 실패할 가능성에 대한 30항목을 이야기했다. “1. 일본에는 방위산업이라는 것이 존재하지 않아 다른 나라가 가진 그러한 장점이 없다. 2. 일본이 액체연료를 사용하지 않고 고체연료를 사용하는 방침이 문제가 된다. 이는 비누회사의 지원을 받을 수 있어야 한다. 3. 로켓발사 장소에서 민가들이 영향을 받기 때문에 발사장확보가 어렵다.” 등 30항목이었다.

이토가와는 이런 식으로 30항목을 들어서 일본의 우주개발연구에서 불리한 점들을 구체적으로 설명했다. 그 후 1개월이 지나서 결과가 나왔다. 이토가와의 설명은 최고 점수였고 연구비를 전액승인 받았는데, 다른 곳은 예산이 삭감되었다. 장점만을 강조하면 듣는 쪽은 결국 속지 않으려고 더욱 신중하게 된다는 사실이다. ‘이렇게 완벽하게 불리한 점을 잘 파악하고 있다면 플러스적인 면도 많을 것이다. 그렇다면 안심이다’라고 결정을 내리게 된다는 것이다.

이토가와 히데오가 “실패연구야말로 프로 매니저가 해야 할 중요한 임무”라고 반복해서 말하는 것은, 이 연구가 경시되는 경우가 많기 때문이다. 한 연구자가 연구했던 로터리엔진의 경우였다. 그 연구자는 1, 2년 후 “그때 이토가와 선생님의 말씀대로 실패원인을 밝히고 대책을 세웠더라면 더 커다란 성과를 올릴 수 있었을텐데...”라고 말했다고 한다.

이토가와가 로터리엔진에 대해 생각했던 것은 “1. 머플러의 설계가 어려워진다. 자칫 잘못하면 엔진중량 크기의 소음기가 필요해질 수 있다. 2. 연소온도가 높다. 온도를 낮추어 미리 대책을 생각해 두어야 한다. 3. 마찰엔진이 보통 자동차엔진에 비해 커서 성능은 아주 좋지만 연료비가 높아진다. 4. 머스키법(미국에서 주로 자동차의 배기가스를 규제하기 위한 대기오염 방지법)이다. 5. 연료비가 적게 드는 상품을 찾으려는 소비자가 쇄도할 수 있다."라는 것들이었다.

일본에서 비행기를 개발하는 과정에서, 개발된 비행기가 일종의 공명현상으로 그 비행기는 0.7초 만에 공중 분해되어 파일럿은 즉사했다. 이러한 사고의 원인을 규명한 결과, 그 실패의 원인을 파악하게 되었다. 이토가와는 그 실패를 감안하여 동료들과 전투기 설계를 한 결과, '97식전투기'와 '하야부사'라는 전투기가 만들어졌다. 큰 실패를 통하여 얻은 교훈이 새로운 비행기를 성공적으로 설계할 수 있게 되었던 것이다. 요컨대 실패연구를 하지 않는 것 즉 실패연구의 결여는 실패로 가는 큰 함정이다.

Lesson 07

자기 반성

인간의 불완전성과 실패의 가능성 때문에 자기 반성은 그 필요성이 절대적이다.

07장

자기 반성

자기반성이란 항상 자신이 불완전하다는 사실, 자기는 실패할 가능성이 높다는 사실을 인정하고 자신을 돌이켜보는 것을 의미한다. 인간의 불완전성과 실패의 가능성 때문에 자기반성은 그 필요성이 절대적이다. 성공 가능성보다 실패 가능성이 훨씬 더 크다는 현실에 적응하기 위해 자기반성이 필요하다. 더욱이 성공한 경영자는 자만심에 빠질 위험이 항상 크므로, 자신을 돌이켜보며 스스로 반성해야만 올바른 길을 갈 수 있는 것이다.

성찰하지 않는 삶

소크라테스는 "성찰하지 않는 삶은 가치가 없다"고 단언했다. 그는 자기 자신에 대한 이해가 선행되어야 함을 말하고 실용적인 지식에 대해 질문하고 존재 본연의 진리를 추구했다. 그는 스스로에게 많은 질문을 했다. 그는 스스로를 지적 날파리라고 말하였다. 소크라테스는 대화를 즐겼다. 노점 상인들과, 대장장이들과 대화하고 구두 수선공 사이먼과 대화했다. "인간이란 자신의 강점과 약점을 명확히 분석해야 현명한 선택을 할 수 있다."라고 그는 말했다. 이는 자신의 평가를 엄격히 하라는 것이다. 소크라테스는 "아는 것이 없다고 여기는 자가 가장 현명한 자이다. 계속해서 질문하고 배워나가야 한다."고 말했다.

자기반성이 왜 중요한지 소크라테스는 충분히 암시했다. 자기반성이 없는 경영자는 끊임없이 정신력과 실력을 향상시켜 고객을 감동시켜야 함을 모른다는 사실이다. 반성하지 않는 경영자는 자신의 어리석음은 생각하지 않고, 정부를 탓하고 남을 탓하고 부하를 탓하는 경향이 있다. 급격하게 상황이 변하는 현 세상에서 적응하기 위하여, 경영자는 스스로를 냉철하게 반성할 줄 알아야 실패 가능성이 줄어들 것이다.

성공 체험의 가장 큰 함정은 자만심

호리바 마사오는 1924년생으로 1945년 교토대학 물리학과 재학중 호리바무선연구소를 설립하고 1953년 호리바제작소를 설립하였다. 그는 직원이 박사학위를 따도록 장려하고 1961년 자신이 의학박사 학위를 취득하기도 했다. 호리바제작소는 일본에서 벤처 비즈니스의 모델이며 계측기기 분야의 세계1급 업체이다.

호리바에게 인생은 도전의 연속이며 비즈니스는 전쟁이다. 그의 회사에서 개발한 부품에 대해 어느 기술자는 "그것은 직류에는 절대로 사용할 수 없습니다."라고 주장했다. 호리바가 "왜 사용할 수 없냐?"고 물어보니 그것은 모두 알고 있는 상식이라는 것이었다. 그 기술자는 실험한 데이터도 없고 사실을 확인도 하지 않았다. 막상 실험해보자 놀랍게 사용할 수 있었다. 호리바는 "고정관념이 문제였다."라고 말한다. 기업 경영에서 성공은 여러 가지 조건이 갖추어져야만 한다. 하지만, 실패는 한 가지 요인으로 발생할 수 있으며 그로 인해 모든 것이 물거품이 된다는 사실이다. 호리바는 그러한 사례를 많이 경험했다. 그러므로 실패에서 배우는 것이 더 많을 수밖에 없다. 오랜 경영의 경험에서 호리바는 "성공 체험의 가장 큰 함정은 자만심이다."라고 말하고 있다.

호리바의 뒤를 이어 사장이 된 사람은 오우라 마사히로이다. 당시 호리바제작소는 호흡을 측정해서 심폐기능을 조사하는 기계를 제작하고 있었다. 오우라는 이 기계를 자동차 배기가스 측정에 응용하려고 하였다. 호리바가 반대하였음에도 그는 끈질기게 열의를 나타내었다. 결국 완성한 배기가스측정기는 세계적인 히트상품이 되어, 호리바제작소의 달러박스로 성장했다. 호리바는 자신의 주장이 틀렸다는 것을 인정하였고 반성하였다고 한다.

책을 읽음으로써 반성이 이루어진다

호리바는 책을 많이 읽는다. 그는 일 년에 150권에서 200권정도 읽는다고 한다. 호리바가 읽는 독서의 양은 보통 사람에 비할 때 엄청난 것이다. 그가 책을 많은 읽는 이유는 책을 통해 판단력을 키우기 위해서이다. 그는 "나는 나의 역할을 항상 생각하는데, 그것을 위해서 판단 재료가 필요하다."라고 말한다. 그에게 자신의 언행을 반성하고 경영자로서 능력을 향상시키는 것은 책을 읽음으로써 이루어진다.

호리바는 스스로 자신이 성격이 급하다는 것을 인정한다. 그는 급한 성격 때문에 옛날에 재떨이를 자주 던졌다고 한다. 그가 "바보같으니라고, 당신 뭘 생각하고 있는거야?"라고 화를 냈는데, 어느새 재떨이가 날아가고 있었다. 그는 "바보 같은 놈, 다음에 그러면 끝이야. 용서 못해."라고 호통을 치면서도 이번 일은 용서한다고 말하였다고 한다. 그가 자신의 언행에 스스로 반성하기 때문이다.

호리바는 자금을 조달하는 과정에서 작성하는 계약서 등을 꼼꼼하고 철저하게 확인해야 한다는 것을 경험을 통해 깨달았다. 성격이 급한 그로서 계약 내용을 신중히 검토하지도 않는 채 타협했던 일이 있었고, 그로 인해 큰 낭패를 당한 일이 있었기 때문이다. 그는 "경영자에게는 참을성도 필요한 것 중 하나다."라고 말하고 있는데, 이는 자신의 참을성 없는 성격에 대한 반성이었다.

기술자인 호리바는 "완성된 신제품은 자신의 아이와 같은 존재가 된다."고 말한다. 다시 말하면 자신이 완성시킨 신제품을 너무 애지중지하는 편애가 있게 된다는 것이다. 그는 경영자나 기술자는 객관적 입장에서 자신을 바라보는 게 중요하다고 생각한다. 객관적으로 자기 물건을 볼 수 있어야 팔릴 물건을 판

별해낼 수 있다고 하는데, 이는 냉정하게 반성하면서 사물을 바라본다는 의미였다.

반성을 통해 독선을 조심

호리바는 "가장 경계해야 할 일은 자신의 회사에는 한계가 없다고 믿어버리고 독선적으로 경영하는 것이다."라고 말한다. 그는 스스로 반성을 통해 독선을 조심한다.

호리바제작소와 같은 개발형 벤처기업에서 항상 부딪히는 문제는 "어디서 포기할까?"라는 것이다. '자동차 배기가스측정기'는 통산성 연구기관으로부터 의뢰받았는데 호리바가 거절했던 제품이다. 그것을 호리바의 뒤를 이어 2대 사장이 된 오우라 마사히로가 몰래 연구를 계속해 결국 회사의 주력제품으로 키워낸 것이다. 호리바제작소가 독자적으로 개발한 'X선 분석현미경'도 품의서를 쓴 기술자가 '성공률은 기껏해야 10%'라고 했던 것이다. 호리바는 "돌이켜보면 나 스스로 포기가 너무 빨라서 손해봤다는 생각이 든다."라고 말한다. 그가 경영자로서 잘못 결정했다는 것을 반성하고 있는 것이다.

호리바제작소는 한국전쟁 때에 콘덴서나 전자제품 분야에서 기술적인 성공을 거두었다. 콘덴서는 한국에서 전쟁이 일어나 인플레가 극심해져 포기하였다. 호리바는 그때 콘덴서 회사를 만들었다면 지금의 분석기 회사보다 훨씬 커졌을 거라는 생각을 하고 있다. 그는 "경영자는 좀더 강한 집념을 가져야 하고 너무 쉽게 포기하는 것은 안 된다는 생각이다."라고 말한다. 그가 잘못 판단한 것을 냉정하게 반성하고 있는 것이다.

첨단 기술을 비즈니스로 삼고 있는 기업은 전체 기업의 5%에도 미치지 못한다고 한다. 대부분 일반적인 기술로 먹고 살아가고 있는 것이다. 호리바제작소는 전체 기업의 5%에 속하는 최고 첨단기술의 회사이다. 호리바는 "중요한 것은 그 분야에서 최고의 명인을 목표로 해야 한다. 비즈니스에서 3할대 성공은 무능력의 증명이다."라고 말한다. 그처럼 뛰어난 기술력을 자랑하는 회사의 경영자였던 그는 많은 실패를 겪으면서 지금에 이르렀다. 성격이 급한 그는 여러 번 실수를 하였는데, 자신의 실수를 되풀이하지 않으려고 반성하고 있다고 한다. 반성하는 경영자만이 큰 실패의 함정에 빠지지 않고, 성공의 길에 머무를 수 있다는 사실이다.

정신적인 바탕이 되어 있어야

요즘같이 어려운 시기에 도요타도 어려움을 겪고 있다고 한다. 도요타의 오랜 동안의 성공은 '도요타 생산시스템'의 놀라운 생산성이 원인이라고 사람들은 생각하고 있는 것 같다. 실제로 도요타는 매우 뛰어난 생산성을 자랑하고 있고, 도요타는 엄청난 성공을 거두어왔다. 많은 사람들은 '도요타 시스템'을 도입하여 성공 기업으로 자신의 회사를 만들고자 하였다. 30년간 도요타 그룹에서 오노 방식(도요타식 기업혁신)을 담당해 왔던 가네다는 "지난 10여 년간 여러 회사들에게 도요타식 기업혁신을 도입시키는 활동을 하였으나 현실적으로 성공시키기가 매우 어려웠다."고 말한다. 그는 도요타의 풍토와 같은 토대가 중요하다는 것을 깨달았다. 도요타 시스템은 단순히 생산시스템이 아니며, 이는 정신적인 바탕이 되어 있어야 실천할 수 있는 시스템이라는 것이다.

와카마츠 요시히도는 현재 카르만(주)대표이사이다. 그는 도요타자동차(주)에 입사하여, 오노 다이이치 밑에서 도요타 생산방식을 실천하고 개선 보급에 힘써 왔다. 와카마츠는 도요타를 떠나 20년간 도요타 생산방식을 타 업종에 도입시키고 전개하는 데 종사해 왔다. 그에 의하면 도요타 생산방식은 단순한 수단, 수법이 아니라 경영시스템이라는 것이다. 도요타 생산방식이 어려운 이유는, 우선 의식개혁이 선행되어야 하기 때문이다. 도요타 생산방식을 실천할 수 있느냐 여부는 경영자가 얼마나 진지하게 의식개혁에 매달리느냐 하는 자세에 달렸다고 그는 말한다.

자기반성이라는 전제 하에

도요타 생산방식이 지향하는 것은, 시장의 변화에 맞추어 소비자의 소리를 듣고 만드는 방식이다. 와카마츠는 "무엇보다도 일하는 사람들의 의식이 중요하다."라고 말한다. 도요타는 이미 50년 이상에 걸쳐 개선을 거듭해 왔다. 그래도 아직까지 완성에 이르지는 못했다고 한다. 도요타 시스템의 실질적인 창시자 오노 다이이치는 "개선은 영원하고 무한하다"고 말했다. 개선을 함에 중요한 것은 "오늘이 가장 나쁘다. 아직 개선의 여지는 있다"는 생각이다. 이 생각은 지금까지의 활동을 반성한다는 전제 하에서 가능한 것이다. 도요타 시스템은 바로 자기반성이라는 전제 하에 이루어진다는 것이 요체이다.

스스로 반성하는 것이 회사 이념

야마다 히도시는 도요타생산방식의 창시자 오노 다이이치의 가르침을 받아 독특한 현장교육을 개발하였다. 야마다는 "경영자의 의식이 바뀌지 않으면 기업의 체질도 바꿀 수 없다."고 말한다. 야마다에 의하면, 기업의 의식을 바꾸려면 적어도 3년은 걸린다. 그는 "스스로 반성하는 것이 중요하다."라고 강조한다. 이는 바로 도요타 시스템 자체가 자기반성을 바탕으로 하여 전개되는 시스템이기 때문이다.

야마다는 "오노 선생은 '왜?를 5번 반복하라'고 말했다."고 증언한다. 그러면 진짜 원인이 나타나고 개선될 수 있다는 것이다. 도요타가 지금도 경쟁력을 유지하고 끊임없이 경쟁력을 향상시킬 수 있는 배후에는 "스스로 반성하는 것이 중요하다."는 회사 이념이 있다는 사실이다. 자기반성이 없다면 도요타 시스템은 무용지물이 된다는 말과 같다.

겸손한 말로 의견을 말하는 습관

벤저민 프랭클린(1706-1790년)은 미국 건국초기의 정치가, 과학자, 출판업자로 입지전적인 인물이다. 그는 경영자로서 탁월한 능력을 발휘하였다. 그는 84년간의 생애에서 42세까지 기업 경영자로 활동하였고, 경영자로서 탁월한 성공을 거둔 덕분에 그는 나머지 42년간을 과학자 등으로 보람 있는 여생을 보냈다.

책을 읽는 것을 습관으로 하였던 프랭클린은 책을 읽으면서 정신적 자극을 받게 되었다. 그 결과 반성하는 자세를 갖게 되었다. 이전에는 좀 교만하게 남들의 의견에 반론을 하기도 하고, 자신의 논리로 남을 깔아뭉개는 일도 종종 있었다. 반성하는 자세를 갖게 되자, 그는 덮어놓고 반박하는 것을 피하게 되었다. 그는 소크라테스의 논법에 따라 상대방의 말에 겸손하게 질문을 하거나 의문을 표시하는 방법을 쓰기로 하였다. 그는 가장 겸손한 말로 의견을 말하는 습관을 갖게 되었다. 가령 '꼭'이라든지 '의심할 여지없이' 따위와 같은, 의견에 단정을 내리는 느낌을 주는 말은 전혀 쓰지 않게 되었다. 그 대신 '나는 이러이러하다고 생각한다', '글쎄 내게는 그렇게 생각된다', '그렇기 때문에 나는 이렇게 생각한다', '나는 이렇게 되리라고 믿는데' '만일 내게 잘못이 없다면 이러할 것이다'라는 투의 말을 쓰게 되었다. 이 습관은 그의 의견을 잘 납득시켜서 찬성을 얻는 데 매우 유익하였다고 그는 믿었다.

책을 통하여 자기반성을

프랭클린은 상인으로서의 신용과 평판을 높이기 위해 열심히 일했다. 옷도 수수하게 입고 게으른 자들이 드나드는 장소에는 얼씬도 하지 않았고, 낚시며 사냥 같은 것도 하지 않았다. 그는 상인의 분수를 지키고 굳게 장사를 한다는 것을 보이기 위해서, 도매상에서 산 종이를 손수레에 싣고 읍 한가운데를 지나 집에 돌아올 때도 있었다. 이렇게 해서 그는 근면하고 장래성 있는 청년이라고 불렸고, 물건에 대해 값을 그때그때 지불하였기 때문에 문방구 수입업자들이 거래하자고 제의하는 등 상점은 점점 더 번창해갔다. 그가 책을 통하여 자기반성을 하는 습관을 갖게 된 것이 이러한 태도의 원동력이었던 것이다.

프랭클린은 끊임없이 공부하여 많은 지식을 얻을 수 있었다. 그는 날마다 한두 시간씩 공부했다. 그 결과, 고등교육을 받지 못한 공백을 어느 정도 보충할 수 있었다. 독서는 그에게 주어진 단 하나의 즐거움이었다. 그는 술집에도 가지 않았고 노름도 하지 않았으며 어떤 종류의 장난도 하지 않았다. 근면하게 일을 계속하였고, 일하면서도 고단한 줄을 몰랐다. 검소한 습관이 그의 생활이었다. 그는 종교적인 논쟁은 일체 피하기로 했다. 그는 습관에 배어버리고 타고난 성질이 너무 강해서 이성으로도 억제할 수 없는 일도 가끔 있었다. 아마 개인적인 탈선행위를 하였던 것 같다. 프랭클린은 "도덕에 반대되는 습관부터 깨뜨려야 한다. 그런 후에 좋은 습관을 몸에 익혀야 한다."고 생각했다.

프랭클린은 모든 덕목을 열세 가지로 나누었다.

1. 절제- 배부르도록 먹지 마라. 취하도록 마시지 말라.
2. 침묵-유익하지 않은 말을 하지 말라.
3. 규율-모든 물건은 제자리를 정해 두고 모든 일은 때를 정해서 하라.
4. 결단-해야 할 일은 하기로 결심하라. 결심한 일은 반드시 실행하라.
5. 검약-도움이 안 되는 일에 돈을 쓰지 말라. 낭비하지 말라.
6. 근면- 시간을 허비하지 말라. 쓸데없는 일은 끊어버려라.
7. 진실-사람을 속여 해치지 말라. 말할 때에 진실하라.
8. 정의-남에게 모욕을 주거나 상처를 주지 말라.
9. 중용-극단을 피하라. 남의 비난과 불법을 참으라.
10. 청결-신체, 의복, 주택을 깨끗하게 하라.
11. 침착-침착함을 잃지 말라.
12. 순결-성교는 도덕적인 경우에만 행할 수 있다.
13. 겸양-예수와 소크라테스를 본받아라.

매일 밤 그 날을 되돌아보고

그는 이러한 덕목을 일정한 기간에 한 가지씩 실천하였다. 그리고 다른 덕목으로 옮겨서 차례로 실천하기로 하였다. 프랭클린은 날마다 반성하는 것이 중요하다고 생각했다. 우선, 조그만 수첩을 만들어 각 페이지마다 한 가지씩의 덕목을 적었다. 그는 1주일간 모든 정신을 한 가지 덕목에 쏟아 엄격하게 지키는 데 힘썼다. 매일 밤 그 날을 되돌아보고 잘못된 것이 있으면 흑점을 찍어가기로 했다. 습관은 강화되고 약점은 약화되도록 하는 것이다. 이러한 방법으로 13주 만에 완전히 한 코스를 거치게 되고 1년이면 4번 반복할 수 있었다.

프랭클린은 이런 자기반성의 계획을 실천에 옮겼다. 잡초를 한꺼번에 뽑을 수 없듯이, 덕이 몸에 배어드는 진척을 보면서 기뻐하고 마음을 다지며 거듭하는 것이었다. 중단한 일도 조금씩 있었지만 줄곧 계속해 나갔다. 그는 자신의 잘못이 점점 줄어드는 것을 발견하게 되었다. 이것을 규칙적으로 실천하는 것이 가장 어려웠다고 한다. 특히 물건들을 제자리에 두는 규율은 그에게는 아주 어려운 일이었다.

이러한 노력 덕분에 프랭클린은 좀더 나은 사람이 될 수 있었다. 그는 "13가지 덕목을 몸에 익혀가면서 항상 마음이 평온했고 즐거웠다."라고 말한다. 프랭클린은 84세에 늑막염으로 세상을 떠났고 미국정부는 국장으로 그의 장례식을 치루었다. 프랭클린은 "나는 날마다 반성하는 것이 중요하다고 생각했다."고 그의 자서전에 밝혔다. 그는 경영자로서, 정치가로서, 과학자로서 항상 반성하는 삶을 살았던 것이다. 그가 위대한 미국인으로 남을 수 있었던 중요한 원인이 바로 자기반성에 있었다는 사실이다.

도대체 네 자신이 어떤 인물인 줄 알고 있는가?

요시다 다다오는 일본의 유명기업 YKK(Yoshida Kogyo Kabushiki Kaisha. 요시다공업주식회사)를 창업하고 60년을 넘게 경영해오면서 성공적인 경영자로 정평이 있다. 그는 "넌 도대체 네 자신이 어떤 인물인 줄 알고 있는가?"라는 어구를 좌우명으로 삼아오면서 오만을 경계하고 반성하여 왔다.

요시다는 1981년에 경영자상을 받았다. 요시다는 "사람은 몸을 움직이면서 일해야 한다."라고 말한다. 그의 이러한 정신자세 때문에 빈둥거리는 사람은 YKK에 한 명도 없다고 한다. 그의 회사 중역들은 주로 전철을 이용한다. 그는 "항상 성의를 다해 제품을 만든다는 것이 중요하다. 제품을 사주는 고객이 된 심정으로 일하는 것이 YKK의 모토이다."라고 말한다. 거래도 상대의 입장을 헤아릴 줄 알아야 한다는 것이다. 한 장의 종이 일망정 오늘 그것을 쌓아올린다는 것이 그의 생활철학이다.

그는 20살 때 상경해서 어느 상점에서 일했다. 그는 "묻는 것은 한때의 수치, 모르는 것은 일생의 수치."라는 속담을 알게 되었다. 요시다는 "자만에 빠지는 사람은 곤란하다."라고 말한다. 그는 항상 자신을 반성하면서 무엇인가 배우려고 하는 자세를 잃지 않았다. 그는 일하지 않는 자는 먹지도 말라는 말을 옳은 말이라고 인정한다. 요시다는 결혼식에 초청되어 축사를 하면 "첫째, 술에 먹히지 말 것. 둘째, 도박 등 투기성 있는 것을 하지 말 것. 셋째, 남의 빚 보증서에 도장을 찍지 말 것"을 당부

한다.

후퇴하는 것은 잘못을 반성하는 자세

그는 "승리하고자 하는 마음은 향상심이다. 물러난다는 것은 더욱 중요하다."라고 말한다. 그에게 사업에서 무리한 행동을 하는 것은 매우 어리석은 일이다. 그는 자기 회사를 위하여 목숨을 버리는 것은 무모하며 어리석다고 생각한다. 오히려 살아서 공헌해야 선의 순환이 이루어진다는 것이다. 사업은 등산과도 비슷하므로 후퇴를 유연하게 해야 한다는 것이다. 그는 해외에 있는 YKK 직원들에게 불안한 상황이 되면 즉시 귀국하도록 지시하고 있다. 유연하게 후퇴하는 것은 자신의 잘못을 인정하고 반성하는 자세가 있기 때문이다.

요시다는 "희생은 언제나 이쪽에서 져야 하며, 상대방에게 손해를 입혀서는 안 된다."라고 말한다. 그는 "인간이 성장함에 있어 가장 중요한 영양분은 자기 일에 책임을 지는 일이다. 자신의 잘못을 인정해야 한다."라고 말한다. 이는 자기반성을 기본으로 생각한다는 것이다. 60년 이상 경영자로 일했던 요시다가 YKK를 견실한 기업으로 성장시키고, 뛰어난 경영자로 인정받은 것은 항상 자기를 반성하는 자세가 있었기 때문이었다.

Lesson 08

학습의 열정

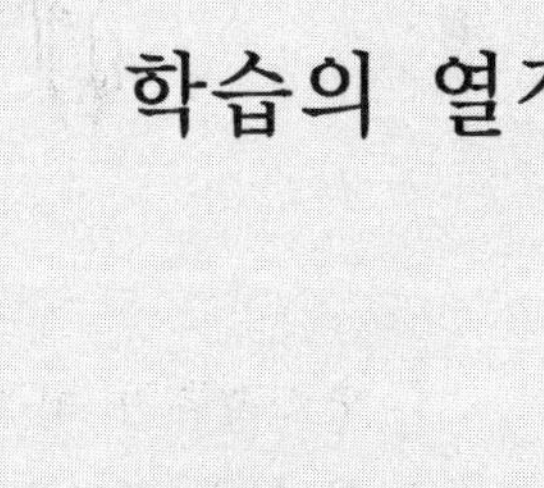

루스벨트가 뛰어난 지도자로 변신할 수 있었던 것은 학습하는 습관이 있었기 때문이었다.

08장

학습의 열정

학습의 열정은 유능한 경영자가 되는 가장 중요한 요소이다. 학습을 하는 사람만이 정신력이 살아있게 되며 실력이 향상될 수 있기 때문이다. 학습은 단지 지식을 얻기 위한 것이 아니라는 사실을 명심해야 한다. 진정한 학습은 정신력을 향상시키는 효과가 있으며 인간의 능력을 향상시킨다. 학습은 자기반성의 기초가 되며, 가치관을 형성해주며, 모든 실행의 힘을 공급해주는 역할을 한다.

링컨은 독서의 중요성을 믿은 사람

미국 남부사령관이었던 갤빈 장군은 매일 책을 읽었다고 한다. 갤빈 장군은 “반드시 한 손에 펜을 들고 책을 읽어야 한다.”고 역설했고 읽은 내용을 책 뒤에 요약해두었다. 독서를 통해 얻은 정신력과 실력은 자신감과 자존심을 강화하는 데 도움을 준다. 링컨은 독서의 중요성을 믿은 사람이다. 그는 제대로 된 교육을 받지 못했지만 틈만 나면 책을 읽었다. 늘 한 손에 책을 들고, 쉬는 시간이나 짬이 날 때마다 읽었다고 한다.

변화와 학습, 이 두 가지 개념은 서로 불가분의 관계다. 학습하는 사람들은 호기심이 강하며 적응력이 강하다는 특징이 있다. 성공을 거둔 사람들은 호기심 많고 변화에 적응하려는 경향이 있다. 생존력이 강한 사람들은 자신들의 관점에 자신감이 있으며 타인의 사고방식에 지나치게 민감하지 않다.

세계적으로 뛰어난 서비스 기업

연구에 의하면, 세계적으로 뛰어난 서비스 기업은 직원들이 지속적인 학습을 하도록 도와준다. 미국의 텍사스 A&M대학 마케팅 교수인 레오나드 베리는 "학습은 기업의 핵심가치를 강화한다. 학습은 동기를 부여해 준다. 학습을 통해 배우는 내용과 학습으로 인한 자기발전의 느낌은 자기 존중과 프로페셔널리즘에 기여한다. 학습은 자극을 주고 원기를 회복시켜 준다."라고 말한다. 기업을 성공적으로 발전시키는 데에 지속적인 학습은 필수조건이라는 것이다.

성공을 준비하는 사람은 늘 책을

존 템플턴은 가장 현명한 투자가 중의 한 명이다. 그는 "당신이 긴장된 자세를 유지한다면 모든 사람에게서 배울 수 있다. 책들을 두루 읽어야 한다."라고 말했다. 템플턴은 배움이란 살아있는 한 계속해야 하는 아주 중요한 것임을 알았다. 사람은 책을 통해 성숙한다는 것이다. 존 템플턴은 매일 새로운 것을 배우겠다는 목표를 세웠다. 그는 "앞서가는 사람, 성공을 이루고자 하는 사람들은 출퇴근 버스 안에서 조차 시간을 절대 그냥 흘러가게 하지 않는다. 이런 사람들은 공부한다. 책을 읽거나 메모를 한다."라고 말했다. 출퇴근 시간을 자기계발을 위해 활용하라는 것이다. 그는 "성공을 준비하는 사람은 늘 책을 끼고 다닌다."라고 말했다.

템플턴은 예일대학에 입학했고, 대학을 졸업하고 로즈 장학생으로 영국으로 유학을 갔다. 그는 책을 통해 보다 성숙하며 더 깊은 지식을 갖고 있는 사람들을 만날 수 있다는 것을 알았다. 템플턴은 대학졸업 후 첫 직장인 내셔널 지오피지칼 컴퍼니에서 근무할 때, 적어도 한 달에 한 번은 상사에게 가서 "제가 맡은 일을 더 잘 하려면 어떻게 해야 합니까?"라고 물었다. 템플턴은 일을 더 잘하는 법을 배웠고, 그의 상사는 그가 일을 더 잘하기 위해 얼마나 진지하게 노력하는가를 알게 됐다. 그가 승진할 수 있었던 비결은 질문을 통해 끊임없이 조언을 구했던 그의 자세 덕분이었다는 것이다. "당신이 만약 내 입장이라면 어떻게 하겠습니까?"라는 질문은 성공을 뒷받침해주는 주춧돌이다.

기다리는 시간에 책을

템플턴은 성공한 사람, 성공한 기업은 모두가 정신적인 원칙에 매우 충실했다는 사실을 발견했다. 독서광이기도 한 템플턴은 근면함이 얼마나 중요한지 알았다. 자신의 직업에 도움이 되는 책을 항상 갖고 다니면서 읽는 것은 매우 유익하다는 것이다. 템플턴은 반드시 약속시간보다 일찍 도착하는 게 몸에 배어 있었다. 상대를 기다리는 여유 시간에 책을 읽었다. 그는 댈라스의 한 석유회사에서 근무할 때, 자신의 상관이 언제 회사에 출근하고 언제 퇴근하는지를 유심히 살펴보았다. 그리고 그는 언제나 그 상관보다 일찍 출근하고 늦게 퇴근했다. 그가 고속으로 승진할 수 있었던 것은 상관들에게 언제나 더 많은 시간을 일하고자 한다는 강한 인상을 심어주었기 때문이었다. 그는 열심히 공부하고 열심히 일하는 것이 능력보다 훨씬 중요한 것이라는 사실을 알았다.

절제된 사고

성공하는 사람들, 특히 시간관리를 잘 하는 사람들은 결코 텔레비전에서 뉴스를 얻지 않는다고 그는 믿었다. 신문은 10분만 봐도 대충 훑어볼 수 있으나, 텔레비전은 시간을 너무 많이 낭비하게 한다는 것이다. 템플턴에게 변화는 모험이며 삶에 대한 공부가 되었다. 행운이란 우리가 열심히 일하고 성공을 준비하고 있을 때에만 찾아온다는 것이다. 그가 얻은 교훈은 스스로 충분한 준비를 갖출 때까지는 어떤 모험사업에도 뛰어들어서는 안 된다는 것이다. 책읽기와 탐구하기를 좋아하는 성격을 타고난 템플턴은 자신이 축적한 지식을 활용해 대단한 성공을 거두었다.

그는 발전하기 위해서는 개방된 마음가짐으로 광범위한 독서로 시야를 넓히고, 긴장된 자세로 일에서 새로운 방법을 찾아야 한다고 생각했다. 템플턴은 끊임없이 새로운 투자방법을 시험하고, 새로운 방식을 도입할 것인지 유념하고 발전 가능성을 찾았다. 그는 템플턴 상을 제정하여 매년 30만 불의 상금을 수여한다. 테레사 수녀가 첫 번째 수상자였다. 존 템플턴은 가능한 한 책을 읽는 시간을 갖고, 특히 정신을 깨우치는 책을 읽어야 한다고 했다. 그에게 자신의 분야에서 열심히 공부하고 지식이 풍부한 사람이 되려고 하는 것은 매우 중요하였다. 그의 놀라운 집중력과 불굴의 의지, 근면, 성실함은 스스로 자기 절제의 기술을 개인적으로 단련한 결과이다. 그가 위대한 투자가로 성공한 것은 그의 절제된 사고에서 나왔고, 그것은 학습의 열정에서 비롯된 것이었다.

품질관념, 시간관념은 결국 학습을 통한 자각에

구영한은 1924년생으로 도쿄대학 경제학부를 졸업한 경영자이다. 그는 일본과 대만에서 기업을 경영하였으며, 도쿄대학 출신으로서 경영자로 성공한 드문 사례를 남겼다. 구영한은 "경제 발전과 공부하려는 의욕은 비례한다. 경제가 발달한 지역의 사람들은 자기에게 유용한 일이라면 무엇이든지 배우려고 노력한다."라고 말한다. 이는 경제가 발전하는 것과 공부를 열심히 하는 것은 비례관계에 있는데, 서로 자극을 주어 상승효과를 가져오기 때문이라는 것이다. 그는 "품질관념, 시간관념은 자각에 의해 나타나며 이는 학습에 의해 이루어진다."라고 말한다. 그는 성공한 나라는 자원이 없고 자본도 부족하였지만, 훌륭한 인적 자원이 있었기에 성공할 수 있다는 역사적 증거들을 제시하였다. 결국, 정신력과 실력이 인재의 여부를 판가름한다는 것이다. 그에 의하면, 자원도 자본도 없었던 일본이 대성공을 이룩한 것은 인적 자원 때문이었다고 한다.

동남아시아 사람들은 기후조건 때문에 일을 하려는 열정이 부족하다고 많은 사람이 생각하는 것에 대해, 구영한은 다른 견해를 제시한다. 그는 동남아시아에서 화교들만은 열심히 일하고 있다는 것이다. 그는 인간의 근로의욕은 기후풍토의 산물이 아니라고 생각한다. 구영한은 "잘되고 못되고 하는 것은 훈련 여하에 달려 있다."라고 말한다. 양질의 노동력과 낮은 노동력의 차이는 훈련에 의해서 노동자에게 시간관념과 품질관념이 생기도록 하는가 않는가에 따라 구별된다는 것이다.

지식을 얻는 것과 학습은 다른 것임을

아리 드 호이스는 1951-1989년까지 38년간 로열더치 셸 그룹에서 근무하면서 그룹 조정실장을 역임하기도 하였다. 호이스는 개방성과 학습이 기업의 장수와 생존에 필수조건임을 증거로 제시하였다. 개방성은 학습을 개선시킨다는 것이다. 호이스에 의하면, 기업의 성공이란 최상의 존재로 향상해가는 것이고, 그 과정에서 살아남기 위해 무엇을 해야 하는지에 정통해야 함을 의미한다.

하버드 비즈니스 스쿨의 크리스 아기리스는 "학습은 성공을 좌우하는 요소이다."라고 말했다. 경영전략 전문가 헨리 민츠버그는 "경험이 없는 25살짜리가 2년 과정의 MBA코스에 다닌다고 유능한 경영자가 될 것이라는 생각은 정말 웃기는 생각이다."라고 말했다. 피터 드러커는 "미국의 경영대학은 단지 쓸만한 사무직원들만을 양산하고 있을 뿐이다."라고 말했다. "대학 졸업장은 아무 것도 보장해주지 못한다."라고 혼다 그룹의 창립자 소이치로 혼다는 말했다. 아비스 회사의 회장이었던 로버트 타운젠트는 "하버드 비즈니스 스쿨 졸업자를 절대로 고용하지 말라. 그들은 성공에 필요한 몇 가지 기본조건들이 결여되어 있다. 즉 겸손, 윗사람들에 대한 존경, 기업경영의 본질에 대한 이해, 직원들의 심리에 대한 이해, 부하직원의 입장에 대한 고려, 현장에서의 성취능력, 근면성, 부하직원에 대한 신의, 판단력, 공정성, 성실성 등이 결여되어 있다."라고 말했다. 학습은

MBA코스 등을 밟아 얻은 지식을 의미하는 것이 아니다. 진정한 학습은 정신력을 향상시키며 동시에 실력을 향상시킨다. 단순히 지식을 얻는 것과 학습은 다른 것임을 이해해야 한다.

자기혁신을 위해 부단한 공부가 필요

일본 다나베공업의 창업자이며 성공적인 경영자로 알려진 다나베는 자신의 성공을 "끊임없이 임직원들의 정신력을 자극하고 실력을 기르는 것에서 비롯되었다."고 말한다. 다나베는 "틀에서 뛰어나오기 위해서, 자기혁신을 하기 위해서는 부단한 공부가 필요하다."라고 말한다. 그가 말하는 공부란 현재의 업무영역을 넘어선 공부이다. 그는 "넓은 분야의 독서가 필요하다. 모든 공부는 자기 돈을 써야만 피가 되고 살이 된다."라고 말한다. 그는 '나날이 새로운' 마음을 잃지 않아야 한다고 강조한다.

다나베는 "현장에서 배우는 자세가 필요하다."고 역설한다. 자아실현의 궁극의 모습이 경영자의 모습이라는 것이다. 다나베공업이 성공적 기업으로 성장하였고 다나베가 창업한 여러 회사가 한결같이 성공적인 기업으로 발전한 이면에는, 끊임없이 학습을 통하여 임직원들의 정신력과 실력을 강화한 것에 있었다.

품질관리가 성공하려면 학습해야만 가능

에드워즈 데밍 박사는 통계적 품질관리의 창시자로서 그의 업적을 인정받고 있다. 그의 품질관리 방식은 많은 기업인들과 경영학자들에게 영향을 미쳤다. 다니엘스 박사는 "품질관리에서 가장 중요한 요소는 인간 행동을 변화시키는 것이다. 데밍은 모든 기업 문제의 90% 이상이 경영자에게 있다고 주장하였다. 나는 그의 의견에 동의한다."라고 말한다.

데밍 자신은 생전에 "나는 배웁니다. 배울 수 있어야 할 것입니다"고 말했다. 또한 데밍은 "사람은 계속 학습해야 하며 기술은 항상 개선될 수 있다"고 말했다. 에드워즈 데밍은 "품질관리가 성공하려면 시장변화에 적응하는 품질관리가 되어야 한다. 시장변화에 대응하려면 임직원들의 정신력이 살아있어야 하며, 이는 끊임없이 학습해야만 가능한 것이다."라고 말한 바 있다. 다니엘스 박사는 이러한 데밍의 견해에 전적으로 동의한다.

충분한 공부가 필요하다

J.W.메리어트2세는 "끊임없이 공부해야 한다. 충분한 공부가 필요하다."고 말한다. 그는 메리어트사에서 40년 넘게 일해 왔고, 전세계에 2,000개 이상의 호텔을 운영하고 있는 메리어트사의 최고경영자이다.

메리어트사는 모든 직원들에 대한 교육을 강조한다. 40여 년간 사업을 하면서 최고경영자 메리어트가 얻은 결론은, 경청이야말로 훌륭한 간부가 연마해야 할 가장 중요한 기술이라는 것이다. 그는 "단순히 경청만 잘하는 것이 아니라 경청을 통해 배울 수 있어야 한다."라고 말한다.

메리어트는 "발전의 비결은 변화 가운데서 질서를 보존하고, 질서 가운데서 변화를 추구하는 것이다"라고 요약한다. 그는 변화는 사업에서 반드시 필요한 존재라는 것을 이해하고 있다. 메리어트사는 1971년에 여행 사업에 뛰어들었으나, 결국 1979년에 포기하였다. 1972년에는 유람선 사업에 뛰어들었으나, 결국 15년 간 무진 애를 쓰다가 그만두었다. 메리어트사는 1972년경에 놀이 공원사업에 진출하기로 결정했다. 경험 없이 놀이공원을 건설한다는 것이 얼마나 골치 아프고 비용이 많이 드는 일이라는 것이 드러났다. 그 사업에서도 매각하고 물러났다. 가정 경비 시스템에 진출했던 일은 절망적이었고 3년 만에 손을 들었다.

메리어트가 그러한 경험에서 얻을 수 있었던 값진 교훈은 해당 사업에 대해서 충분히 알고 있어야 한다는 것이다. 사업에 뛰어들기 전에 거기에 대해 충분히 공부하지 않았다는 것이 실패의 요인이었다.

자신을 큰 존재로 여기는 생각과 싸우는 일

메리어트는 "대기업에서 가장 조심해야 할 것 중의 하나는

'자신을 큰 존재로 여기는 생각'과 싸우는 일이라는 결론을 나는 내렸다."라고 말한다. 이는 관료주의, 자만심을 버려야 한다는 것이다. 메리어트사에서는 끊임없는 교육, 일과 삶을 연계하는 유용한 프로그램 등이 필수적으로 운용되고 있다.

메리어트는 40년 이상의 경영을 통해 중요한 교훈을 얻었다고 한다. 그가 얻은 첫 번째 결정을 위한 규칙은 "기꺼이 결정을 내려야 한다."는 것이다. 너무 우유부단하고 분석만을 하는 것은 좋지 않다고 그는 생각한다. 둘째는, "끊임없이 공부해야 한다."는 것이다. 충분한 공부가 필요하다고 그는 확신한다. 셋째는, "마음의 소리에 귀를 기울여라."라는 것이다. 올바른 의사결정에는 사실만이 아니라 경험이 중요하며 마음에 담긴 지혜를 필요로 한다는 것이다. 메리어트는 학습이 얼마나 중요한 것인가를 40년 동안의 경험을 통해 뼈저리게 자각했다.

엄청난 독서를 통해

시어도어 루스벨트는 1858년에 태어나, 하버드 대학을 우등생으로 졸업하였다. 맥킨리 대통령이 암살당한 후, 1901년9월 시어도어 루스벨트는 대통령직을 승계하였다. 42세였다. 1904년 그는 대통령에 재선되었다. 2000년 어느 유선방송국이 실시한 역사적 인물들에 대한 설문조사 결과, 워싱턴, 링컨, 프랭클린 루스벨트에 이어 시어도어 루스벨트가 4위를 차지했다.

1898년 스페인과 미국의 전쟁이 시작되었을 때, 루스벨트는 해군성 차관 자리를 사직하고 쿠바에 주둔 중인 육군부대에 지원할 만큼 행동력이 강했다. 자서전에서 루스벨트는 "나는 선천적으로 건강하지 못한 연약한 소년이었으며 신경질적이고 소심했다. 그러나 내가 존경하는 사람들에 관한 책을 읽으면서부터 두려움이 없어졌으며 그들과 같은 사람이 되고 싶은 커다란 소망을 가졌다."라고 썼다. 책을 통한 학습은 연약한 소년을 후에 매우 강건하고 행동력이 강한 뛰어난 인물로 만들었다는 사실이다.

배움에 대해 강한 열정을

루스벨트는 배움에 대해 강한 열정을 가졌다. 리더십 연구학자인 워런 베니스는 최고지도자들이 시간과 정력을 투자하여 끊임없이 배우고 있음을 발견했다. 대통령 재임시절에도 루스벨트는 "나는 항상 책 몇 권을 넣어 가지고 다녔다."라고 말하였는데, 그는 짬이 있을 때마다 책을 읽었다. 루스벨트는 독서가 도덕적 본능을 강화한다고 믿었다. 루스벨트는 자신이 읽는 책을 통해 정보와 지식을 얻거나 새로운 상황에 적용하는 데 탁월한 재능이 있었다.

루스벨트의 지속적이고 왕성한 독서는 글의 완성도를 높여주었는데, 루스벨트는 광범위한 저술활동을 펼쳤다. 그는 1905년 러일전쟁을 성공적으로 중재함으로써 노벨평화상을 받았다. 역사가인 조지 모우리는 "루스벨트는 철도법 개정을 놓고 올드리

치와 격론을 벌일 때도 백악관에서 저녁식사를 같이 하는 등 개인적으로 아주 돈독한 관계를 맺고 있었다."라고 기술하고 있다. 루스벨트는 탄광파업 기간 동안 불만투성이인 기업 간부로 인해 겪은 불쾌감에 대해 다음과 같이 회상했다. "대통령만 아니었다면 나는 본능적으로 그를 붙잡아 목을 졸라서 창문 밖으로 내동댕이쳤을 것이다. 그러나 나는 인내심이 나에게 많은 도움이 될 거라는 희망을 가지고 참아냈다." 그가 학습을 통해 정신력을 강화하고 자신을 자제하는 능력을 길렀다는 사실이다. 인간을 변화시키고 인격을 높이는 유일한 방법은 끊임없이 정신적 자극이 있어야 한다는 것이다.

형편없는 연대장만이 있을 뿐

루스벨트는 군 연대장으로 활약하였던 일을 언급하였다. 루스벨트는 자신이 잘못했을 때는 솔직하게 실수를 인정했다. 그가 군사훈련 교본을 잘못 해석했다고 인정하였을 때, 부하들은 감동했다고 한다. 루스벨트는 "형편없는 연대란 없다. 다만, 형편없는 연대장만이 있을 뿐이다"는 군대격언을 좋아했다.

1909년 대통령으로서 그는 고위급 장교들에게, 말을 타고 3일 동안 90마일을 달릴 수 있는 능력을 갖추도록 지시했다. 이러한 지시에 불평이 뒤따랐고, 루스벨트에게 독재자라는 비난이 빗발쳤다. 루스벨트는 눈보라 속에서도 단 하루 만에 말을 타고 100마일을 주파함으로써 스스로 모범을 보였다. 그의 정신력은 행동력으로 나타났다.

그는 겉으로 건강했으나 심장이 약한 것으로 진단받았다. 루스벨트는 자신의 저서 "전력투구하는 삶"에서 '60세까지만 철두철미하게 내 삶을 끌고 가자'고 다짐했다. 루스벨트는 대통령에 취임한 직후 한 친구에게 보낸 편지에서, "인생이란 기나긴 전쟁이다. 죽음에 이르기까지 결국 모든 사람은 패배를 맛보게 마련이다."라고 썼다. 1916년 그가 쓴 편지에는, "내면에 악마가 자리 잡고 있지 않은 사람은 없다."라고 말한다. 그는 "그것은 바로 나의 기질을 통제하기 위한 나 자신과의 싸움이었다. 나는 이 싸움이 내 인생에서 가장 힘들었고 가장 긴 싸움이었다고 생각한다."라고 말했다. 1918년 루스벨트는 60세를 맞이했다. 그해 어느 날 아침, 그는 잠든 상태에서 숨을 거두었다. 루스벨트가 "나는 선천적으로 건강하지 못한 연약한 소년이었으며 신경질적이고 소심했다. 그러나 내가 존경하는 사람들에 관한 책을 읽으면서부터 두려움이 없어졌다."라고 말한 것처럼, 그는 학습을 통하여 자신의 성격과 나약함과 '내면의 악마'를 극복했던 것이다. 루스벨트가 뛰어난 지도자로 변신할 수 있었던 것은 학습하는 습관이 있었기 때문이었다.

독일책을 눈으로 봐가며 혼자 공부

1972년 오카노공업사를 설립한 오카노 마사유키는 1930년생으로, 초등학교졸업 학력에도 불구하고, 미국 국방성이나 미국

항공우주국(NASA)에서도 탄복하는 기술력을 자랑하는 경영자로서 인정받고 있다.

근년에, 오카노는 아프지 않은 주사기를 개발했다. 1년 반의 연구개발에 시제품이 만들어졌는데, 길이가 20밀리, 직경이 0.06밀리였다. 그는 초등학교졸업의 학력임에도 공부하는 것의 중요성을 깨닫고 학습을 통하여 높은 수준의 기술력을 체득했다. 오카노는 프레스 가공기술을 독일책을 눈으로 봐가며 혼자 공부했다. 그는 그림과 도면을 뚫어지게 쳐다보면서 20년 동안 매일 보았다고 한다. 오카노는 제품 검사를 제대로 해야 한다는 기초 중의 기초를 배웠다. 그는 기술을 축적하고 기회를 준비해 두는 것이 중요하다고 생각한다.

미국 국방성이나 NASA에서도 오카노를 찾아온다. 그가 유명해진 것은 휴대폰의 전지 케이스를 개발하면서부터이다. 오카노공업사는 기술면에서 최고를 자랑하고 있다. 오카노는 기술을 개발, 특허도 취득하였는데 미국 국방성에서 카본 가공기술을 스텔스 전투기에 사용하고 싶다고 연락이 왔다. 2001년에는 미국 나사로부터 주문을 받았다. 그가 스테인리스를 넘어 티타늄을 딥 드로잉하는 기술을 완성했기 때문이다. 그는 "창조의 가장 무서운 적은 과거에 대한 집착이다."라고 말한다. 성공에 집착하는 것은 실패에 얽매이는 것보다 더 위험할 수 있다는 것이다.

오카노는 "기술에 숨겨진 원리를 모르면 수준 높은 창조는 불가능하다."라고 말한다. 원리를 알기 위해서도 학습해야 한다는 것을 그는 알고 있다. 그는 계속 투자하여 더 좋은 프레스기술을 확보했다. 그는 "기술을 쉬지 않고 혁신하는 것만이 참된 성실이다. 철저한 기술력의 승부이며 전략이다."라고 말한다. 그는 "공부도 원하는 학생, 자세가 된 학생이 해야 제대로 성적이 나온다. 기술도 똑같다."라고 말한다.

공부해왔던 것이 그의 성공의 바탕

오카노는 "내게는 기술이나 노하우가 돈보다 먼저다."라고 말한다. 그에게 우선순위는 일이 가장 먼저이고 돈은 그 뒤에 따른다. 그가 자신에 대한 확신이 있기 때문이다. 그에게 독일 책을 읽으며 공부하라고 조언했던 인생 선배가 있었다. 그 선배의 조언을 따라 공부해왔던 것이 그의 성공의 바탕임을 그는 인정한다. 자기 스스로 변하면서 지독한 장인정신을 갖는 것이 중요한 것임을 그는 알고 있다.

오카노는 실력과 인간성을 존중하는 게 제일 현명한 방법이라는 것을 깨달았다. 금형이나 프레스 가공 기술자는 항상 새로운 기술을 연구하고 익혀야 한다고 그는 생각한다. 그는 "무엇이든 최고의 재주가 있어야 한다."라고 말한다. 그는 절대로 돈을 좇지 않는다고 한다. 자신의 실력을 인정받기 위해 오카노는 학습했던 것이다.

대단한 집중력의 소유자

코닥사의 창업자 조지 이스트먼은 1932년 77세로 사망했다. 이스트먼은 1854년에 태어났다. 조지 이스트먼은 공립학교에서 7년을 공부하다 그만두고, 보험회사 사환으로 일했다. 이스트먼은 주당60시간씩 열심히 일했는데, 1874년 로체스터 저축은행에 채용되었다.

이스트먼은 1868년 자신의 회계장부를 기록하게 시작했는데 그의 나이 13세였다. 이스트먼은 숫자 감각도 있었고 대단한 집중력의 소유자였다. 그는 자기 자신에 대해 낙천적이었다. 보험과 은행업계에서 10년간 경력을 쌓은 그는 사진에 우연히 관심을 갖게 되었다. 탐구적이고 사업가적인 정신의 소유자였던 이스트먼은 '영국사진 저널'라는 간행물을 구독하였는데, 그 잡지에서 사진의 장래를 예측하게 되었다. 그는 자신만의 건판 감광유제 제조법을 연구하기 시작했다. 이스트먼은 전문 사진가 '조지 먼로'라는 사람에게서 사진 교습을 받았다. 또한 '조지 셀든'이라는 아마추어 사진가로부터 배웠는데, 조지 셀든은 특허에 대해 잘 아는 변리사였다. 이스트먼은 강한 집중력이 있었고, 무엇이든 배우고자 하는 학습의욕이 대단하였다.

1877년 후반에, 이스트먼은 건판이 사진 산업을 변화시킬 것이라는 사실을 깨달았다. 그는 1878년6월 감광유제와 코팅기계 모두에 대한 특허를 신청하였다. 1880년4월, 이스트먼은 자신의 특허기계를 이용하여 특허 감광유제를 코팅한 사진 건판을 생산하고 있었다. 이스트먼은 로체스터의 유명한 사업가인 헨리 스트롱에게 투자를 권하여 승낙을 받았다. 은행의 승진인사에서 이스트먼은 고배를 마셨는데, 그는 실망하여 은행을 떠났다. 그에게는 이스트먼 건판회사가 있었다.

이스트먼과 헨리 스트롱의 관계는 1901년 스트롱이 은퇴할 때까지 성장하였다. 스트롱은 남북전쟁 당시 해군 재무관이었으며 자금 조달에 도움이 되었다. 스트롱은 이스트먼 건판 회사의 사장이 되었고 이스트먼은 회계 담당자가 되었다. 이스트먼 건판 회사의 주식이 1884년 처음 공개되었을 때, 스트롱은 750주를 받았고 이스트먼은 650주를 받았다. 이스트먼은 후에 "평화는 개인생활에 해당되는 말이다. 사업 세계는 항상 전쟁이다. 이 세상에서는 강해져야 한다. 그러나 마음 한 편에는 조금 부드러운 면도 있어야 한다."라고 말했다. 이스트먼은 감정을 배제하고 상당히 냉정하게 사업에 임했다. 이스트먼의 코닥사는 스토롱과 이스트먼의 40년간 지속된 안정된 협력관계 덕분에 성장할 수 있었다. 스토롱은 1838년생이었으므로 이스트먼보다 16세 연상이었다. 이스트먼은 제대로 데이트를 한 적도 없었고, 결혼도 하지 않았다. 이스트먼의 집중력과 책임 완수능력은 뛰어났다.

이스트먼은 생산과 유통의 조화가 사진 산업의 필수요건이 될 것임을 알았다. 이스트먼은 일에 지독하게 매달리는 사람이었고, 비범한 식견과 집요함을 지니고 있었다. 1887년에 그는 단순한 카메라 개발에 착수했다. 이스트먼은 이 카메라를 코닥이라고 불렀다. 신형 코닥 카메라의 가격은 25불이었다.

학습의 열정이 대단

1889년이 되자 신형 코닥을 출하하였다. 코닥사는 "버튼만 누르세요, 나머지는 우리가 알아서 해요."라는 광고 문안을 선전하였는데 이 문안은 매우 효과적인 문안이었다. 이스트먼은 회사의 목표를 변화하는 제품에 두는 것이 지속적으로 선두 자리를 지키는 최선책임을 알게 되었다. 이스트먼은 이스트먼 코닥회사가 지속적인 개선을 특징으로 하는 이른바 학습조직이 되길 원했다. 이스트먼은 여러 고등교육기관과 관련을 맺고 인재 등용에도 활용하였다. 1900년 코닥 브라우니의 출시는 큰 성공을 몰고 왔다. 그 가격은 단 1불이었다. 50년 후 즉석 사진기가 나오기 전까지는 필적할 상대가 없었다. 이스트먼은 기술관련 잡지들을 탐독하였고, 대학 교육을 받은 화학자들을 채용했다. 그는 타인이 위협할 수 없을 만큼 강한 자존심의 소유자였다. 이스트먼은 1898년경 거의 100만불의 순이익을 배당받았는데, 이 금액 중 175,000불을 거의 3천 명에 달하는 코닥 직원들에게 나눠 주기 위해 따로 보관했다. 이스트먼의 행동은 당시로서는 놀라운 것이었다.

1925년 이스트먼은 "우리가 업무 시간에 하는 일은 우리가 이 세상에서 무엇을 갖게 될지를 결정합니다. 우리가 노는 시간에 하는 일은 우리의 본모습을 결정합니다."라고 말했다. 이스트먼은 오르간 음악 애호가였는데 바그너를 애호했다. 그는 기술관련 잡지들을 탐독하였고 무엇이든 배우고자 하는 학습의 열정이 대단하였다. 이스트먼이 사업가로서 성공한 배후에는 끊임없이 학습하는 자세가 큰 힘으로 작용하였다는 사실이다.

인쇄소 견습공

벤저민 프랭클린은 경영자로서, 과학자로서, 정치가로서 뛰어난 성공을 거두었다. 그가 84세로 사망하기까지, 학습에 대한 열정을 잃지 않았다는 점이 성공의 원동력이었다는 사실이다. 프랭클린은 1737년 프랭클린 스토브를 발명하였으며, 1749년 피뢰침을 발명하였다. 그는 1752년 연을 이용한 실험으로 번개와 전기의 방전이 동일한 것임을 증명하여 과학계에서 인정을 받았다.

초등학교도 제대로 나오지 못한 학력으로 인쇄소 견습공으로 사회생활을 시작했던 프랭클린은 학습의 열정을 유지하였고, 그것이 성공의 원인이 되었던 것이다. 프랭클린은 8살에 라틴어 학교에 입학했으나, 학비가 부담이 되어 결국 1년밖에 라틴어 학교에 다니지 못했다. 그는 어려서부터 책읽기를 좋아하였다. 그는 인쇄소에서 귀중한 존재가 되었고 책방의 점원들과 가까워지면서 책들을 빌려볼 수 있었다. 거의 밤을 새다시피 하며 책을 읽기도 하였다.

프랭클린은 일요일에는 인쇄소에 혼자 남아서 공부에 열중했다. 계산이라면 질색이었던 그는 코커의 산수책을 가지고 공부하자 아주 쉽게 혼자서 계산할 수 있었다. 항해 서적도 읽으면서 기하학도 다소 알게 되었다. 로크의 '인간오성론'과 폴 로얄파의 '사고의 방법'도 읽었다. 영문법 책도 읽었고 '소크라테스의 추상록'이란 책도 읽었다.

가장 먼저 친해진 사람이 책장수

프랭클린은 1724년 12월에 런던에 갔다. 그는 유명한 인쇄업자인 파머 씨 밑에서 일하게 되었다. 그는 하숙하고 있는 동안 인근에서 가게를 하고 있는 윌콕스라는 책장수와 친해졌다. 프랭클린은 그의 헌 책을 유리한 조건으로 빌려 볼 수 있었다. 그가 가장 먼저 친해진 사람이 책장수라는 것은 학습에 대한 그의 관심이 컸다는 증거였다. 인쇄소에 함께 일하던 50명의 인쇄공들은 맥주광들이었다. 그들은 걸핏하면 맥주집에 맥주를 주문하곤 했다. 프랭클린은 맥주 대신에 물만 마셨고 그 시간에 책을 읽었다.

1726년에 프랭클린은 미국으로 돌아와 키머의 인쇄소 일을 하게 되었다. 그가 키머보다 책을 더 많이 읽었기 때문에, 프랭클린은 여러 사람에게서 인정을 받게 되었다. 프랭클린이 조직하여 여러 해 동안 운영했던 학습 모임이 있었다. 그 모임을 '잔토 클럽'이라고 부르는데, 친구들을 모아서 서로 지식을 향상시킬 목적으로 매주 금요일 밤에 모였다. 그는 밤 11시나 혹은 더 늦은 때에도 일하는 경우가 많았다.

근면과 공부가 프랭클린의 힘이 되었다는 사실이다. 키머는 신문을 발행하여 9개월 동안 운영했다. 그러나 독자가 겨우 90명에 지나지 않아 적자였고, 프랭클린에게 신문을 헐값으로 양도하겠다고 제의했다. 그는 곧 인수했고 그 신문은 몇 년 후에는 이익이 많이 남게 되었다. 프랭클린이 낸 신문은 활자도 좋았고, 인쇄도 훨씬 깨끗했으며 체재가 전혀 달랐다. 프랭클린이 항상 학습하였던 것이 그 원동력이었다. 그는 자신의 정신력뿐만 아니라 끊임없이 실력을 향상시켰기에 누구보다도 뛰어날 수 있었다.

브래드포드는 주 의회의 인쇄물을 도맡고 있었는데, 그의 인쇄물은 조잡하고 잘못 투성이였다. 프랭클린은 그것을 깨끗하고 정확하게 새로 인쇄해서 각 의원에게 한 부씩 돌려주었다. 그들은 그것으로 인쇄의 우열을 알게 되어, 프랭클린을 지지하는 사람이 많아졌다. 그 덕택에 그 다음해에는 프랭클린의 인쇄소가 주 의회 지정 인쇄소로 되었다. 그는 지폐인쇄를 맡아 상당한 이익을 남겼다. 그가 글을 쓸 수 있기 때문에 얻은 또 하나의 이익이었다. 학습을 생활 습관으로 하고 있었던 프랭클린에게 여러 기회가 자꾸 찾아온 것이다.

그는 잔토 클럽을 통해 화재 방지조합을 만들기로 하고 유니언 소방조합을 창립하였다. 이것은 미국 화재보험역사에 중요한 이정표 역할을 하였다. 프랭클린은 1742년에 스토브를 발명하였는데, 종전의 것보다 난방이 잘되고 연료도 적게 들었다.

그는 이 스토브의 수요가 점점 늘어 돈도 꽤 많이 벌었다.

프랭클린은 "인간의 행복이란 간혹 생기는 굉장한 행운보다는 매일매일 생기는 잡다한 생활 속의 조그마한 일에서 생기는 것이다."라고 말한다. 가난한 청년에게 면도하는 법과 면도날을 가는 법을 가르쳐주는 것이, 많은 돈을 주는 것보다 더 큰 도움이 된다는 것을 그는 깨달았다. 그러한 깨달음으로 프랭클린은 대학을 설립하는데 앞장서서 큰 역할을 하기도 하였다.

어학 능력이 큰 도움

영국의 케임브리지 대학은 자진해서 그에게 학위를 주었다. 프랭클린은 예일 대학에서도 같은 학위를 받았었다. 이것은 그가 자연철학의 일부분인 전기학을 연구해서 몇 가지 개량과 발명을 했다고 주는 것이었다. 1733년에 그는 외국어 공부를 시작했다. 얼마 안 가서 프랑스어에 익숙하게 되어 프랑스어로 된 책도 충분히 읽을 수 있게 되었다. 다음은 이탈리아어를 배우기 시작했다. 그 뒤로 스페인어도 힘들이지 않고 책을 읽을 정도가 되었다. 프랭클린은 1783년에 파리조약 전권대사로 임명되었는데, 그의 어학 능력이 큰 도움이 되었다는 사실이다.

1746년 프랭클린은 영국의 스펜스 박사를 만났다. 스펜스 박사는 프랭클린에게 전기 실험을 보여주었다. 프랭클린은 '번갯불은 전기와 똑같은 것'이라는 내용의 논문을 미첼 박사에게 보냈다. 프랭클린의 실험은 높은 평가를 받았고 입증되었다. 영국왕립협회는 그를 회원으로 추천하였고, 1753년에 '고드프리 코플레이'상을 수여했다. 프랭클린은 아메리카의 대표로 영국에 건너가서 영미관계를 조정했다. 독립선언 기초위원회의 위원으로 활동했고 체신장관, 프랑스 공사, 펜실베니아 주지사도 지냈다. 벤저민 프랭클린이 경영자로서, 과학자로서, 정치가로서 뛰어난 성공을 거두었던 것의 원인은 학습에 대한 열정을 잃지 않았다는 점에 있었다.

나의 성공은'나의 철학'덕분

이나모리 가즈오는 1955년 가고시마대학 공학부를 졸업하였고, 1959년 교토세라믹주식회사를 설립했다. 1984년 통신회사 DDI를 설립하여 크게 성공하였으며, 1984년 이나모리 재단을 설립하여 많은 재산을 사회로 환원하고 있다.

이나모리는 "나의 성공은 '나의 철학' 덕분이라고 할 수 있다."라고 말한다. 그가 창업한 교토세라믹(주)는 그의 '철학'을 좋아했던 지인이 출자한 돈으로 세운 것이다. 그 지인은 그에게 단 한 가지 약속 즉 '절대로 돈의 노예는 되지 않겠다'는 약속을 해달라고 했다. 이나모리는 그 약속을 지금까지 지켜왔던 것이다. 교세라는 첫 해를 마감할 무렵부터 이윤을 내기 시작하여 그 후 현재까지 매년 흑자를 기록하고 있다.

스스로를 '촌놈이다'라고 인정했던 이나모리는 "자신을 객관적으로 볼 수 있는 겸손함과 정직함, 과거의 실수에서 교훈을 얻을 수 있는 자기수양이 필요하다."라고 말한다. 그는 자기수양을 위하여 매일매일 학습하여 왔다. 그는 "인생에서 한 걸음씩 나아가야 하며 마법의 융단은 없다."는 생각을 갖고 있다. 그는 "재능보다 열의와 올바른 철학이 더 중요하다."라고 말한다. 이는 정신력이 실력이나 노력보다 더 중요하다는 것이다.

매일 배움을 계속하지 않는다면 문제

이나모리는 "인생에서 가장 큰 장벽은 바로 편안함과 안이함을 찾는 자기 자신이다."라고 말한다. 그에게 공부를 열심히 한다는 것은 놀거나 자기 욕망과 싸워 이긴다는 뜻이다. 그에게 학습은 편안함과 안이함을 탈피하는 중요한 방법이었다. 그는 "정신력이 중요한 것이다. 덕을 갖춘 훌륭한 '자아'가 능력을 통제한다."라고 말한다. 이 말을 음미하면 그가 학습을 통하여 무엇을 추구했는지 알 수 있다. 아니모리는 "자신의 일을 사랑하고 자신의 일에서 최고의 즐거움을 찾을 수 있는 사람만이 비즈니스에서 성공한다."라고 말한다. 그는 자신을 돌이켜보며 매일 배움을 계속하지 않는다면 문제가 있다는 것을 알았다.

이나모리는 유년기에 폐결핵에 걸렸던 경험이 있었는데 책을 읽고 수양하면서 "나는 마음을 수련하는 방법으로 세상의 불편함과 괴로움을 한탄하지 않고 극복할 수 있었다"고 한다. 그가 유년기에 겪었던 시련이 미래의 삶에 큰 영향을 주었던 것 같다. 이나모리는 "정신을 함양하고 순화할 수 있는 독서를 해야 한다. 나는 일과 후에 아무리 늦은 밤이라도, 항상 집에서 책을 읽는다."라고 말한다. 사업 초창기에 그는 회사에서 영업, 제조, 관리 등 모든 분야를 관장하면서 엄청나게 바쁜 생활을 하였다. 더욱이 교세라의 제품은 세라믹이었는데, 세라믹은 당시 첨단 소재였고 시장에서 제품이 인정받도록 하기 위해 더욱 많은 시간을 투자해야 하였다. 그러한 그가 잠깐씩 시간을 내어 좋은 책을 읽고 깊은 감동을 느낄 정도의 시간은 아무리 바빠도 낼 수 있었다. 그는 "독서는 실제 체험을 더욱 의미 있게 만드는 기준을 제공한다. 자신의 실제 경험 그리고 독서를 통해 간접적으로 얻는 다른 사람의 경험은 성공할 수 있는 정신적 뼈대를 만들어 준다."라고 말한다.

정신적 자극을 끊임없이 받아야

이나모리는 믿었던 사람들에게서 배신을 당한 경험이 몇 번 있었다. 그는 "먼저 나 자신을 신뢰할 수 있는 사람으로 만들어야 한다."라고 말한다. 신뢰할 수 있는 인간관계를 유지하지 못하면 절대 성공할 수 없다는 것이다. 그는 "열정은 성공과 성취의 모태다."라고 말한다. 열정을 창출하고 유지하기 위해 정신적 자극을 끊임없이 받아야 한다는 것을 그는 인정한다. 바로 그것이 독서이며 학습인 것이다.

이나모리는 "나는 기술 우선이 아니라 직원 우선의 회사가 되기로 결정했다. 수입의 극대화와 비용의 최소화에는 엄청난 정신력과 창의력이 필요하다."라고 말한다. 그가 창업한 교토세라믹의 제품은 첨단 소재 제품이었고 그의 회사는 기술이 중요했음에도, 그가 '기술 우선이 아니라 직원 우선의 회사'를 목표로 삼은 것은 주목할 만한 것이다. 인간의 정신력이 기술보다 더 중요하였기 때문이다. 그러한 정신력이 그에게 있었기에 그는 거품경제 시기에 땅투기 등을 거절했다. 오직 회사의 자금으로 공장과 장비에 적절히 투자하였다. 근본적인 원칙을 지켰던 것이 결국 좋은 결과가 되었다.

자각은 학습을 통해서만 가능

이나모리는 사람을 세 유형으로 구분한다. 자가연성 유형은 열의와 열정이 있으며 스스로 불이 붙는 사람이다. 불연성 유형은 재능이 있을지는 몰라도 허무적 성향이고 감정이 풍부하지 않다. 성취력이 부족하다. 가연성 즉 타가연성 유형은 주위에서 동기를 부여해주어야 불이 붙는 사람이다. 이나모리는 "가장 필요한 유형은 자가연성 유형이다."라고 말한다. 자가연성 사람은 스스로 자각하는데, 그것은 학습을 통해서만 가능하다는 것이다.

그에 의하면, 비즈니스는 신뢰를 쌓아가는 과정이다. 성공의 비결은 고객의 존경을 사는 데 있다. 이나모리는 "리더는 항상 겸손해야 한다."라고 말한다. 이는 그가 매일 학습을 통하여 자신의 부족함을 자각하고 있기에, 겸손을 유지할 수 있다는 것을 보여주는 말이다. 그는 "도전과 혁신은 현실에서 참으로 엄청난 인내와 용기, 근면을 요구하는 고난이다."라고 말한다. 그는 자신의 한계에 도전하는 정신력과 의지력을 수련하는 방법으로 매일 책을 읽는다.

이나모리는 "내 경우에 힘의 근원은 자신에 대한 깊은 확신에서 비롯된다."라고 말한다. 그는 "우리는 위기의식과 긴박감을 유지하고 있어야 한다."라고 말하는데, 정신력을 유지하기 위해 그는 매일 학습을 통하여 자극을 받는다. 그는 일 년 365일 동안 끊임없이 이러한 노력이 계속되도록 특별히 신경 쓴다.

이러한 정신 자세가 있었기에 그는 사업에서 비전이 분명해진 다음에야 일을 진행하기 시작한다. 이나모리가 DDI를 설립한 후, 10년 후인 1994년 DDI의 통합 연매출액은 38억불에 이르렀고 순이익은 5억700만불에 달했다. 그는 사업 프로젝트를 구상할 때, 매일 밤낮으로 완전히 집중하면서 문제가 남아 있지 않을 만큼 모든 경우를 상상해 본다고 한다.

그는 "상식을 따라 비즈니스를 경영해서는 안 된다. 창의력과 향상심이 필요한 것이다."라고 말한다. 많은 사람들이 새로운 사업에서 실패하였어도, 이나모리가 도전한 사업은 대부분 성공한 원인이 바로 여기에 있는 것이다. 그는 철두철미 생각하고 모든 것을 공부한 다음에, 새로운 사업에 도전하는 방법을 활용했다. 그는 "생각은 긍정적으로, 계획은 부정적으로, 실행은 긍정적으로"를 모토로 한다. 계획을 세울 때는 최대한 부정적으로 생각하는 것이 도움이 된다는 것이다.

물질주의를 초월하는 정신적 의미

그는 "일을 추진할 때 나는 완벽주의자가 된다. 완벽을 목표로 한다는 것은 품고 있는 이상을 끊임없이 추구한다는 뜻이다."라고 말한다. 수많은 함정이 도사리고 있는 사업에서 자신을 성찰하고 철저하게 실행하는 습관을 갖게 된 것은 그가 매일 학습하기 때문이다. 그는 필요한 만큼만 소유하고 나누면서 사는 것이 중요하다고 생각한다. 그는 "물질주의를 초월하는 정신적 의미가 깃들인 기업 철학이 있어야 한다. 이는 모든 성공한 회사의 공통적인 특징이다."라고 말한다. 그가 매일 학습에 정진하는 경영자였기에 그의 교세라 그룹은 매우 견실하게 생존하고 있다는 사실이다.

사상가이며 베스트셀러 작가

마쓰시타 고노스케는 1894년 와카야마 현에서 출생, 초등학교 4학년을 중퇴하였다. 그는 화로 가게와 자전거 가게에서 점원으로 일한 후 '오사카 전등회사'의 공사 담당자가 된다. 22세에 독립하여 '마쓰시타 전기제작소'를 설립하였고, 1935년에 '마쓰시타 전기산업주식회사'로 이름을 바꾸고 사장에 올랐다. 1961년에 회장이 되었고 1989년 4월 94세를 일기로 사망했다.

마쓰시타는 배우려는 겸허함과 자신의 일에 대한 자부심을 갖고 있었다. 그는 오사카 전등회사의 조수로 들어갈 수 있었다. 그는 회사 동료의 집에서 하숙을 했는데, '아시다'라는 사람과 친했다. 아시다는 야학에 다니는 대단한 학구파였다. 마쓰시타는 자극을 받아 다시 공부를 해야겠다고 생각하고, 야학에 다니기 시작했다. 아무리 노력해도 따라갈 수 없는 부분이 있었기에, 결국 도중에 공부를 포기하고 말았다. 그는 그것을 너무 안타깝게 생각하였다고 한다. 학교는 포기하였지만 그는 생전에 끊임없이 책을 읽고 공부하였다.

마쓰시타는 "나는 배운 것도 적고, 특별한 재능도 없는 평범한 사람이다. 내 눈에는 모든 직원들이 나보다 위대한 사람으로 느껴진다는 점이다."라고 말했다. 그는 이미 '발명가' 마쓰시타 고노스케로 타임지에 소개된 적이 있었다. 라이프지에서는 그를 '최고 소득을 올리는 사람, 온정주의자, 사상가이며 베스트셀러 작가'라고 소개했다.

정신적인 교육도 함께 해야

1961년 마쓰시타는 '문예춘추'지에 "일본기업들은 오로지 자신들의 힘으로 일본이 발전했다고 착각하여 위기감을 느끼지 못합니다. 따라서 지금의 경제위기는 상당히 심각합니다. 누가 뭐래도 기본적인 힘이 필요합니다. 그 기본에 국민정신 함양 운동이 있어야 합니다. 어떤 일을 하려면 반드시 정신적인 면도 병행해야 합니다. 너무 안이하게 대처하는 것이 일본경제의 현실입니다. 이는 밑 빠진 독에 물을 붓는 격입니다. 그 독을 막을 수 있는 연장이 바로 국민정신입니다."라고 말했다. 그는 물질의 풍요로움만을 추구할 것이 아니라 정신적인 교육도 함께 해야 한다고 강조했다.

마쓰시타는 항상 학습하고 연구하는 것이 생활이었다. 그는 제2차세계대전에 참전한 일본에서 사업활동을 하였기 때문에, 군수물자와 관계된 활동을 하게 되었다. 이것이 그에게 족쇄가 되어, 한 동안 경제활동에 제한을 받기도 하였다. 그는 PHP (Peace and Happiness through Prosperity, 번영을 통해 평화와 행복을)라는 과제를 연구하기 시작했다. 그는 PHP라는 과제에 집념을 가졌다. 그 집념으로 마쓰시타는 생전에 PHP연구소를 설립하였고, 이 연구소를 통해 사회에 기여하는 연구가 활발하게 이루어지도록 하였다. 필자는 2002년 이 연구소를 방문하였는데, 관계 임원과 업무협의를 가졌던 적이 있었다. PHP연구소에서 필자의 학습 노하우에 대하여 연구소 임원인 아끼야마 이사가 보여준 관심은 매우 진지하였다. 필자는 이 연구소에서 마쓰시타가 생전에 학습하고 연구하는 것을 얼마나 중요하게 생각했는지를 확인할 수 있었다.

배우려는 겸허함이 있었기 때문

그는 1952년, 그와 뜻을 같이 하는 사람들이 모여 '신정치경제연구소'를 발족했다. 그는 일본의 당면과제인 외국인 관광객을 맞이하기 위한 연구가 부족함을 지적하고 관광입국을 역설했다. 그는 인재 만들기는 국가의 미래를 위해 필요하다고 강조했다. 마쓰시타는 "꼭 필요한 것이 바로 올바른 경영 이념이다."라고 강조했다.

마쓰시타는 일본경제가 불황의 밑바닥에 있던 1965년 주5일 근무제를 실시했다. 그는 늘어난 휴일을 사원들이 노는데 쓰지 말고, 공부를 하는 데 투자해야 한다고 강조했다. 그가 '경영의 신'이라고 추앙받을 수 있었던 것은 배우려는 겸허함이 있었기 때문이다. 그는 생전에 항상 책을 읽었으며 학습을 통해 자신을 성찰하는 기회로 활용하였다. 그가 항상 학습을 강조하고 올바른 정신력을 강조하였기에 그가 설립한 회사들은 지금도 생존력이 있는 것이다.

대부분이 독서를 통해 나온 것

샘 월튼은 월마트의 창업자이다. 그는 1918년 오클라호마 주 킹피셔에서 태어났다. 월튼은 골수암의 일종인 복합 골수종을 앓았고, 1992년에 사망했다. 월튼은 열심히 공부하여 우등생 명단에 올랐으며 웅변클럽에도 참여했다. 1940년 그는 경영학 학사학위로 미주리 대학을 졸업했다. 그는 실험하고 뭔가 다른 것을 시도해 보고, 자신을 교육시키고 앞서 나갈 수 있도록 노력해 왔다.

샘 월튼은 "나의 지식의 대부분이 독서를 통해 나온 것"이라고 말했다. 그는 학습을 매우 중요하게 생각했다. 그는 월마트의 책임자들에게 아칸소 대학교에서 교육의 기회를 얻을 수 있게 했다. 월튼은 "편안한 생활을 지나치게 탐닉하게 될 때에야 말로 다시 시작해야 할 때인지도 모른다."라고 말했다. 그는 임직원들이 끊임없이 학습하고 고객에게 봉사하는 정신자세를 잃지 않도록 신경을 많이 썼다.

월튼은 점원들이 상품들과 그 사용방법에 대해 완벽한 지식을 갖추도록 하고, 자신의 고객을 관리하기 위해 노력하는 것이 매우 중요하다고 생각했다. 그는 사람들에게 책임을 부여하고 그들을 믿고 지켜봐야 한다고 생각했다. 직원들이 적절한 훈련을 받는다면 반응을 보일 것이라는 것이 그의 생각이었다. 그는 사업 환경이 변화한다는 것과 살아남을 사람은 반드시 변화하는 환경에 적응해야 한다는 생각에 집착했다. 그것은 끊임없는 학습이 필요함을 강조한 것이었다. 그는 부단한 변화를 추구하였다.

솔 프라이스에게 많은 것을 배웠다

샘 월튼은 1955년 남부 캘리포니아에서 '페드마트'를 출범시킨 솔 프라이스에게 많은 것을 배웠다. 월마트도 페드마트에서 따온 것이다. 1976년 조사에 의하면, 사업에 뛰어든 100명의 최고 할인업자 중의 76명이 사라지고 말았다는 사실이었다. 할인사업자들이 아무리 '염가판매'를 위주로 한다고 해도, 염가판매가 기업의 성공을 보증하는 것은 아니라는 것이 입증되었다. 요컨대 도산한 업체들은 자신들의 고객을 관리하지 않았기 때문이고, 직원들에게 좋은 태도를 교육시키지 않았기 때문이었다. 샘 월튼은 그 점을 명심하고 있었다.

월튼은 교육을 중요하게 생각했으며 학습하는 것을 강조했다. 월마트의 직원들은 일을 계속하면서 대학까지 가고 회사에서 승진을 하게 되었다. 월튼은 항상 자율과 통제 사이에서 적절한 균형을 잡고자 하였다. 그는 그들을 엄하게 관리하고 힘겨운 단련을 시켰다. 교육과정은 성공적인 경쟁을 하기 위한 월마트의 능력과 밀접한 관련이 있다. 월튼은 "교육은 우리가 가장 관심을 갖는 문제가 될 것이다."라고 말했다. 강력한 교육시스템 없이는 월마트나 IBM, P&G사도 존재할 수 없고, 경쟁력 있는 기업으로 실효를 거둘 수 없다고 월튼은 생각했다. 샘 월튼은 "나의 지식의 대부분이 독서를 통해 나온 것"이라고 말했는데, 그는 경영자로 바쁜 중에도 학습을 하였으며 임직원들이 학습하도록 강력하게 권했다. K마트를 비롯한 수많은 할인점들이 도산했음에도, 월튼의 학습하는 습관이 정신 긴장감 속에 월마트가 성장하도록 버팀이 되어 온 것이다.

Lesson 09

유능한 경영자의 길

경영자가 매일 학습하는 것을 실천한다면, 결국 유능한 경영자로 재탄생할 것을 기대해도 좋을 것이다.

09장

유능한 경영자의 길

독자는 유능한 경영자의 조건으로서 "연습과 준비, 확인 또 확인, 원가의식, 가치에 헌신, 실패의 함정, 자기반성, 학습의 열정"이라는 7가지의 요소를 알게 되었다. 필자가 말하는 '경영자'란 최고경영자만이 아니라 기업에서 일정 영역의 책임을 가진 사람들 즉 임원들, 부서장들도 포함하는 것이다.

바탕이 되는 요소는'학습의 열정'

그렇다면, 경영자에게 이 중에서 가장 중요한 요소가 무엇인가? 가장 기본적이고 바탕이 되는 요소는 '학습의 열정'이라고 할 수 있다. 학습은 모든 요소의 바탕이 된다. 학습을 통해서 가치를 발견하게 되고 그 가치에 헌신할 수 있다. 학습을 통해서 자기반성이 이루어진다. 학습을 통해 깨달은 정신력이 있게 되면 원가의식을 실행할 수 있으며, 확인 또 확인이 중요함을 알게 된다. 또한 학습하는 사람은 생각이 깊게 되어 자신의 충동을 제어하고 충분한 연습과 준비를 하는 자세를 갖출 수 있다. 실패의 함정에 대해서도 충분한 유념을 하는 태도를 기를 수 있다. 요컨대, 학습의 열정이 없으면 모든 것은 헛것이 된다.

성공한 경영인들 중에 샘 월튼의 경우를 보자. 그는 끊임없이 학습하는 사람이었다. 그가 가치에 헌신했음을 우리는 알게 되었다. 그는 '고객을 위한다'는 가치를 위하여 단 1불이라도 절약했으며, 이는 원가의식으로 모든 생활에 나타났다. 그는 대학을 졸업한 1940년에 취직을 하였고, 약 5년 후인 1945년에야 뉴포트에서 '벤 프랭클린'잡화점을 개업했다. 충분한 연습과 준비를 거친 후였다. 그는 사업을 하면서 모든 계수와 상품과 직원들의 업무활동을 확인하고 또 확인하는 습관을 갖게 되었다. 그러한 과정에서 그는 자신을 반성하는 자세를 잃지 않았다는 사실이다. 월튼은 실패의 함정에 빠지지 않기 위해 성장을 제어하고, 모든 것을 확인하면서 서서히 사업을 키웠다. 그는 월마트가 상장회사가 되고 그가 최고의 부자라고 알려졌을 때, "월마트가 만들어지는 데에는 20년의 숨겨진 세월이 필요했던 것이다."라고 말했다. 이는 그가 오랜 세월 서두르지 않고 함정에 빠지지 않으면서, 차근차근 전진해 왔다는 것을 말한 것이다.

자격을 갖추지 못한 경영자

요약하면, 학습의 열정이 가장 중요하며 이것이 없으면 나머지는 힘을 지속적으로 발휘하지 못한다. 왜냐하면, 학습에서 정신력이 나오고 실력이 나오기 때문이다. 정신력이 쇠퇴하면 가치에 헌신하는 것, 원가의식, 연습과 준비, 확인 또 확인, 자기

반성이 실행될 수 없고 유지될 수 없다는 사실이다. 또한 정신력의 쇠퇴는 경영자가 실패의 함정에 빠져드는 직접적인 원인이 되기도 한다. 학습의 열정을 확립하고 난 후, 나머지 요소는 하나하나 실천해 나가야 한다. 어느 하나의 요소라도 심각한 결함이 있게 되면 그 사업은 위험하다는 사실이다. 필자는 실제로 이 중 하나의 심각한 결함을 갖게 된 경영자가 실패하는 사례를 많이 보았고 들어왔다. 너무나 안타까운 일이다.

자격을 갖추지 못하고 사업을 시작한 경영자는 연습을 제대로 하지 않아 정신력과 실력을 갖추지 못한 운동선수와 무엇이 다른가? 자격이 부족한 경영자는 스스로 반성해야 한다. 경영자는 그가 책임지는 조직이 크든 작든 많은 사람들에게 영향을 준다는 사실이다. 무능한 경영자가 책임지는 조직의 성원들은 불행해지게 된다. 모든 경영자는 유능한 경영자의 조건인 "연습과 준비, 확인 또 확인, 원가의식, 가치에 헌신, 실패의 함정, 자기반성, 학습의 열정"이라는 7가지의 요소를 반드시 갖추어야 한다. 그 중에서 학습의 열정은 특히 중요하다.

실천되지 않으면 다음날 세 끼를 굶는 것

현실적으로 완전한 경영자는 없다는 사실에서, 경영자는 자신의 정신력과 실력이 매일 조금씩이라도 향상되도록 정진해야 한다. 경영자가 나날이 새로워질 때, 부하직원들도 변화될 수 있는 것이다. 좀더 지금보다 향상되려면 좀더 학습의 강도를 높여서 정신적 자극이 강화되어야 하는데, 가장 주요한 것은 "매일 매일" 그렇게 해야 한다는 것이다. 이것을 어떻게 가능하게 만들 수 있을까?

일본 무사시노사의 사장 고야마가 했던 것처럼, "할 수밖에 없는 구조"를 만들면 된다. 그 구조란 "오늘 학습을 하지 않으면 내일은 세 끼니를 굶는다."라는 것이다. 필자는 금융기관에 재직할 때부터, 이것을 좌우명으로 실천해 오고 있다. 퇴근하여 집에 도착하면 최우선으로, "책상에 앉아 30분 이상 책을 읽고" 나서 다른 일을 하는 것이다. 저녁을 먹기 전에 학습하는 것이다. 이것이 실천되지 않으면 다음날 세 끼를 굶는 것이 원칙이다. 경영자에게는 자신의 가족만이 아니라 임직원들의 가족들까지 생계를 걸머지고 있는 셈이다. 따라서 유능한 경영자가 되는 것은 선택이 아니라 숭고한 의무이다. 경영자가 매일 학습하는 것을 실천한다면, 결국 유능한 경영자로 재탄생할 것을 기대해도 좋을 것이다.

문제는 가장 중요한 '학습의 열정'이다. 이를 해결해주는 학습 노하우를 소개한다. 서울대학교의 김원중 교육학 박사는 서울대생들은 대상으로 조사한 결과, "조사대상 학생들 중에서 공부가 재미있다는 사람은 1%에 불과하였다. 공부는 원래 지겨운 것이고 스트레스가 많이 쌓이는 일이다."라고 그의 저서에서 밝혔다. 한국에서 학습에 가장 뛰어난 집단의 99%가 "학습은 지겹다"라고 말하고 있다는 사실은, 그들이 학습의 기쁨을 제대로 경험하고 있지 않다는 증거이다.

파블로프의 조건반사

1904년 러시아의 이반 파블로프는 생리학과 의학부문에서 노벨상을 받았다. 심리학에서 고전적 조건형성을 보통 '파블로프의 조건형성'이라고 부른다. 파블로프의 개를 대상으로 한 실험에서, 조건자극은 종소리였고 종소리를 울릴 때마다 음식을 주었는데, 조건반응은 침을 흘리는 것이었다. 실험에서 조건자극에 습관적으로 조건반응이 형성되자, 조건자극인 종소리만 울려도 개는 침을 흘리는 조건반응을 나타내었다. 조건반사는 인간들에게도 상당히 적용된다. "많은 사람들은 왜 학습을 지겨워하고 역겨워할까?"라는 점에 대한 대답을 유추해낼 수 있다.

인간의 본능인 식욕, 생존욕 등과 같은 강한 본능 중의 하나가 바로 '학습 본능'이다. 그런데 현실은 초등학교에 입학하고 나서부터, '학습'은 '즐거움'이 아니라 '괴로운 과업'으로 변한다. 학습의 목적이 학습의 본능을 충족시키는 즐거운 활동이 아니라, '점수 따기'라는 것으로 변질되기 시작하였기 때문이다. 이러한 과정은 중고등학교를 거쳐 심지어 대학까지도 '학점'을 따기 위해 학습하는 현실로 변질되어 버렸다. 학습은 인간의 숭고한 본능이고 매우 강한 욕구임에도 불구하고, 조건반사의 효과대로 비뚤어지고 변질되어 나타나게 되었다는 사실이다. 인간의 학습 본능은 강력한 것이다.

즐기는 자를 이기지 못하리라

이러한 학습의 욕망을 학습의 열정으로 인도해주는 학습 노하우가 필자의 SR시스템학습법이다. 시스템학습법은 그 놀라운 효과를 보여주고 있다. 그 일반학습법은 'SR시스템학습법'이라는 이름으로 2003년 발표하였으며, 2008년에 "시스템학습법의 완성"(도서출판 교우사)이라는 제목으로 개정하여 출간하였다. 필자 자신이 매월 약 15권의 책을 학습하는 생활을 하면서, 학습의 즐거움을 누리고 있는 경험을 독자들에게도 권하고자 한다.

중국의 탁월한 학자인 공자가 제자들에게 말하길 "知之者는 不如好之者요, 好之者는 不如樂之者니라"고 말하였다. 이는 "알기만 하는 자는 좋아하는 자를 이기지 못하고, 좋아하는 자는 즐기는 자를 이기지 못하리라"는 뜻이다. 학습에 관해서 이 원리가 직접 적용되는 것이다. 학습을 아무리 열심히 하는 자라도 학습을 좋아하는 자를 이기지 못하고, 학습을 좋아하는 자는 학습을 즐기는 자를 이길 수 없다. 학습에서 이 원칙은 지금도 유효하다. 독자는 '시스템학습법의 완성'이라는 책을 통하여 학습의 노하우를 얻을 수 있다. 또한 다음에 소개하는 'SR경쟁력프로그램'의 교육을 통하여 'SR시스템학습법', 'SR외국어학습법'을 비롯한 내용을 교육받을 수 있다. 독자가 반드시 학습의 열정을 얻어, 뛰어난 경영자로 거듭나기를 기원하는 바이다.

기업 임직원들을 위한 무료교육

가장 단시간에 가장 큰 효과

SR시스템학습법은 특히 시간이 빠듯하게 생활해야 하는 분들이, 쉽고도 편하면서도 결과적으로 단시간에 큰 효과를 얻는 놀라운 효능을 실제로 보여주고 있다. 필자는 시스템학습법을 포함한 개인 능력향상에 직접 효과가 있는 교육프로그램인 SR경쟁력프로그램을 전파하고 있다. 많은 기업들의 임직원들을 위하여 노하우를 전파하고자 한다. 관심을 가진 기업에서 연락을 주면 협의하고자 한다. SR경쟁력프로그램은 탁월한 학습자로 변신하며 강력한 경쟁력을 취득하는 것이다! 또한, 스스로 동기유발하며 정신력과 실력을 혁신하는 임직원으로 변화시켜 무사안일과 타성을 제거한다.

* 무료교육 신청 : 전화 011-763-2830, 031-398-2830

* SR경쟁력프로그램은 국제청년회의소(JCI) 세계대회에서 105개국 중 개인능력개발부문의 최우수 교육프로그램으로 선정되어 2006년 11월15일에 수상, 발표되었다. 또한 2006년 5월에 일본에서 열린 국제청년회의소 30여 개국 아시아태평양 국가대회에서, 개인능력개발 최우수 교육프로그램으로 선정된 바 있다. 필자는 국제청년회의소(JCI)의 한국조직인 한국청년회의소에서 회원들에게 SR경쟁력프로그램 교육을 실시하여 왔는

데, SR경쟁력프로그램의 우수성이 세계적으로 객관적인 평가를 받은 것이다. 세계 각국의 심사위원들에 의해 엄격한 심사를 거쳐 최우수 교육프로그램으로 선정된 것은, SR경쟁력프로그램의 가치와 효과가 있다는 객관적 증거가 되는 것이다.

≫ SR경쟁력프로그램의 테마

이 프로그램은 "1. 강력한 정신개혁 2. 업무능력 혁신 3. SR시스템학습법 4. SR외국어학습법 5. 융화능력 향상" 등의 5가지 테마로 구성되어 있다.

≫ SR경쟁력프로그램의 교육효과

월 1회 1시간씩 1년간 12회의 강력한 강의를 기본으로 한다. 강의는 필자의 경험을 토대로 효과가 입증된 실제적인 실천 방안이 제시되며 실제적인 효과를 유도하는 것이다. SR시스템학습법과 SR외국어학습법은 다른 어떤 교육프로그램에도 없는 유일하고도 독특한 내용이다. 강의는 누구나 이해할 수 있게 쉽게 하므로 모든 임직원이 청강 대상이다. 특히, 대표이사와 임원들은 반드시 교육을 받아야 한다.

SR경쟁력프로그램을 수료하면 다음의 결과를 기대할 수 있다.

▶월 2권 내지 4권 이상의 학습능력구비. 스스로 학습하는 임직원이 됨.

▶정신 활력, 정신 긴장감, 자신감을 가진 임직원이 됨.

▶스스로 동기유발하는 임직원, 자율 규제하는 임직원이 됨.
▶철저히 봉사하는 정신자세, 상사 및 부하와 융화하는 능력이 형성됨.
▶뛰어난 업무능력과 외국어능력이 배양됨.

≫ 교육 내용(회사에 따라 융통성 있게 변경될 수 있음)

1. 잠재력과 가능성/잠재능력/파레토 법칙/핵심능력 높이기
2. 정신력, 자신감/적극적 정신만들기/자세조정 방법/마음강화방법/
3. 경쟁력지원 환경만들기/성공기회 높이기/후나이 성공조건/
4. 습관과 경쟁력/좋은 습관 형성하기/관성과 변화비결/
5. 업무능력 혁신 노하우/즉시접근법/우선 순위/개인생산성의 핵심/파킨슨 법칙/현장위주관리/효과적 커뮤니케이션/SR마케팅 심리학/SR마케팅 노하우
6. SR시스템학습법/두뇌 능력/SR시스템학습법 주요 기법, 보조기법/
7. 시스템학습법/SR학습법의 실천/잠재력 활용하기/정신집중방법/
8. 학습조직과 기업발전/학습조직/기업경쟁력과 학습/조직학습과 개인학습/
9. 지식경영/강점활용하기/시간관리/조직내커뮤니케이션/리더쉽의 발휘/
10. 아이디어 창조하기/브레인스토밍/ 학습과 아이디어

11. 직장내 융화비결/상사와 융화하기/부하 잘 다루기/유능한 상사되기/
12. 우수회사 사례/다수 기업체 성공사례, 실패사례

≫ SR경쟁력프로그램의 실행 프로세스

SR경쟁력프로그램 실행프로세스는 4가지 프로세스로 이루어져 있다.

1) 12차에 걸친 교육실시
2) 9가지의 실천사항 점검
3) 실천사항을 이행하도록 돕는 상담
4) SR학습모임 실시

≫ SR경쟁력프로그램의 우수성

이 교육은 실천력이 탁월하다. 9가지의 실천사항은 필자가 실천해온 것이므로 설득력이 있으며 어떤 교육보다 실천을 추구한다. 학습 능력을 향상시키므로 자발적 학습으로 정신 활력, 정신 긴장감, 자신감을 준다. SR경쟁력프로그램은 정신력과 실력의 변화가 이루어지는 것이다.

≫ 제휴를 위한 제안

SR경쟁력프로그램은 우리나라가 세계최고의 경쟁력을 갖도록 하는 매우 소중한 프로그램임을 필자는 확신하고 있다. 또한, SR외국어학습법과 SR시스템학습법은 이를 달성하는 핵심적 노하우이다. 전국의 국민들이, 수많은 학생들과 젊은이들이 미래의 인재로 탈바꿈할 수 있는 소중한 노하우인 것이다. 많은 장학재단을 비롯한 사회사업에 기여하는 재단들, 교육을 담당하는 연수원 등이 필자의 SR경쟁력프로그램, SR외국어학습법, SR시스템학습법을 보급하는 데에 제휴한다면 이들이 벌이고 있는 사회사업의 가치는 훨씬 더 높아질 것으로 생각한다. 재단들과 연수원들이 기존의 의미 있는 사회사업에 부가하여, SR경쟁력프로그램, SR외국어학습법과 SR시스템학습법을 보급할 것을 제안하는 바이다.

≫ 제휴 제안의 가치

재단들이 수여하는 장학금 등 금전적인 기여는 비유로 말하면, '물고기를 기부하는 것'이며 SR경쟁력프로그램, SR외국어학습법과 SR시스템학습법을 보급하는 것은 '물고기를 잡는 노하우를 기부하는 것'으로서 항구적인 가치를 기부하는 것이다. 이는 재단들의 고귀한 목적을 더욱 고양시키는 가치 있는 활동이 될 것이다. 연수원들은 더 뛰어난 교육프로그램을 보급하게 되는 것이다.

≫ 세계적인 경쟁력의 원천

한국은 자원이 거의 없는 나라로서 오직 인적 자원만이 국가경쟁력의 가장 중요한 요소임을 인정할 것이다. 필자의 SR경쟁력프로그램, SR외국어학습법, SR시스템학습법은 단순한 지식

차원을 넘어 정신 활력, 정신 긴장감, 자신감을 갖춘 인재로 만드는 효과적인 노하우이다. 세계경제에 막강한 영향력을 발휘하는 유태인들의 뛰어난 지적 능력과 실력을 뛰어넘을 수 있는 특별한 노하우라고 자부한다. 세계인구의 0.3%가 안 되는 약 1500만 명의 유태인들이 세계적인 분야에서 막강한 경쟁력을 확보한 이유는 그들이 교육과 학습에 지속적으로 투자하고 학습의 가치를 너무 잘 알고 있기 때문이다. 한국인이 유태인의 경쟁력을 뛰어넘어 세계적인 경쟁력을 확보하는 가장 중요한 비결은 뛰어난 학습인으로 재탄생하는 것이다. 이를 실현하는 방안이 SR경쟁력프로그램, SR외국어학습법, SR시스템학습법임을 확신하고 있다.